共生学が創る世界

編集
河森正人
栗本英世
志水宏吉

大阪大学出版会

　　　　　は じ め に

　この本は、日本ではじめて「共生学」という語を冠したテキストである。『共生学が創る世界』という本書のタイトルは、まだこの世に存在しない「共生学」という新しい学問を創造したいという、この本の20名あまりの著者の総意として名づけられた。
　「共生」という言葉は、「ともいき」という読みをもつ仏教用語としてずっと以前から使われているが、「共生」＝「きょうせい」という語が広く注目されるようになったのは、世界のグローバル化が進展し、日本に多くの外国人が在住するようになってきた1980年代以降のことだと考えてよい。いわゆる「多文化共生」社会の実現が、現代日本の喫緊の課題の一つとなっている。
　私たちは、上記の課題のような、「さまざまな違いを有する人々がともに生きる」という意味での「人と人との共生」を中心的テーマとしつつも、「自然との共生」や「モノ・人工物との共生」、あるいは「ともいき」の考えにつながる「死者との共生」といったテーマをもカバーする「共生学」を構想していきたいと考えている。うまくいくかどうかわからないが、それが私たちの志である。
　日本の学問の世界では、ある考え方や概念を設定するとき、それを英語で表現するとどうなるかと考えるのが通例である。「共生」という日本語には、どんな英語がもっとも適切だろうかと、私たちは議論してきた。序章で見るように、いくつかの英語が候補となったが、いずれの言葉も「帯に短し、たすきに長し」で、しっくりとくる言葉がない。そこで、Kyosei studies という和製英語をつくり、やがてはこの言葉が世界で流通するようになればすばらしいだろうと、私たちは夢想している。「カラオケ」や「かわいい」が世界で使われる英語になったのと同じような意味において。
　さて本書では、編者3人による序章のあとに、「共生のフィロソフィー」「共

i

生のサイエンス」「共生のアート」という3つのセクションを設け、それぞれに6〜8本の論文を配した。さまざまな「共生」の課題を解決していくためには、第一に「そもそも共生とは何か、何を目指すべきか」を考える「哲学」に相当する部分と、第二に「共生の現実がどうなっているか」を丹念に調べる「科学」の部分と、第三に「現実をよりよい方向に変えていく」ためにさまざまな方法や手立てを駆使する「技法」の部分の三者が必要であると考えたからである。

共生学を学ぶ皆さんには、一定の「哲学」や「科学」に習熟するというスタンスではなく、「技法」の部分もふくめ上記の3つをバランスよく獲得するという姿勢で、本書を熟読玩味していただきたいと思う。

とはいえ、本書を通読してみて、「共生学って、何でもありなんだな」と感じる読者もおられるだろうと推測する。編者として、できるだけ求心力のある中身を持つものにしたいと本書を編集したわけであるが、こうしてできあがった「作品」である本書には、この種のテキストにありがちな「寄せ集め感」がやはりなくはないことを、正直に白状しておこう。

種を明かすならば、本書は、2016年4月に、大阪大学大学院人間科学研究科に新たに立ち上がる「共生学系」という組織に集うことになった大学教員の「旗揚げ公演」として制作されたものである。新チーム結成の初仕事が、このテキストの作成である。

本書の中身は、表面上種々雑多に見えるかもしれない。利他主義から臓器売買まで、子どもたちの学力格差から高齢者のQOL（生活の質）まで。日本を扱ったものも多いが、アフリカやアジアの国々を考察したものもある。そして、人間だけでなく、ニホンザルを扱った章まである。角度を変えてみれば、ひとつの世界が多種多様な像をもって私たちに迫ってくる。私たちが提示するものを、こうした万華鏡のイメージで捉えていただければよいだろう。このとき、万華鏡の筒の部分を構成するのが、「共生」という課題に対する私たち共通の問題意識である。

「共生学が創る世界」というタイトルにこめられた一つめの意味は、「共生という観点から見た場合に、世界はこういうふうに見える」という現実の提

示である。本章に収められた章のなかには、「本当に共生など可能なのか（不可能なのではないか）」という問題提起がなされているものすらある。いずれにしても、本テキストを通じて、読者の皆さんには現実を多元的にみる目を養っていただきたい。

　しかし、話はそれだけにとどまるものではない。それだけにとどまってしまうなら、通常の教科書とあまり違いはないということになってしまう。私たちが「共生学が創る世界」というタイトルにこめた二つめの意味は、「世界をよりよいものに変えていきたい」という思いであり、それを実現する起爆力を有する共生学を私たちがつくっていきたいという意思表示である。もちろん「共生学」は生まれたばかりの赤ちゃんであり、そうした力はまだない。今から10年かかるか、20年かかるかわからないが、新たな共生の世界を創る力をもつ学問を、私たちは地道に創りあげていきたいと考えている。

　　　　　　　　　　　　　　　　　　　　　編者を代表して
　　　　　　　　　　　　　　　　　　　　　志水宏吉

目　次

はじめに（志水宏吉）　　i

序　共生学は何をめざすか　……河森正人・栗本英世・志水宏吉　1
1. 共生とはなにか　1
2. いまなぜ共生なのか　4
3. 私たちが目指す共生学　8
4. 世界を変える、世界が変わる　12

第Ⅰ部　共生のフィロソフィー

1　共生の人間学〈矛盾〉を生きること　…………檜垣立哉　19
1. 共生の人間学の意義　19
2. 何と共生しているのか　20
3. 人と自然と共生の媒介物　23
4. リスクと賭け　26
5. 責任と無責任　28

2　共生のドラマトゥルギー　………………………藤川信夫　32
1. 「入会地」としてのドラマトゥルギー　32
2. ゴッフマンのドラマトゥルギーに対する修正点　34
3. 反転・調和・ズレの可能性　38

3　格差社会と教育における公正 …………………志水宏吉　41

1. 平等社会から格差社会へ　41
2. 公正とはなにか　43
3. 現代社会における公教育の役割　45
4. 公正な教育とは　48

4　共生社会におけるジェンダー公正
　…………………………………………山本ベバリー・アン　52

1. 多文化主義からの後退　53
2. フェミニズムと多文化主義に対するオーキンの立場　54
3. オーキンの多文化主義に対する反応　57
4. どの立場に立つべきか—多文化主義はフェミニズムにとって善となるのか？　60

5　フェミニズムとマルチカルチュラリズム
　—「帝国のフェミニズムへの挑戦」から考える—　………………藤目ゆき　65

1. 論文「帝国のフェミニズムへの挑戦」が書かれるまで—フェミニズムの歩み　65
2. 「帝国のフェミニズムへの挑戦」が論じたこと　69
3. 「帝国のフェミニズムへの挑戦」はとまらない　72

6　国際協力とグローバル共生 ………………中村安秀　78

1. 格差にみちた世界　78
2. 保健医療協力に関する世界の潮流　80
3. 途上国の疾病構造の変化　84
4. 健康に対する取り組みの事例　85
5. 「だれひとり取り残さない」世界を創造するために　88

7 異文化接触と共生 ……………………………………宮原 曉　93
　　1. 想像できないことを想像する　93
　　2. 文化的抗弁　95
　　3. 「(異)文化」の管理から「法の創造」へ　102

8 「敵」との共存—人類学的考察 ……………………栗本英世　105
　　1. 「敵」との共存という課題　105
　　2. ヌエル人にとっての敵—エヴァンズ＝プリチャードの古典的研究　108
　　3. ダサネッチ人にとっての敵との戦い　112
　　4. 「好戦的な未開人」と私たちの距離　116

第Ⅱ部　共生のサイエンス

9 多文化社会の心理学 …………………………ドン・バイサウス　121
　　1. 人間科学としての心理学　121
　　2. 多文化社会と心理学的アプローチ　122
　　3. 心理学研究の今日的課題　124
　　4. 個性記述的アプローチか法則定立的アプローチか　126
　　5. 結論　128

10 高齢者における共生の重要性 ……………………権藤恭之　131
　　1. 高齢期の社会関係　131
　　2. 直接知っている人たちからの影響　133
　　3. 夫婦関係と親子関係　135
　　4. 直接知らない人たちからの影響　137

11　国際協力と人類学　………………………白川千尋　143
　　1. 人類学と他者理解　143
　　2. 「参加型開発」　146
　　3. 国際協力に対する人類学のかかわり　149

12　腎臓ドナーは何を語るのか
　　　―医療技術と人体組織の経済をめぐる共生学的試論―　…………島薗洋介　154
　　1. 腎臓売買をめぐる論争　155
　　2. フィリピンにおける腎臓売買の歴史と現状　157
　　3. 腎臓提供の経験をめぐる語り　160
　　4. 結論　165

13　中国・中央アジアの健康格差と共生　…………大谷順子　169
　　1. グローバル・ヘルス　169
　　2. 中国の健康格差と共生　172
　　3. 中央アジアの健康格差と共生　177

14　現在の日本と世界における地域創生について
　　　………………………………………………………住村欣範　184
　　1. 共生と地域創生について　184
　　2. 地域の作られ方と失われ方　184
　　3. 国家政策としての「地域創生」　187
　　4. 「土の人」と「風の人」　188
　　5. 食を通した地域創生　189
　　6. 資本主義市場経済に向かわない地域創生はあるか　192

15　霊長類のコンフリクトと共生　……………山田一憲　196
　　1. 動物は集団の利益のために行動するわけではない　196
　　2. オスによる子殺しと同種殺し　196

3. 集団生活のメリットとデメリットが霊長類の知性を進化させた 200
4. 利他行動の交換：自分の力では手に入れられない利益を、仲間から手に入れる 204
5. コンフリクトの中の共生 206

第Ⅲ部　共生のアート

16　利他主義と宗教のアクションリサーチ ……… 稲場圭信 211
1. 利他主義 211
2. 宗教的利他主義 213
3. アクションリサーチ 216
4. 利他的な共生社会の構築へ 218

17　被災地における共生のグループ・ダイナミックス
……………………………………………… 渥美公秀 223
1. グループ・ダイナミックスの考え方 223
2. グループ・ダイナミックスの位置づけ 226
3. アートとしてのグループ・ダイナミックス―被災地に入るアート（技術） 228
4. 事例：ニーズということ 230
5. 被災地における共生のグループ・ダイナミックスに向けて 232

18　多文化・異文化との共生
―『共通認識』を育み、心の壁を取り払え― ……………近藤佐知彦 236
1. ディスコースからみた「心理」と「社会」 236
2. 差別と排除のディスコース 237
3. 靖国問題のディスコース 239

4. 語られない A 級戦犯　242
　　　5. 語らないことのちから　244
　　　6. ニュージーランドの試み　245

19　共生のためのコミュニケーション・ツールとしての音楽
　　　　　　　　　　　　　　　　　　　　　　　　千葉　泉　250
　　　1. 人のこころを開く音楽のちから　250
　　　2. 音楽は現地調査のパスポート―実践的参与観察　251
　　　3. 音楽で壁を溶かす―国際協力の現場で　254
　　　4. 歌で現世と来世を結ぶ―「小さな天使」の儀礼　258

20　発展途上国の教育開発、国際協力、住民自立
　　　　　　　　　　　　　　　　　　　　　　　　澤村信英　263
　　　1. 初中等教育の完全普及をめざす国際社会　263
　　　2. 国際教育協力の光と影　265
　　　3. 住民主体による学校運営の事例　267
　　　4. 人びとの生活に寄り添うこと　271

21　ケアのコミュニティをつくる　　　　　　河森正人　274
　　　1. ケアのコミュニティ　274
　　　2. 弱さという特徴をもった人間が支えあうということ　277
　　　3. 生きるということにたいする視点をかえる　280

　あとがき（河森正人）　285
　執筆者紹介　287

序

共生学は何をめざすか

1. 共生とはなにか

共生の諸相

　現在の日本に暮らすあなたの身のまわりには、日々いろいろなことが起きている。「共生」という本書のテーマに密接にかかわると考えられることがらを、思いつくままに列挙してみよう。

① 国の安全保障にかかわる問題。2015年9月の参議院本会議で、集団的自衛権の行使や自衛隊の海外での武力行使を可能とすることなどを盛り込んだ安全保障関連法案が「民意」に反して可決、成立した。

② 外国人の増加という社会問題。今日では、いろいろな場所や店舗で働く外国人労働者の姿は一般的なものとなっている。「ゴミの出し方」や「休日の騒音」など、習慣の異なる外国人と日本人との日常生活におけるコンフリクトが、地域社会レベルでしばしば話題となっている。

③ 家族の形の変化という問題。核家族化や少子化はすでに数十年にわたるトレンドであり、今日では夫婦別姓や同性婚の承認といったテーマが活発に議論されるようになってきている。問われているのは家族の多様な形の可能性である。

④ 被災地における復興の問題。そこでは、災害によって大きな打撃や

被害をこうむった人びとと、そうした苦境を何とか免れた人々との「温度差」が問題となっている。あわせて、亡くなった方たちの記憶を大切にしながら、地域をどう守っていくかという課題もある。
⑤ 科学技術の発展に伴う問題。たとえば遺伝子工学の進展は「産むか、産まないか」という人々の決断に大きな影響を与えるようになっている。またロボット工学の進化は医療や介護の現場に大きな変化をもたらす可能性を有している。
⑥ 地球環境の持続可能性の問題。人類の科学技術の進歩や文明の成熟によって、自然環境は確実に危機に瀕している。温暖化や放射能汚染の例を引くまでもなく、人間がつくったものと自然をどのように調和させていくか、私たちの責任は大きい。

前半の3つは「人と人との共生」にかかわるものだが、④は「死者との共生」、⑤は「モノ・人工物との共生」、そして⑥は「自然との共生」というテーマに関連している。私たちが構想しようとしている共生学は、「人と人との共生」を中心としながらも、その他の側面をもカバーするものであることを宣言しておきたい。

また、②から⑥までの問題は、現代日本に限らず、世界の各国と地域に共通する普遍的な問題である。①は特殊日本的な文脈下で生じているとはいえ、現在のグローバルな状況下で安全保障の問題は、世界中の人々全体が直面する課題となっている。このように、共生学は、個別の問題を扱いつつ、人類全体を視野に含め、普遍的な課題を探究することを目指している。

共生とは
「共生」という言葉は、生物学の世界から取り入れられたと説明されることが一般的である。すなわち、「2種類の生物が、一方あるいは双方が利益を受けつつ、密接な関係を持って生活すること」が「共生(あるいは共棲)」(symbiosis)とされる(ブリタニカ 2015)。もっともよく知られた事例の一つが、教科書にも載っているクマノミという魚とイソギンチャクとの共生で

ある。多種多様に認められる動植物の共生からおのずと「人と人との共生」というアイディアが生まれ、この二十年ほどの間で広く用いられるようになってきた。

近年では「多文化共生」という概念がよく使われる。上の②であげた、日本社会における外国人の増加という状況を背景に作成された総務省の文章では、「地域における多文化共生」が「国籍や民族などの異なる人々が、互いの文化的ちがいを認め合い、対等な関係を築こうとしながら、地域社会の構成員として共に生きていくこと」（総務省 2006：5）と定義づけられている。「互いの文化的ちがいを認め合い」ながら「共に生きていくこと」が、「多文化共生」のいわば公式見解となっている。

他方で、「共生」という言葉は、浄土宗の流れのなかからうまれた「共生（ともいき）」の考え方から出てきているという指摘がある（竹村・松尾 2006）。「ともいき」には、「今の世での生きもの」との共生のみならず、「過去から未来へとつながっているいのち」との共生が含まれているという。つまり、現在の「よこ」のつながりだけでなく、過去から未来へといたる「たて」のつながりがそこでは意識されている。

こうした、いくつかのルーツをもち、多義的に用いられている今日の「共生」という用語を英語にするとどうなるだろうか。しばしば使われる訳語には、coexistence や living together がある。しかしながら、coexistence という英語はいかにも機械的な響きがあり、共生のダイナミックな側面を言い表すことができない。また、living together はいかにも直訳的で、使い手のセン

共生学の構成

3

スのなさが問われるように思う。かと言って、symbiosis という語はそもそも生物学の用語で、学術語特有の硬さがある。また、conviviality という別の用語（井上 1986）もないではないが、「共に楽しむ」というニュアンスをもつこの語を「共生」現象全般にあてはめるには無理があると言わざるをえない。

　本書では、私たちがテーマとする「共生」は、その広がりと深さにおいてそもそも単一の英語には置き換えられないものと捉える。すなわち、「共生」＝kyosei である。英語に訳すことはしない。そして、「共生学」をあえて英訳するなら、Kyosei studies とでもなろう。日本発の「共生学」を世界に向けて発信したいというのが、私たち執筆者一同の願いである。このテキストは、その過程の第一歩となるものである。

　本節を締めくくるにあたって、私たちが考える共生を改めて定義づけておきたい。

　　（共生の定義）
　　共生とは、「民族、言語、宗教、国籍、地域、ジェンダー、セクシュアリティ、世代、病気・障害等をふくむ、さまざまな違いを有する人々が、それぞれの文化やアイデンティティの多元性を互いに認め合い、対等な関係を築きながら、ともに生きること」を指す。

2. いまなぜ共生なのか

時代の要請

　次に、共生が要求される「時代の要請」について若干の検討を加えておきたい。ここでのキーワードは「グローバル化」と「個人化」である（ローダー他 2012）。

　そもそも、日本国憲法が定めるように、すべての人は健康で文化的な生活を営む権利を有している。この理念は、日本国民だけでなく人類全体を念頭に置いた普遍性を持つと考えるべきである。しかしながら、現代においては、その権利を十分に享受できない人が日本のなかにも、そして世界中で多数存

在している。現代社会を特徴づける最大のキーワードがグローバル化と個人化であるが、それらの趨勢が加速度的に進むにつれて、「持てる者」と「持たざる者」、「マジョリティ」と「マイノリティ」の格差が増大し、結果として基本的人権がないがしろにされる境遇に陥らざるをえない人々の数が増大していく。

　まず、グローバル化の側面について見てみよう。
　社会のグローバル化によって、人・モノ・カネ・情報が、国境の壁を超えて縦横無尽に行き交うようになってきている。グローバル化とは「地球化」である。経済面においても、政治面あるいは文化面においても、地球上の各地点間の相互依存性が増し、「運命共同体としての地球」という側面が強まってきている。地球環境をどう守っていくかという課題も、この延長線上に捉えることができる。
　さまざまな国や地域のなかで生じる問題は、もはや純粋な国内問題ではなく、グローバルな諸課題と不可分にからまりあっている。たとえば、途上国の貧困は、先進国の経済的繁栄と表裏一体の関係にある。また、一国の政治的安定は、国際秩序の変動によって大きな影響を被るに違いない。各国の若者たちのサブカルチャーは、世界のトレンドに敏感に反応するものになるし、世界各地で、有名プロサッカーチームであるバルセロナやマンチェスター・ユナイテッドのシャツを着た子どもたちがボールを蹴る姿を見ることができる。
　こうしたグローバル化を駆動する主要な原動力となっているのが、「新自由主義」と呼ばれる政策スタンスである。新自由主義においては、なによりも「市場原理」（競争主義や成果主義）が重視され、「選択」と「自己責任」のレトリックが多用される。新自由主義の政治・経済は、一皮むけば「弱肉強食の世界」を容易に現出させるものである。たとえば今日では、多くの国々の教育政策は新自由主義的色彩を強く帯びたものになりつつある。具体的には、学校選択制によって公立小学校や中学校間の入学者獲得競争が激化したり、学力テスト結果の公表によって自治体や学校が競い合う状況がつくられ

たりしている。「共生」の基礎を身につけるべき公教育機関が弱肉強食の世界になってよいかどうか、読者の皆さんはどうお考えになるだろうか。

　また、新自由主義的なグローバル化のひとつの帰結は、「私たちの問題」と「彼らの問題」との境界があいまいになることである。貧困や社会保障の問題、食糧問題や環境問題は、東西南北と先進国・途上国の違いに関係なく、現代の人々が等しく直面する課題となっている。われわれは、「私たちの問題」と「彼らの問題」に通底する新自由主義の論理を明らかにし、日本発の「共生」価値の普及を通じて、これを「矯正」できるのではないかと考えている。

　次に、個人化の側面について見てみよう。
　個人化とは、「人々が自分の個人史やアイデンティティを自ら形作ってゆかなければならない状況」（ローダー他 2012）を指す言葉である。前近代社会では、生まれた時代や地域や家庭によって諸個人の人生のルートはある程度定まっていた。ときにはそれが抑圧や束縛となる場合もあっただろうが、人々の生活は今よりはずっと安定しており、予測可能であった。メリトクラシー（業績主義）が支配する近代社会になると、様相は大きく変化した。人々は自分の力で将来を切り拓いてゆけるようになった。日本の高度経済成長期を生きた世代には、「よい学校からよい会社へ進めば、豊かで安定した暮らしが待っている」という「大きな物語」が存在し、多くの人々がそれを信じて日々の生活を送っていた。
　ポスト近代と呼ばれる今日では、そのような状況はすでになくなっている。若者たちが信じるに足る「大きな物語」はもはや存在しない。あるとすれば、「自分らしい生き方をして、自分なりの自己実現を図る」という「自己実現の物語」であるが、それはいかにも不安定な物語である。諸個人に割り当てられるべき進路や社会的役割は、きわめて流動化している。かつてのコミュニティや家族が有していた共同体的な紐帯が弱体化しているなかで、人々は災害・失業・高齢化・育児不安といったリスクに対して一個人として直面しなければならない状況が出てきている。そして、そうした多種多様なリスク

のしわ寄せは、往々にして弱い個人に行きがちである。

　そうした状況のなかで、人々は自分なりのアイデンティティを選び、自己の生活を組み立てていかねばならない。個人化の時代に生きる私たちは、海図も水先案内人もなしに、「逆風」の荒波のなかをいく「小舟」のようなものである。

求められる共生

　前近代社会では、地縁・血縁関係によって共生にはおのずと一つの形が与えられていたと言ってよい。ただしそれは、当時の女性やマイノリティ集団の人々にとっては「共生」と呼ぶには値しないものだったかもしれない。

　他方、それに続く近代社会では、国家というものが共生を実現するための単位となっていた。とりわけ戦後の日本では、家族・学校・企業という安定したトライアングルのなかで「共生」がおのずと実現しているとみなされていた。むろん、そこからこぼれ落ちる人々が存在していたに違いないが。

　グローバル化する現代社会に生きる私たちにとっても、地縁・血縁と国民国家は依然として重要であるが、こうした枠組み自体が大きく変容しており、それだけでは望むべき「共生」を実現することはもはや困難である。科学技術の発展と人口増加の結果、自然やモノとの望ましい関係も模索する必要がある。

　先に、私たちが考える共生とは、「さまざまな違いを有する人々が、それぞれの文化やアイデンティティの多元性を互いに認め合い、対等な関係を築きながら、ともに生きること」であると指摘した。私たちは、自らの意思と選択とで新たな共生の形を模索・構築していかなければならない。求められるのは、共生の望ましい姿を構想する想像力であり、そのイメージを現実のものとする創造力である。

　共生は、社会の状態ではなく、社会の目標である。それは、できあがったものではなく、私たちが創りあげていくものである。

3. 私たちが目指す共生学

新たな学問領域として

　この教科書は、2016年4月大阪大学大学院人間科学研究科（以下、「人科（じんか）」と略す）に新たに立ち上がった「共生学系」に集う、私たち教員22名の共同作品として作成したものである。タイトル『共生学が創る世界』は、まったく新しい学問としての「共生学」を構築していきたいと願う私たちの総意としてつけられている。

　これまでのところ、「環境共生学」とか「人間共生学」とか「文化共生学」といった「〇〇共生学」を銘打ったテキストは何冊か出版されている。また、編者の志水・栗本をはじめ、共生学系に集った教員のうち数名は、2012年度より大阪大学内に立ち上がっている文部科学省博士課程教育リーディングプログラム・「未来共生プログラム」に参画しており、そこでは『未来共生学』（*Mirai Kyosei : Journal of Multicultural Innovation*）というアカデミック・ジャーナルを刊行しはじめている。しかしながら、〇〇がつかない「共生学」という語を冠した著作は、ほぼ出版されていないのが現状である。すでに見たように、現代日本において、共生の課題はあまた存在するものの、それを解明・解決する共生学の構築はいまだ本格的には着手されていないと言ってよい。その意味で私たちは、「トップランナー」である。この大阪の地から、新たな知の体系の構築を私たちは目指そうとしている。

　人科は、「行動学」「社会学」「教育学」を3つの柱として、1972年に大阪大学文学部から人間科学部が分離・独立したことをその発端としている。1976年に人科（人間科学研究科）がスタートした。以後、幾度かにわたる組織拡充を経て、総勢約100名のスタッフを擁する今日の姿へと展開を遂げている。とりわけ、2007年の大阪外国語大学との統合にもとづいて、2008年には「グローバル人間学」専攻が新設され、人科が有する人的リソースは過去にもまして豊かなものとなっている。

　人科創設時から設置されている「行動学」「社会学・人間学」「教育学」は、

基礎科学的な志向を色濃く有し、従来から研究者養成を組織のミッションとしてきた。それに対して、新たに創設された「共生学系」は、人科全体を総合的に発展させる役割を果たすことを期待されている。すなわち、より実践的・応用的な諸課題に対して学際的にアプローチすることで、課題解決に資する包括的な知を産出することが求められているのである。従来からの3学系が想定するのは、どちらかと言えば伝統的タイプの研究者像、あるいは専門的知識・技能に秀でた人材であるのに対して、共生学系が産み出そうとしているのは、実践性・学際性、そして国際性を高い水準で兼ね備えたアクティブな研究者、あるいは多様な場で活動する実践者である。

共生学の3つのアスペクト

私たちは、共生学を次の3つのアスペクトを持つものとしてとらえている。

1) 共生とは何かを追究する「共生のフィロソフィー」
2) 共生に向けて社会の現実を理解する「共生のサイエンス」
3) 共生を実現するための手立てを考える「共生のアート」

それぞれを「共生の哲学」「共生の科学」「共生の技法」と呼ぶこともできる。

まず、1) の「共生のフィロソフィー」。私たちが思い描く共生社会を現実のものとするためには、私たちがもつ理念や価値観を磨いていかなければならない。そのためには、古今東西の哲学・倫理学や歴史学・文学といった人文諸科学の知を広く学ぶだけでなく、自然科学や社会科学の新しい潮流にも目配りを欠かしてはならない。「共生とはなにか」「何のために私たちは共生を追い求めるのか」「現代社会において、だれとだれの共生が問題となるのか」「どのような共生が私たちにとってのぞましいのか」、そうした基本的問いに対する答えを持つことなく、私たちは先に進むことはできない。その答えがいかに暫定的な性格をもつものであったとしても。

第二に、「共生のサイエンス」。「現状分析」を担当する部分である。既存

の個別的な学問・研究領域において、多種多様な「共生のサイエンス」を展開していくことが求められる。共生という目標の達成に向けて、サーベイやフィールドワーク、実験や統計的手法など多様な方法を用いて、さまざまなタイプの知が創出されなければならない。問題の状況を俯瞰的・体系的に把握し、それにかかわる諸要因の関連性や固有の困難・課題をうまく記述・説明すること。そうした科学的営為なくして、共生にかかわる諸問題を根本的に解決することはむずかしい。

　第三に、「共生のアート」と名づけられる領域・アスペクトがある。アートは、サイエンスと対比的に用いられることが多い言葉である。体系的な知識の構築を目指すサイエンスに対して、あることを成し遂げるための技芸全般を指すアート。数字や理屈で表現される前者に対して、直感や感覚が重要となる後者。合理的・分析的な前者に対して、情緒的・属人的な後者。従来の学問においては、この「アート」の部分が弱かったと言わざるをえない。

　問題を説明・解釈するものを「サイエンス」、それを解決に導く具体的な手法やワザを「アート」という言葉で表現しているわけだが、従来の学問は、概して前者を得意とするが、後者については不得手だった。たとえば、近年各分野で広がりつつある「アクション・リサーチ」という手法は、サイエンスでもあり、アートでもある。また、聴衆の心を魅きつける「プレゼンテーション」のスキルや、人々の対話や議論を進展させるための「ファシリテーション」の技法も、ここで言う立派な「共生のアート」であると位置づけられる。私たちが共生学系で養成しようとしている人材は、フィロソフィーやサイエンスに秀でているのはもちろんのこと、アートの側面においてもひとかどの人でなければならない。

　共生の実現というゴールを設定した場合、ここで述べたフィロソフィー・サイエンス・アートという3つのアスペクトの間には、相互に響き合う関係が成り立つべきである。そして、その三者をバランスよく獲得し、具体的な状況に応じて自由に駆使することができる人物を、私たちの理想としたいと考えるのである。

共生学のスコープ

　冒頭で示したように、共生の問題はさまざまなレベルで生起するため、共生学のスコープは必然的に広範囲にわたることになる。「人と人との共生」にしぼって言っても、以下のような多様な水準を含みこむことになる。

　1) 個人対個人の共生が問題となる「相互作用のレベル」
　2) 集団対集団の共生が問題となる「地域レベル」
　3) 個人や集団と国家との関係性が問題となる「国家レベル」
　4) 国家対国家の共生が問題となる「国際レベル」
　5) 国家を超えた、トランスナショナルな現象を扱う「グローバルレベル」

　すでに見たように、多文化共生をめぐる課題の代表例が「日本に入ってきた外国人をどう処遇するか」という問題である。一定の力関係のもとにある、異なる集団間の対立・葛藤をどう解決するのか。マジョリティとマイノリティの関係性をいかに変容させ、相互の敬意にもとづく対等な関係を構築することができるか。

　しかし、共生の現場は、それだけにとどまるものではない。集団間での共生という課題の前に、まず人はいかにして相互理解が可能となるのか、互いをリスペストする対等な関係を築くためには何が必要なのかといった、ミクロな「相互作用レベル」での共生が問われなければならない。端的に言うなら、他者理解、身近な人間関係のレベルでの話である。その次に、上で述べた集団間の関係を問う、ミドルレンジの「地域レベル」や「国家レベル」での共生の諸課題が存在し、さらにその外側にはマクロな「国際レベル」での共生というフォーカスを設定することが可能である。また先に述べたように、そもそも国家の枠組みを超えた諸現象を扱う「グローバルレベル」という視点が今日では重要であることは、言をまたない。

　相互作用レベルでの問題には、哲学や倫理学、あるいは言語学や心理学や人類学が、地域レベルや国家レベルの問題には、社会学や政治学や経済学、あるいは地域研究が、そして国際レベルの問題には、それらに加えて国際関

係論や国際協力論といった学問ジャンルが大いなる寄与をなしうるであろう。共生学の発展には、既存の諸学問の活発なコラボレーションが不可欠である。

　たとえば、「ニューカマー外国人の教育支援」というテーマを取り上げてみよう。この課題は、きわめて重層的な構造をとっている。まず、そもそも異なる言語をもつ人と人とのコミュニケーションはいかに可能かという問題がその基底にある（相互作用レベル）。そして、学級・学校内や近隣社会のなかでニューカマーの子どもたちと日本の子どもたちがいかに良好な関係をつくれるかという教育上の問題が、その次に立ち上がってくる（地域レベル）。さらに、外国籍の子どもたちの教育を公立学校のなかでどう制度的に保障していくかという政策課題が浮上してくる（国家レベル）。それらすべての問題は、グローバル社会化の進行のもとでの国境を超える人の移動の増大という事態が招いた事象であり、国際的な労働政策や移民政策が争点とされなければならない（国際レベル、グローバルレベル）。

　外国人と日本人との共生は今日の喫緊の課題であることに間違いはなく、「多文化共生」の理念・哲学の再検討が何より求められている（フィロソフィー）。また、その実態や諸課題を同定し、解決の方向性を指し示すために、種々の学問的知見が体系的に蓄積・整理されなければならない（サイエンス）。そのうえで具体的に、異なる言語をもつ人がうまくコミュニケーションをとるにはどうしたらよいか、コミュニティのなかでどう折り合いをつけていくか、共生のための法・制度をどう構築していくかといった諸課題に対する、具体的な処方箋や手立てが考案・推進されなければならない（アート）。

4. 世界を変える、世界が変わる

共生学の持ち味

　共生学を構築する私たちの旅は、緒についたばかりである。今後どのような展開をたどるのか、明確な見通しは立っていないというのが本音である。

ただ言えるのは、共生学系に集ったスタッフ全員は、本気で、「みんなで、なんかおもろいことやったろ！」と考えているということである。

　私たちは、以下のような持ち味をもつ共生学をつくっていきたいと考えている。

　第一に、現場との往還である。共生学がもっとも大事に考えるのは、物事が実際に生起している「現場」「フィールド」「実践の場」に足を運び、当事者たちとのかかわりを育んでいくなかで、さまざまなことを知り、学び、それを具体的な行動につなげていくことである。「現場」はどこにでもある。大学キャンパスのすぐ近くでもよいし、日本から遠く離れた国に出かけていくのもよいだろう。もちろん、現場に行きっぱなしというのも困る。現場の世界と学問の世界（大学）を行ったり来たりするプロセスのなかでこそ、人の知性と行動力は鍛えられ、磨かれていく。

　さらにいうならば、共生学で問題になるのは、現在の、そして将来の日本と世界で、「私たちがいかに生きていくべきか」という課題である。その意味で共生学は、「共に生きる構え」を模索する学問といえる。また、この「私たち」には研究者自身ももちろん含まれる。したがって、研究の主体と客体の、あるいは研究する側とされる側の区別はあいまいになる。研究における客観主義は維持しつつ、この主体と客体のあいだを往還しつつ、共に生きる構えを構築していくとことこそが、共生学の営みである。

　上記のことを別の言葉で表現するなら、学問によって獲得される広い視野（＝鳥の眼）と人びとに寄り添う現場の視点（＝虫の眼）の両方が、共生学の展開には必要だということである。「木を見て、森をも見る」という複眼的な志向性のなかから、共生の諸課題の克服をもたらす豊富なアイディアやイメージが産み出されるはずである。

　第二に、常識にとらわれない自由な発想である。私たちはみな「常識」のなかに住んでいる。その「常識」のなかみや特徴は、その外部に出てみないと、あるいは距離をとって見てみないと明らかにはならない。日本の特徴は、海外旅行に出てはじめて、あるいは外国人とつき合うことを通してこそ、肌

身で感じるとることができる。現代社会の特徴は、歴史的な視点をもつ書物や先行する世代の話から、学びとることができるだろう。必要なのは、自己の「常識」を相対化し、脱構築することが可能な知識と思考の力である。

言い換えれば、既存の学問領域では、研究者や学生が特定の専門的課題を研究テーマとして選択するかは自明であり、そのこと自体が問われることが少ないのに対して、共生学では、こうした自明性や不問性は存在しない。共生学の学徒は、世界の現実や共生の理念を実現することとのかかわりにおいて、なぜその研究課題を選択するのかを、たえず自問し、他者からも問われ続けることになる。こうした不断のプロセスのなかから、共生学は創生するものと考えている。

大阪大学の人科に設立される共生学系では、未来共生学講座とグローバル共生学講座という2講座を組織する。未来共生学講座では、現代社会のさまざまな人権問題や差別事象、災害や紛争、その他の共生にかかわる諸問題に対して、過去の現実を踏まえたうえで、共通の未来に向けた斬新な共生モデルの構築をめざす。一方のグローバル共生学講座では、同様の問題群に対して、加速度的にグローバル化しつつある世界の変容を前提に、地球市民としての視座からの望ましい共生のあり方を探究する。そこで目指すのは、時間と空間を縦横に往来する研究者・実践家の養成である。

第三に、理系分野にも開かれた学際性である。学際性は、そもそも人科が誕生した時からの「ウリ」である。共生学系に集ったメンバーのなかには、サルの生態を研究しているスタッフもいる。モノ・人工物との共生や自然との共生を考える際には工学・理学分野との、生命倫理や介護支援等の問題を検討する際には医学分野との連携が不可欠であり、今後、理系部局との協働を強化していく予定である。

人間が人間らしく生きていくこと

人科の創設以来の理念は、「人間が人間らしく生きていける仕組みづくりに貢献できる知性と行動力を備えた人材を育成すること」である。この目的は現在も不変であるが、「人間が人間らしく生きていける仕組み」を取り巻

く状況は、先にも見たように、人科ができた 1970 年代と現在では大きく変化している。

　次のように捉えていただくとよいであろう。共生学系の設立は、人科のルネッサンスの象徴であると。

　人科の理念はすばらしい。しかしながら、およそ 40 年の歴史のなかで多くの業績を産み出してはきたものの、「知性と行動力を備えた人材」を十分に育成できたかというと、疑問なしとしない。学問の専門分化と各分野の深化は進んだものの、それがゆえの「タコツボ化」はある意味避けがたかった。そして、その結果として、学際性や実践性や国際性を標榜してはいるものの、総合的な学術の裏づけをもつ「知性と行動力を備えた」若者を輩出するという目的は、おそらく部分的にしか達成できなかった。

　共生の実現という新たな旗印のもとで、今一度当初の理念に立ち返り、そうした状況をブレークスルーできるのではないか。「ルネッサンス」と呼ぶゆえんである。

　「人間らしく生きる」ことは、ことのほか難しい。最近「自分らしく生きる」というレトリックが大はやりであるが、両者は同じではない。「自分らしく生きる」という考え方は、きわめて主観的で、個人主義的なニュアンスが強い。しかしながら、ある個人、あるいはある集団に属する人たちだけが「自分らしく生きる」ことができても、仕方がないのではないか。目標は、さまざまな立場や境遇の違いをもつ人々のすべてが「人間らしく生きる」ことができる社会を創り出すことである。「人間らしく生きる」という言葉の背後には、社会のあり方や人と人との関係性の問い直しという契機が含まれている。それはすなわち、共生が実現する基盤を見つめ直すことである。

　学問は、一部の人間のためにではなく、すべての人間のためにあるべきである。共生学という新たな学問は、そのために創られる。

（河森正人・栗本英世・志水宏吉）

【参考文献】

井上達夫（1986）『共生の作法』創文社
総務省（2006）『多文化共生の推進に関する研究会報告書』
竹村政夫・松尾友矩（2006）『共生のかたち』誠信書房
ブリタニカ・ジャパン（2015）『ブリタニカ国際大百科事典』
ローダー、H.、P. ブラウン、J. ディラボー、A. H. ハルゼー（2012）『グローバル化・社会変動と教育1』東京大学出版会

第Ⅰ部

共生のフィロソフィー

■ 1 ■

共生の人間学 〈矛盾〉を生きること

1. 共生の人間学の意義

　この教科書では、基本的に、共生社会論、ボランティア論、災害論、国際協力論、ジェンダー論、紛争論等の主題が並んでいくのだろう。それらはアクチュアルな意味でも、もう少し長いタイムスパンで考えても、人間にとっておおきな課題であることは間違いがない。

　そうした教科書のほぼ最初に、こういう文章がきてよいのかわからないのだが、私は哲学者なので、いかほどか哲学的なことを書かせてもらいたいとおもう。哲学者とは、一面では万学をあつかうのだから何でもできると豪語できる厚顔無恥な手合い（！）なのだが、現実的には何もできない類いの無能な人種である。おおよそ書物という領域しかもちあわせがないので、何かの具体例、何かの実際の場面がほとんど欠落してしまう。生きていることのすべてが現場だから、特定の現場がない。それに大抵の場合、哲学者というのは性格が偏屈である。なにか楽しそうにしている人、真剣にことに臨んでいる人がいれば、横合いから無責任に文句をつけたくなる。そういうのを「批判的精神」と認めてくれる稀な人種も世の中にいることはいるのだが、まあ大抵世間からは相手にされないし、煙たがられるだけである。だから、この文章が、ここでどれほど必要なのか、本当はよくわからない。なくてもいいのかもしれない。

　ただ、共生という言葉は、きわめて多義的で、また同時に危うさをはらんでいる。その意味で、哲学者がそこに介在することも、一種のスパイスとし

ての役割はあるのかもしれない(スパイス以上だなんて、とてもじゃないが考えてもいない)。そうした前提にたって、ここでは二つのテーマについてあつかってみようとおもう。一つは共生といったときに、一体「何との」共生が前提になっているのかということ、そしてもう一つは、そうした共生において「われわれは何をなしうるか」ということである。結論は、哲学者によくありがちな、あられもないものだ。実際には、多分「何もなしえない」、これが答えである。とはいえ、われわれは「共生」せざるをえない。何故なのか。どうすべきなのか。矛盾以外のなにものでもないだろう。まあ、この文章ではそんな深い部分まではとても答えられないが、それを考える道筋だけでもとりあえずは描いてみたいとおもう。

2. 何と共生しているのか

共生ということで、人と人との共生をおもいうかべるケースはおおいだろう。現実的な社会生活で「共生」が問題視されるのは、確かにそういう場面だとおもわれる。災害などで困窮した他者、グローバル社会のなかでの異国・異言語・異文化の人、あるいはより先鋭的には戦争という、規模の大小はあれ人類史上途絶えたことのない事例は、共生を考えるうえで目につきやすいテーマであるだろう。

とはいえ、当たり前のことだが、特別な問題を感じないときにも、われわれは「共生」をしている。いや文化的・制度的にも、生物学的・生命的にも、共生をせずに「私」が生きていることなどありえない。常識的な意味でそれを拒絶したら、ただちに個人としては死んでしまうだろう。そして、さらにいえばそうした共生には、ある絶対的な条件があるとおもわれる。それは広くいえば「自然環境」との共生である。

私は授業で、食べることや住むことについてあつかったことがある(今後もこのようなテーマについても重点的にあつかうつもりである)。食べることや住むことは、料理や建築という観点からみれば多分に文明的なものであり、間接的に人と人との共生にかかわるもののようにおもえる。しかしそれ

は明らかに違う。食べ物の種類や食べ方は、もちろん文化習慣に根づいているが、その根底には、生物としてのわれわれの身体があり、それを養うという絶対的事情がある。またそこには（原理的に考えれば農業も含め）、生きているものを「殺す」という明確な事実が含まれてもいる。（動植物を）「殺すこと」には、人間世界では、さまざまな倫理な規範、あるいはタブー、さらには逆に祝祭的・宗教的な「供犠」性がつきまとう。それゆえそれは、きわめて人間的な事例であるともいえる。とはいえその前提として、生きている植物や動物が存在し、それとの共生がないならば、われわれ自身も生きていくことはできない。建築にしても同じことで、そもそもその土地の風土や気候にあわせて、そこでの素材をとりあえず使用することで、人間は住居をつくらないわけにはいかない。このことは最先端の現代建築であれ同じことだろう。住居が宇宙空間になれば、宇宙空間そのものと共生しなければならず、深海になれば深海そのものと共生しなければならない。そういうことである。

　よくいわれるように、人間は生物学的にみてきわめて脆弱な存在である。出産時から自立するまで、これほどの時間がかかる生物はあまりいない。また体毛が極端に少ないため、環境から受ける影響が過度に強く（温度・熱はもとより紫外線など宇宙からの影響もある）、服や堅牢な住居がないと生きられない（ファッションとは、まずは自然からの身体防御として考えなければ意味をなさない。同時に、どうしてほぼ普遍的に人間は性器を隠すのかという事態は、服にまつわる大問題だが、ここでさまざまな文化的な基盤、むしろタブーや掟の発生がみられるだろう）。とはいえ人間は、そもそもかなりの雑食性の生物だということもあり、そうした生物的脆弱性を「逆手」にとって、さまざまな文化を発展させてきたことも確かである。

　人と人との共生である人間の文化と自然環境は、具体的な場面をみればそもそもどちらがニワトリでどちらがタマゴかわからないかたちで相互に影響しあっている。相当長い進化史的時間をかけて人間は環境に適応し、そのなかで環境を巧く利用し、（部分的には）自らの都合にあうようにつくりかえ、文化を形成していることは間違いないからである。とはいえ自然と人間とい

う事例を考えてみれば、圧倒的にそのベースは自然にあるとおもえる。自然との共生という事態を無視しては、そもそも人と人との共生を考えることはできない。無論、人間が単独で行動することは、文明の相当に進化した段階にならないと（いわば近代化がある程度完成しないと）不可能なので、人間間の群生的共生は原初的なものだろう。また共生の裏面である戦争が、つねに人間の歴史につきまとっていたことも事実だろう。しかしそれは、自然による圧倒的な制約のもとでありうることにすぎない。大国家の発生が、ある特定の地域性（砂漠に比較的近い大河）に限定されていることも、そのことを証すものだといえる。戦争は、実際にはまずは地形や気候との戦いであるはずだ。

　私は、こうした共生、つまり簡潔にいえば自然や環境との共生を考えにいれないと、そもそも人と人との共生について何かをいうことはできないとおもう。もちろん人はある段階で自然から離脱していく生き物ではある。言語能力を駆使し、法を制定し、自然にはありえないタブーや宗教性や国家的イデオロギーや、あるいは民主主義的な自由の理念などを創設したりもする。これは自然のものごとではありえない。資本主義的に高度に発展した都市や、情報ネットワークにおける人のあいだのむすびつきは、こうした自然からの人間の離脱の象徴でもあるだろう。

　とはいえ人間は、たとえば身体（病も老いも含めて）、生と死、あるいは生殖にかかわる部分では、（そこにどれほど文化的要素が入りこもうとも）自然から完全に逃れさることはできない。病気は、栄養やクスリや衛生環境である程度防げても、人間は絶対に死ぬ（これを真顔でいえるのは哲学者の特権である）。生殖医療テクノロジーがどこまで進化しても、人間は動物としての細胞をもってしか「生まれ」ない。これらを切り捨てた精神的（あるいは政治的な意味も含めた批判的）な存在としての人間性を崇高に考える思想というのがあるのだが（西洋的な近代の思想はこうした方向性を大抵そなえているが）、それらは根本的に見直されるべきだと考える。生物としての（質料としての）身体なしの生は、もともと不可能なものである。人間はアタマだけからできてはいない。自然に従属しつつ、そこに「いかほどか」の

ことができるだけである⁽¹⁾。

　こうした議論は、はるか数万年前から生きている人類の共生の条件である。しかし現在、たとえば地震の災害のように何千年何万年におよぶ自然の環境系、放射能の問題のように何万年から何十万年もかかわる自然的時間との対峙が要請されている状況において、こうした発想は改めて必要になってきていると考えられる。むしろ、こうした視角を欠いた人のレヴェルでの共生の議論など、私にとっては空理空論にしかみえない。もっとも、逆の立場からみれば私の方がよっぽど空理空論であることなど、百も承知しているのだが。

3. 人と自然と共生の媒介物

　さりとて、もちろん人間には精神があるだろう、孤独があるだろう、個人があるだろう。そして、少なくともそういうレヴェルでの共生と紛争、対立や和解、独自な情念（共感、反発、嫉妬、それが巻き起こすちまちました小競りあい）という問題があるだろう。それだって哲学のテーマなのではないかと、こういわれるかもしれない。まったくもっともである。それらから人間は離れて生きることはできない。私もできない。

　とはいえ、人を自然の圧倒性から考えるとき、私はこうした事例さえも、単純に「私とは何か」「集団とは何か」「他人とは何か」という方向から考え

---

(1) こういうと、社会学的構築主義者から、おまえは自然的本質論者かといわれるかもしれないが、それは違う。たとえば現在おおきなテーマであるLGBT（レズビアン・ゲイ・バイセクシュアル・トランスジェンダー）を政治問題化するときにでも、実際には「自然存在者」としての人間の10パーセントほどは、「自然的存在」としてLGBTであることを明示することは、社会運動的にも必要である。抑圧してきたものがそもそも構築物である。また統合失調論者の発生確率がほぼ人種差なく同じようなパーセントであるということが明示されるときに（統合失調症者やその家族の社会的な苦しみや経済が問題なのはもちろんであるとしても）統合失調症者が数パーセント存在することは自然である。そのとき、これは病だろうか。異常だろうか。またダウン症や各種の身体障害が同じような場合どうだろうか？　抑圧してきたのは社会の方である。解放されるべきは上記の意味での自然である。

るのはナンセンスにおもわれる。私自身もむかしは実存的哲学青年であったので、そういう考えをもっていた時期もあった。でもいまは、そこに自然環境のなかの生物性を入れこめないと、あんまり意味がないなと考えている。

では、どうしろというのだろうか。私はこの議論には、もう一つの媒介が必要だと考える。それはテクノロジーである。

テクノロジーとは、端的にいえば技術の力のことである。テクノロジーにかんする思考は、これもまた大変広汎な問題を提起するものである。今の世の中であれば、テクノロジーといえば、SNSや携帯電話、ロボットやコンピュータを想定するのが普通だろう。そしてまた、テクノロジーにつきまとう課題といえば、やはり原子力発電の是非や、高度に発達したテクノロジーによる環境破壊問題などをおもいうかべるだろう。

だが(ちょっと視点を変えてほしいのだが)、人類にとっての最初の巨大テクノロジーは、どう考えても農業である。農業は、どこか自然に「やさしい」産業とおもわれるかもしれない。だが、歴史上これほど人類が徹底して自然に介入した事例はないとおもわれる。農業を開始することで、人類は狩猟生活(もちろんこれにも石器や矢じりなど、重要な技術の展開があったのだが)から抜けだすことができる。そして、そこでかなめであったのは、空間と時間の管理である。抽象的にいえばこの点が、まさに自然からの離脱の本質をなしている。

食べることは自然と関連していると先にのべた。身体をもった生き物である私は、食べないと死んでしまう。しかも人間の場合、代謝の関係であまり食事間隔をあけることはできない。もちろん一日三食食べるというのは、かなり近代になってのことだろう。とはいえ、エネルギー摂取の生物的制約があることは事実である。

すぐさまどこでも食物が獲られる環境に人間がいればいいのだが、そんな環境はとても少ない。人間はある程度計画的に食物を手に入れ、さらにそれを加工し、保存(発酵がその最大の手段であった)をせざるをえない。

そのためには、時間空間に即して自然を支配することがもっとも重要になるだろう。農業や牧畜(牧畜は農業に先行しただろうが)は、まさしく最高

度のテクノロジーをもちいて、自然から自らを切り離す契機である。よくエコロジストが、自然に帰れというときに農業生活をおもいうかべるが、これはとんでもない誤りである。自然破壊は農業がはじめたものであり、そこで人間が環境に依存しつつも、環境をまさに時空的にコントロールするすべを手にしたのである。これは引き返せない人類史的事実である。

しかしそれもまた極端だろうといわれるかもしれない。農業は確かにテクノロジーだが、17世紀以降の近代テクノロジーの重要性と破壊力は桁違いだろうといわれるだろう。それはそうである。原子力テクノロジーが兵器に使われても、また原子力発電所の事故のような危機に際した場面でも、人間よりもまずは自然生態系への破壊が徹底的なものになるのだから（もちろん兵器の場合に人間に顕著なダイレクトな被害はある。事故もそうだ。だが、当たり前だが、環境への影響は数十年数百年数千年にわたって人間に「も」被害をあたえる）。

だが、人間にとって最大のテクノロジーが農業であったということには、時空コントロールというおおきな意味がこめられている。

農業は、土地に刻み目を入れる。刻み目は、空間を人間の計画性によって支配することを可能にさせるものである。それは同時に時間の支配をも可能にする。農耕は当然生産性の安定を目指すので、季節や環境に即応しつつも、あるがままの自然を受けいれるのではなく、自然に対する特定のコントロールを目標にすることになる。

繰り返すがテクノロジーは、近代社会以降、つまり17世紀には数学と物理学が、そして19世紀には化学とそれに基づく産業がおおきな進歩を遂げて以降、劇的に変化していった。20世紀の核物理学の進化の成果は、いわずもがなである。しかし率直にいえばテクノロジーとは、自然に随いながらも、自然を人間化する技法のことである。たとえば国家も共同体のあり方も、交通や交易もこれに基づかざるをえない。そして自然に即しつつ自然を人間化する、つまりそれを人間のコントロールのもとに置くというおおきな方向性を規定したのが農業なのである。

これは21世紀の科学である生命科学にも連関する。それは細胞や脳シナ

プスという、これまで未開の「大地」であったものに、いかに計画性をもたせるかをポイントとするからである。繰り返すが、農耕から近代科学までにはおおきな跳躍があり、19世紀以降の文明の進展にも、異質なスピード性の介入があることは確かである。とはいえ、人間が自然を支配することが、テクノロジーの本質である点にはかわりがない。

とはいえ先ほどものべたように、人間とは一面、自然的存在者であるよりほかはありえない。そして自然の力は膨大で、その圧倒性について軽視できないとのべたばかりである。人間を自然（あるいは動物）から区分するのはそのテクノロジー性であるとはいえ、そこで媒介であるテクノロジーには何ができるのだろうか。

4. リスクと賭け

農業とは、自然に即しながらも自然をコントロールするテクノロジーであるとのべた。初期の古代国家が、灌漑施設（すなわち水利コントロール）とともに形成されることからもこれは明らかである。しかしである。自然をコントロールすることには、コントロールの「失敗」がつねにつきまとっている。計画性には、計画性の「破綻」がつねに付随するのである。いかに灌漑施設を完備しようとも、雨が降るか降らないかは（季節による予想は可能であるとしても）コントロールしえない（もちろん降雨のためのテクノロジーはあるがあまり機能していない）。また豪雨によって洪水で施設が破壊されることは頻繁に起きたにきまっている。自然支配が完全であるはずはない。

もちろん人間は、失敗や成功のなかでテクノロジー自身をさらに発展させ、それを環境や物質に同化させていったともいえる。抽象的なレヴェルでのべれば、19世紀に発生したそのもっともおおきな成功例は、確率とリスク計算の成立である（統計学という学問がこれに連関する）。これこそが、古代のテクノロジーと、現代との差異をしるしづけるともいえる。現代は確率とリスクが、支配のテクノロジーの中心を占める、そうした世の中なのである。

確率論の成立にも、さまざまな歴史があるだろう。しかしテクノロジーと

確率の問題において興味深いのは、そこで自然に対する「敗北」を何気なく織りこむことで「支配」が完成されるという逆説が生じていることにある。リスクを勘案するとは、結局はコントロールできないことを、コントロールの内側にいれることにほかならないからだ。

これは近年におけるテクノロジーの諸問題からも明らかだろう。原発事故が「想定外」という言葉で片付けられたのは、まさにリスク計算でも支配できないものが露呈したからであるが、それ以上に、たとえばわれわれの身体にまつわること（たとえばガンに罹ったときの五年後生存率、出生前診断におけるダウン症の確率）、天候や台風の確率、そして地震や津波の確率などはその典型であるといえる。地震や巨大台風による被害は、過去であれば天災としてやり過ごす以外になかったものである。生まれてくる子どもがなにがしかの障害をもつかどうかは天の配剤でしかなかったはず。しかし確率の計算は、そこでの「想定外」という事態も含めて、そうした事態を、何らかの仕方で支配し、もっともらしく説明するわけである。

現在においてこれは、自然と人間のあいだのテクノロジーとして、同様に社会性や共同性の共生の基盤をも形成することになる。そこで確率という事例を織りこむことによって、確率やリスクはまさにコントロールの極限を提示すると同時に、コントロールできないものを入れこめているのである。

そもそも医学的な余命確率は、患者のためというよりも、医者の刑事的な裁判における責任逃れの方便であった（90パーセント成功するという表現は、10パーセントの失敗を織りこんでおり、そのことを明示しているといえるわけだから、責任を回避することが可能になる）。天候や地震の計算についても同じことがいえる。原発の安全基準については、もっともこのことが鮮明にでているだろう。何事も100パーセントというのは原理上ありえないのだから。99パーセント安全です、ということは1パーセントの事故を織りこんでいる（だから本当は「想定外」でもなんでもない）。

もちろん、だから単純に地震学者や医者がわるいといっているのではない。むしろ地球という自然、人体という自然を勘定にいれたときに、コントロールの「失敗」がないことなど不可能である。自然の圧倒性とは、そういうこ

とである。地球物理学が進展しても、われわれが生きる地下の構造は驚くほどわかっていない(足下の下の数千メートルの構造をわれわれは知らない)。人体における無数の細胞についても、その生物的な力や病のメカニズムについても（おそらく脳細胞やDNAが理解されればされるほど）わからないことは増大する一方である（自分の内部のことなのに何もわからない）。

そして、原理的にのべても、ここでは時間の支配はますます困難になっていく。特定の人間が生きる時間は限定されているので、それ以外の時間と圧倒的な差異があるからだ。たとえば地震が何万年周期で生じるときに、前に発生した時点では人間の文明などなかったわけだから、そのつぎの地震を予想するのが「意味」をもつのか「無意味」なのかはそもそも何ともいえない。原発廃棄物が数万年のリスクをもつときに、この数万年先にそもそも人類なるものが存在するという保証もない（理性的に考えれば、今の人類はもはやいないだろう）。そこでの危うさが何を意味しているのかはわからなくなる。かくしてリスクや確率というのは、一面では自然の圧倒性を認めたうえでの閉じこめであり、同時に限りない自然への敗北宣言でしかありえない。

5. 責任と無責任

それゆえ、確率やリスクの計算とは、一見すると何かを数字で保証するようにみえるが、実のところ一切何も保証するものではない。そもそも個別の出来事は「一回きり」であって、それに対する姿勢は0か100だからである。私は一回しか生きないのだから、いかなる病によっても一回しか死なない(これは重要なことである！　何度も死んだりしないのである)。そこで手術の確率が「何を」意味するのかを考えることは本質的だろう。また大規模災害は定期的に繰り返されるだろう。やはり特定の災害は一回きりのものである（生涯に一回しか来ないものなどたくさんある）。いわば0か100である。この水準になると、確率は賭けとかわらなくなるだろう。いや、まさにこれは賭けでしかないはずになる。科学的に装いをまとった賭けにしかならないのである。

社会では、責任が問われる。これは人間社会の（とりわけ共生している社会の）原理として不可避とおもわれる。われわれは責任を免れるために、なんとかリスク的な計算をもっともらしくつくりだす。これはいかんともしがたいこととおもわれる。とはいえ、知が正確になり、テクノロジーが高度になり、自然を支配し尽しうるとおもった瞬間、われわれは途方もない自然の力に直面せざるをえない。そこではすべては賭けになり、すべては無責任になる。ここで確率やリスクのごまかしが露呈されることになる。このこともまたやむをえないこととおもわれる。

矛盾だろうか。矛盾ではあるだろう。矛盾はいたるところにある。たとえば封建社会から自由主義社会になり、人々は楽な暮らしと自由を手にしたことは確かだとおもわれるのに、そこではつぎからつぎへと社会問題なるものが吹きだしてくる。自由になればなるほど人間は嫉妬や猜疑心、自由を縛りつける隠微な力が強くなる。矛盾である。医学が進めば寿命は長くなる。だが寿命が長くなることは、人々を幸福にするどころか社会全体を高齢化させ不活性にし、人間を不安にさせてしまう。矛盾である。

しかしこの矛盾が生である。自然的な身体であり、同時に社会的な存在でもあるという矛盾が生である。これを直視しないと、問題をはき違えるのではないかとおもう。

ここで共生社会そのものに立ち戻ろう。共生社会は、善意に支えられたり善意がもとになったりするという発想がある。これはきわめて危うい想念だと私にはおもえてならない。とりわけ共感というのもきわめて危ない言葉だと私にはみえる。なぜならば、共感や善意は矛盾を咀嚼する力をもたないようにおもわれるからであえる。いいかえれば、私たちの「良き意志」があるとしても、そうした意志が自然や人為のシステムのどこまで働くかはわからないし、何ともいえないのが本当だからである（この話をまともに展開するにはそれこそアリストテレスや仏教にまで遡らないと無理だが、それはここではできない）。それどころか自然やそのシステムの広大さを考えるとおそらくはほとんど無意味である。

「善意は必ず罰せられる」という言葉がある（この言葉はジル・ドゥルー

ズという哲学者が引きあいにだしている)。これはまさしく上記のような事態を明らかにするものとおもわれる。いささか簡単にいえば、この言葉は、人間の意志で何かがなせる範囲をそんなに過大視するな、という意味をまずはもつだろう。逆にいえば、一切善意をもたない活動が何かすばらしいものを招くことも実際にはある(悪意が社会を救った事例など歴史上無数に存在するだろう)。それが世の中のリアルである。そんなこといわれたって、とおもうかもしれない。しかし、繰り返すが、それこそが世の中のリアルである。善意の範囲を斟酌せずに(要するに、そんなものは知がどこまで進展しようが、膨大な自然システムや生態系システムを考えれば賭けでしかない)何かをすることは、私にはナンセンスにしかおもえない。リスクと計算でがんじがらめに縛られたとおぼしきコントロールは、他面ではすべてを賭けにしていく。われわれのできる範囲など、きわめて寡少なものではないか。それを前提とすべきだ、というのは哲学者のいえる唯一のことかもしれない。

　こうしたことを軸として、私の授業では、できるかぎり自然の膨大さと人間的システムの「境目」に存在する事象を、しかしあまり哲学的にならずに具体的にあつかっていこうとおもう。食べること・建築・都市、動物と人間、確率とリスクの意義や、医療現場や生命科学におけるそのあり方がおおきなテーマになるだろう。共生の人間学は、こうしたかたちで、共生のさまざまな活動を下支えする役割を(あくまでもスパイスとして)果たせればと愚考する次第である。

(檜垣立哉)

【読書案内】

檜垣立哉(2008)『賭博/偶然の哲学』河出書房新社
　基本的には、競馬という賭博の場面の具体的考察と、九鬼周造の偶然論、そしてフーコー的な管理社会について「賭け」と人間の生や社会の本質性をあつかったもの。一種の共生的「無責任論」の積極的な主張のための序章として読んでください。

檜垣立哉(2012)『ヴィータ・テクニカ』青土社
　技術の思考が生の思考のなかでどのような意義をもってきたか、20世

紀の思想史の中から、フーコー、デリダ、ドゥルーズらの議論、あるいはより広い自然生態系の議論を描き、技術のもつ人間への意義を強調した。

フーコー・M（2007）『安全・領土・人口（コレージュ・ド・フランス講義録 1977-1978）』（高桑和己訳）筑摩書房
　確率や計算、リスクと生という主題において重要な分析をおこない、生政治という言葉をうみだしたフーコーの講義録。刊行著作ではないが、さまざまな具体的な主題があつかわれており、フーコーが上記の主題に接近したことがよくわかる。

2

共生のドラマトゥルギー

1.「入会地」としてのドラマトゥルギー

　過去数年にわたって筆者は、教育人間学という研究分野において、「教育と福祉のドラマトゥルギー」という共同研究の枠組の形成に携わってきた（藤川 2014：1-37）。この共同研究では、研究分野のスタッフおよび大学院生を中心とし、さらに学外の教育、福祉、医療、看護、臨床心理等の隣接諸領域における理論家・実践家を交えて研究グループを編成することによって、学際性と実践性を重視してきた。この共同研究では主に、人生の歩みにおけるさまざまな節目において躓いたり立ち止まったりする人々と、その人生の歩みを支えようとする支援者たちの間で繰り広げられる日常的相互行為を対象として質的フィールド研究を行ってきた。そうした相互行為からは、周囲を取り巻くモノや他者との、あるいは、自己自身の身体や過去の記憶との新たな「共生」のあり方を追い求める人々の姿を見て取ることができる。この種のフィールド研究のためにわれわれが共通の暫定的・方法的枠組ないし観点として採用したのは、アメリカの社会学者 E. ゴッフマンの初期の著作群（特にゴッフマン 1974）において展開されたドラマトゥルギーの試みであった。ドラマトゥルギーとは、一言で言えば、われわれの日常的相互行為を舞台上での芝居・演技に見立てて分析する手法のことであり、さしあたり演技論ないし演出論と訳すことができるだろう。

　日常生活における人々のやり取りを芝居に喩えるという発想自体は非常に古い。また、ゴッフマンのこの試みも、それが提示されてすでに半世紀近く

経つ。にもかかわらず、ゴッフマンを共同研究の暫定的出発点として採用したことには次のような理由があった。すなわち、日常的相互行為を芝居・演技のメタファーで捉えるという発想自体は陳腐とさえ言えるが、逆に、だからこそ誰にでもすぐに使えるというメリットもあるということである。芝居・演技は、相互行為分析の初心者にとって間口の広いメタファーであるため、このメタファーを導きの糸とするドラマトゥルギーは、多様な領域に携わる理論家から実践家までが参加する学際的・実践的共同研究にとってはプラットフォームとなりうるのである。

ただし、われわれは、ドラマトゥルギーを特徴づけるためにプラットフォームという語ではなく、「入会地」というメタファーを用いてきた。このメタファーは、そこに入ること、そこに何かを持ち込んだりそこから何かを持ち帰ることは自由であるが、そこを単独で支配することだけは禁じられているということを含意する。また、入会地は定住地ではなく、非日常的に出入りする場所である。その意味でこのメタファーは、そこでの議論が研究の完成形ではなく、そこで得た着想をそれぞれが携わる活動領域に持ち帰り、それぞれの必要に応じて活用・アレンジしていくことによってはじめて本来的成果が得られるということも含意している。つまり、ドラマトゥルギーは、あくまでも個々の事例を扱う研究プロセスの初期段階において仮説の設定に役立てられるか、もしくは、個々の実践家による問題解明や実践的革新に向けたプロセスの初期段階において、新たな着想や展望の獲得に役立てられるような暫定的枠組という位置価を持つのである。

上述の通り、われわれは、ゴッフマンのドラマトゥルギー的方法ないし観点の使い易さ、馴染み易さを優先して共通の暫定的出発点として設定したため、最新の、より相応しい相互行為分析の方法を追い求めたり方法論議に加わることはしなかった。むしろわれわれは、個々のメンバーが取り組む対象の性格に応じて、ゴッフマン・オリジナルのドラマトゥルギーに必要最小限の修正を加えるにとどめた。変更を加えたのは、主に以下の4点である。

2. ゴッフマンのドラマトゥルギーに対する修正点

舞台概念の拡張―非物理的・意味的舞台へ

　第一に、われわれは、舞台概念―ゴッフマンは「局域（region）」という概念を用いている―の意味を拡張した。本来この概念は、日常的相互行為という芝居が行われる物理的・可視的空間を意味するものだが、その意味範囲を非物理的・意味的空間にまで拡張したのである。それによって、妄想、無意識の世界、夢、理想、先取りされた未来、記憶などの不可視の領域もある種の舞台として分析の対象とすることができるようになった。例えば、認知症高齢者の妄想世界、被虐待児童における記憶（トラウマ）、不本意就学生徒における果たされなかった夢などである。

舞台のダイナミズムへの着目―「舞台間闘争」

　第二に、われわれは、ゴッフマンが行ったように、個々の舞台で展開される演技・芝居（相互行為）のルールが、その適用を困難にするさまざまな「攪乱的事件」にもかかわらず維持されるメカニズムを解明するだけでなく、さらに、そうした事件によって相互行為秩序が破綻したり、形骸化したり、横滑りを起こしたり、新たに作り替えられたりするダイナミズムにも焦点を当てることにした。このようなダイナミズムは、多くの場合、複数の舞台の間の衝突によって生じる。われわれは、そうした事態を「舞台間闘争」と呼ぶ。舞台間闘争とは、完全に、もしくは部分的に重なりあう複数の舞台の間で、その内部に存在する同一の人やモノの意味や機能を巡って展開される奪い合いのことである。

　例えば、子どもたちの間に「いじめ舞台」が成立しているとして、その舞台の存在が教師に認知されるまでは、学級での芝居のルールは、たしかにタテマエへと形骸化していくことはあっても、それ自体が崩壊することはない。しかし、教師がいじめ舞台の存在を認知したとき、学級舞台といじめ舞台とが闘争関係に陥る。ある一人の同じ生徒が「いじめっ子」としての役柄と「よ

い子」としての役柄の両方を保持することはもはやできなくなる。そして、学級舞台がいじめ舞台に呑み込まれて崩壊することもあるだろうし、逆に、いじめ舞台が学級舞台に呑み込まれて消滅したり、あるいは、形骸化していた学級舞台がいじめを乗り越えた学級舞台へと新たに生まれ変わるということもあるだろう。その意味で、舞台間闘争自体は善くも悪くもなく、むしろ何らかのダイナミックな変化を引き起こす重要な転機と見なすこともできるのである。

ミクロ分析からマルチミクロ分析へ―「串団子」

　第三に、われわれは、ゴッフマンのように映画のワンカットほどのミクロな相互行為場面を一つの舞台として切り出し、それだけを分析するのではなく、一つのミクロな舞台に時間的・空間的に接続する他のミクロな舞台との関係をも視野に収めようと試みてきた。ただし、ゴッフマンのミクロ分析の手法は彼の視野の狭さを示すものではなかった。むしろそうした手法は、それまでのように行為の根拠を実体視された自己・主体あるいは社会に置くのではなく、その存在を実際に観察することのできる具体的な行為の状況それ自体の内に求めるという点で革新的な意味をもっていた(中河・渡辺 2015：8-12)。行為の根拠をこのようにミクロな行為の状況へと置き換えることによって、たしかにわれわれは、自らの行為の自由や社会変革の可能性を単なる理念としてではなく、実際的・具体的に確認することができる。実際、われわれは、自らの立つ舞台を自由に選ぶことで自己や主体なるものに囚われることなく振る舞うことができるし、また、必要とあらば演出(状況の定義)の変更によってその舞台を客観的に観察できるような仕方で変更することもできる。

　しかし、そもそもわれわれは、確かに自由意志(ピコ・デラ・ミランドラ)によってとは言えないにしても、少なくとも自らが立つ舞台を自由に選択することによって、野獣にでも天使にでもなれるのだろうか。実際にはそうではない。一方では、確かに自己や主体と呼ばれるものとは異なるが、例えば身についた技術や、ブルデュー的意味での「ハビトゥス」や、衣装や化粧に

よっては変更できない身体的特徴や過去の記憶などのように、舞台間を隔てる境界線を越え出てもなおかつ安定性・持続性を示すような特徴というものがある。他方、実体としての社会なるものは存在しないとしても、同じ地域、同じ文化、同じ国家の内部には、舞台の違いを超えて互いに類似性を示す人々（演技者）やモノ（大道具・小道具）の意味や機能といったものがある。そうした事実を直視するならば、単一のミクロな舞台の内部での芝居・演技だけを対象とするゴッフマン・オリジナルのドラマトゥルギーの弱点が際立ってくるのである。

　そこでわれわれは、この弱点を乗り越えるべく、ある舞台とその外部との関係を視野に入れることにした。ある舞台とその外部との関係は、いわゆるミクロ・マクロ関係として捉えることもできるのかもしれない。しかしわれわれは、基本的にマクロについては論じない。その代わりに、ある舞台を起点として、そこから過去および未来へと通時的に連なるか、あるいは、そこから空間的・共時的に連なる外部の諸舞台との関係に焦点を当てる。その意味で、われわれの捉え方は、「マルチミクロ的」として特徴づけられるべきなのかもしれない。

　もちろんゴッフマンも、半透性フィルター（「膜」「篩（ふるい）」「スクリーン」）のメタファー（ゴッフマン 1985：20、24、62）によって、隣接する他の舞台との関係について言及していた。しかし、その働きの詳細を解明することは彼の主たる関心ではなかった。それに対してわれわれは、このような舞台間の関係をより重視し、これを「串団子」のメタファーで表現しようと思う（ただし、われわれが想定する串団子には縦横に串が貫いていて食べにくい）。一つ一つの団子は他の舞台から相対的に独立した舞台である。その舞台の上にある人やモノの意味や機能は基本的にその舞台内での人やモノの間の関係によって規定される。しかし、舞台の違いを超えて類似性を示す人やモノの意味や機能もある。それが串である。この串の存在によって、ある人の行為は、舞台を替えてもなおかつ同じ人の行為として認知されるし、また、その串の縦横の広がりの上に、マクロな社会なるものの虚像が浮かび上がってくるのである。

教育人間学的・人間形成論的転回―「人生の調律師」

第四に、われわれは、人生のさまざまな節目に見られる相互行為を対象として取り上げた事例研究の諸成果を俯瞰しつつ、ピアノの「調律師」のメタファーによって教育人間学的・人間形成論的展望を獲得しようとしている。もしこれに成功するならば、そこから「共生の人間学」のための一つの方向づけを見出すことができるかもしれない。

串団子。団子は舞台を、縦横の串は舞台の違いを超えて通時的・共時的に通底する人やモノの意味や機能を象徴している。

まずは「調律師」のメタファーについて説明しよう。ゴッフマンは、ある舞台において「自ずから遂行する役柄」と「責務として遂行すべき役柄」が一致するとき、その演技者はユーフォリア（幸福）を感じると考えた。そして、ユーフォリア状態にある人は、そのときの自らの状態を「本当の自分」と感じ、「本当の自分」でいられるその場を「居場所」と感じるのである（ゴッフマン 1985：28-33、37、79-81）。それに対してわれわれは、「自ずから演じる役柄」をさらに「遂行できる役柄」と「遂行したい役柄」に細分した。すなわち、われわれはある舞台において、遂行したいと思っている役柄を実際に遂行できるとき、自ずからその役柄を演じるのであり、同時にその役柄の遂行がその舞台において他の構成員からも期待されているとき、その演技者はユーフォリアを感じるということである。

このユーフォリアの三条件を、われわれはピアノの弦に喩えようと思う。ピアノの一つの鍵盤は三本の弦を打ち、それで一音が奏でられる。三本の弦が調和していれば、その音によって奏でられるメロディー（複数舞台間の通時的関係）も和音（複数舞台間の共時的関係）も調和を生み出す。逆に、三本の弦の内いずれかが切れたり緩んだりすると、メロディーや和音が濁る。すなわち、舞台間闘争を経て、主体の危機や自己アイデンティティの不安定

ピアノの弦。一音を奏でる三本の弦は、ある舞台において「演じることのできる役柄」「演じたい役柄」「演じるべき役柄」を象徴している。

化に陥ったり、マクロな社会なるものの虚像に亀裂が入ったりするのである。そうした状況において、人は、ユーフォリアの感情を失い、自己自身にとっても周囲の人々にとっても異質な他者へと変容する。

もちろん、演奏を続けている限り、つまり人が生きている限り、弦は緩んだり切れたりするものであり、そのこと自体は善くも悪くもない。しかし、多くの場合、人は自ら調和を取り戻そうとする。しかし、独力でそれを成し遂げられないこともある。そうした場合にわれわれが助けを求めるのが「調律師」である。思えば、周囲には多くの調律師たちがいる。僅かばかり高めの期待を向けることで、子どもたちの能力形成や欲求の向上を図る教師たち、虐待経験によって歪んでしまった生き方を疑似家族による「育て直し」の実践によって正そうとする児童福祉士たち、人生の階段を降りていく高齢者に手を添えながらその歩みをそっと支える介護福祉士たち、社会生活の中で「本当の自分」を見失ってしまったクライアントに「居場所」を提供することで、そもそも「居場所」というもの、「本当の自分」というものが存在するということの気づきを支える臨床心理士たち、彼らは皆、いわば「人生の調律師」なのではないだろうか。ここに、人生を歩み続けようとする人と、その歩みを支えようとする「人生の調律師」たちとの「共生の人間学」とでも呼びうるようなものが立ち現れてくるのではないだろうか。

3. 反転・調和・ズレの可能性

しかし、支援者もまた被支援者と同じく自らの人生を歩む人間である。よって、両者の関係が反転することもありうる。支援者が自らの支援的行為にユー

フォリアを感じるならば、支援者は同時に被支援者でもある。調律師自身が調律されることもあるのだ。

　また、最終的にすべてが円く収まるという予定調和的な帰結を常に想定するのはあまりに安易だろう。そもそも、ユーフォリア感情の内容は歴史的・文化的に相対的なものである。また、支援者が思い描く被支援者のユーフォリアと、被支援者自身が求めるそれとの間にズレが生じ、支援者の行為が過剰（お節介）あるいは過小（役立たず）に陥ることは常にありうる。よって、人生の歩みに躓いた人が、支援者の助けによって必ず立ち直り、再び歩み始めるとは限らない。場合によっては、そうしたズレから舞台間闘争が生じてくることもある。しかし、すでに先に述べたように、舞台間闘争は、変化・変容の契機でもある。調和を指向しつつも必ずズレが生じ、そしてそのズレが新たな調和を指向する契機となる。支援者と被支援者との間の関係は、ときに反転を伴いつつ、調和とズレの間で揺れ動く、そうしたものとして捉えることができるのではないだろうか。

（藤川信夫）

【参考文献】
ゴッフマン、A.（1974）『行為と演技―日常生活における自己呈示』（石黒毅訳）誠信書房
ゴッフマン、A.（1985）『出会い―相互行為の社会学』（佐藤毅・折橋徹彦訳）誠信書房
中河伸俊・渡辺克典編（2015）『触発するゴフマン―やりとりの秩序の社会学』新曜社
藤川信夫編（2014）『教育／福祉という舞台―動的ドラマトゥルギーの試み』大阪大学出版会

【読書案内】
藤川信夫編（2014）『教育／福祉という舞台―動的ドラマトゥルギーの試み』大阪大学出版会
　　高齢者福祉、児童福祉、大学教育、障がい者福祉、生涯学習、インターネット空間における日常的相互行為を対象としドラマトゥルギーの観点で行われた事例研究の成果を収録した論文集。この章で提示したドラマトゥルギーの基本的な観点とその応用事例を具体的に知ることができ

る。
中河伸俊・渡辺克典編（2015）『触発するゴフマン―やりとりの秩序の社会学』新曜社
　　主に社会学の分野においてゴフマンがどのように継承され、あるいは批判されてきたかを知ることのできる最新の研究成果が収録されている。
安川一編（1991）『ゴフマン世界の再構成―共在の技法と秩序』世界思想社
　　ゴッフマンの理論を具体的にどのような形で展開し応用できるのか、その可能性を提示した論文集。日常的相互行為を研究する場合の多様な着想や着眼点を示してくれる。

■ 3 ■

格差社会と教育における公正

1. 平等社会から格差社会へ

　世界史的に見るなら、近代以降における日本社会は二度、大規模な「リセット」を行った。1868年の明治維新と1945年の第二次世界大戦での敗戦である。明治維新から敗戦にいたる時期（明治→大正→昭和）の年数は78年間、敗戦から今日（2016年）にいたる時期（昭和→平成）の年数は71年間。今から7年後の2023年には、両期間の長さが重なることになる。すなわち、このテキストを読んでいる大学生の皆さんの多くが就職し、家庭を持つようになる頃には、明治維新と「今」（2023年）とのど真ん中に第二次世界大戦が位置づくことになる。

　明治維新により日本は、身分原理に立つ封建社会から業績原理に立つ近代社会へといちおうの変身を遂げた。また敗戦により日本は、アメリカをモデルとする民主主義社会への道をめざすこととなった。そして、1950年代後半から70年代にかけての日本は、「高度経済成長」を謳歌し、アメリカに続く世界で二番めの経済大国としての地位を築くにいたった。現在50代半ばである、1959年生まれの筆者らの世代は、いわば「高度経済成長の申し子」といっていい世代である。子ども時代から青年時代にかけて、常に「右肩上がり」の雰囲気が社会に充満し、「消費は美徳」「大きいことはいいことだ」といった言葉が流行した。

　経済大国としての地歩が確立した1970年につくり出された言葉が、「一億総中流社会」である。世論調査において自分の生活を「中」（「中の上」「中

の下」をふくむ）と答えた人が9割に達したことをもって、「一億総中流」という言葉が誕生した。2016年の今日、「一億総活躍」という新しい用語を政府が使うようになっているが、ずいぶんニュアンスの異なる言葉ではある。ともあれ、1970年代、そして80年代にかけての時期は、「日本の大部分は中流家庭である」という観念が広く流通し、「日本社会はきわめて平等な社会である」という常識が国内外で共有されていたことはたしかである。

　しかしながら、その当時の日本に「格差」がほとんどなかったかというと、決してそうではないだろう。いかに平等な社会とはいえ、収入や生活機会の分布に偏りがない社会などありえない。家庭間・個人間の「ちがい」はそこにあったはずである。しかしそれは、「格差」とは認識されなかった。「ちがい」は必ずしも悪いものではないが、「格差」は通常よくないものであり、是正の対象とされることが多い。すなわち、筆者が若かった頃の日本では、人々の間の「ちがい」はそれほど問題視されることがなく、逆にその共通性や平等性が取り沙汰されることが多かったのである。それに対して今の世の中では、事態は全く異なってきている。

　「格差社会」とは、明らかによくない社会のことである。人々の間のさまざまな「ちがい」が顕在化し、「格差」として問題視されるようになってきている。「所得格差」「資産格差」といった「経済格差」からはじまり、「文化格差」「教育格差」「健康格差」「結婚格差」、さらには「希望格差」「意欲格差」「努力格差」まで、種々の格差が取り上げられ、分析・検討の俎上にのせられている。

　第二次世界大戦の敗戦から70年が経過した今日、はげしく攪拌されたビーカーのなかの液体が時間の経過とともにくっきりと層別に分離していくように、日本社会の階層分化の状況が明確なものとなりつつある。「勝ち組と負け組」「セレブと下流」「支配階級とアンダークラス」といった言葉で、そうした状況がセンセーショナルに報じられる。社会全体が右肩上がりだった時代には、「がんばれば報われる」という教えに忠実に行動すれば、実際に物質的・心理的リターンを得られる確率は高かった。日本に「ガンバリズム」

が広く認められていたゆえんである。しかしながら今日では、社会のあちこちにみられる「二世・三世」現象に典型的なように、「持てる者」はそのメリットを生かし、さらに有利なポジションを占めやすいのに対して、「持たざる者」はますます厳しい境遇に陥らざるをえないという状況がある。

「平等社会」から「格差社会」へ。そのイメージは、正反対である。数十年の間に、日本社会を形容する代表的な言葉のトーンが転回してしまった。考えなければならないのは、そうした階層分化が昂進しつつある現状を食い止め、「格差社会」の次にくる社会のあり方を構想し、それを実現するための方途を具体的に案出していくことである。結論を先取りして言うなら、筆者は、「格差社会」に続くべき社会イメージは「共生社会」であり、そのカギを握るのが「教育」だと信じている。

以下、本章では、上述の主題に次のような手順で迫る。まず2節では、本章の最大のキーワードである「公正」という理念・考え方について検討を加える。続く3節では、現代社会において公教育が果たすべき役割について考察を行う。そのうえで、最後の4節において、公正原理を重視した教育の構想について、筆者なりの考えを提示してみたい。

2. 公正とはなにか

さて、「公正」である。辞書（『大辞林』）によると、「公正」とは「かたよりなく平等であること。公平で正しいこと」とある。「公平」に近い言葉である。ただし、「公平」が、おやつを分ける際に使うように「物事を偏らないようにする」ことに重点があるのに対して、「公正」は、公正な商取引といった場合のように「不正・ごまかしがない」ことを指す場合が多い。英語で言うなら、fairness や equity といった語がそれに相当する。

「公正」の考え方は、「平等」という言葉との対比でみるとわかりやすいように思う。同じじゃないか、と思われる読者の方もおられようが、筆者が専門とする社会学や教育学の領域では、その2つの言葉は区別して用いられることが多い。

たとえば、ある自然災害が生じた際に学校の体育館などに避難している人々の状況を考えてみよう。その体育館に、おにぎりなどの食料や衣服が救援物資として届いたとする。その際に、たとえばおにぎりを年齢・性別や体の大きさなどを考慮することなく一人に一個という形で分配するやり方が「平等」な分け方と言うことができる。それに対して、2歳の幼児と体の大きい中高生の男子にはやはり「ちがい」があるので、幼児には2分の1個、中高生には1個を配分しようという考え方が「公正」な分け方と表現できる。「人によって一日当たりのエネルギー消費量が異なるのだから、配分されるモノの量を調節する方が適切である」という考え方がその背景にある。これが「フェアネス」（fairness）を重視する「公正」の概念である。
　そのどちらがよいかを、理念的にあらかじめ決めておくのは難しいと思う。その判断は、その時々の文脈・状況によって、ケースバイケースで判断されるべきものだと言えよう。しかしながら、この2つの考え方の違いはわかっていただけるであろう。「平等」という言葉にこだわるなら、前者は「形式的平等」、後者（＝公正）は「実質的平等」と言い換えることができる。また別の言い方をするなら、前者は「量的な平等」、後者は「質的な平等」と表現できるかもしれない。

　さまざまな社会的場面を考えてみたとき、前者の形式的・量的平等の方が比較的実施しやすい。「一人にひとつ」という明確な原則を定めた方が、実際に避難所を運営する人々にとっては便利であり、楽である。あまり考えなくてよいからである。さまざまな不平や不満が出てくる可能性はあるが、「まあ、平等にやりましょうよ」と言えば、表立って反論することは日本社会のなかでは難しい。
　それに対して、後者の実質的・質的平等（＝公正）の方は、たやすく実施することはなかなかに困難である。おにぎりの例で言うなら、同じ中学生でも男子と女子では違うのか、同じなのかという議論が生じよう。また年配の人たちの配分をどうするか（一個にするか、三分の二個にするか…）という問題も出てこよう。そもそも「年配」の定義をどうするかでもめ事が生じる

かもしれない。いずれにしても、この場合大事になってくるのは、避難所に避難しているすべての人々が納得するような「解」を提示できるかどうかということであろう。その「落としどころ」は、これまた文脈や状況によってさまざまに異なりうる。唯一の解など、とても想定することはできない。

教育の場面についていうなら、かつて筆者はイギリスの地で大いに驚かされたことがあった。今からもう20年ほど前、ある地方都市の学校で調査をしている際に、次のようなエピソードを聞かされたのである。重度の障害を持つ子どもをもつある保護者が、市の教育委員会を相手どって裁判に出た。申し立ての内容は、「市はすべての子どもの教育ニーズに極力応える義務を有しているのだから、私の子どもがアメリカの教育機関で教育を受ける費用を全額出してほしい」というものだった。保護者の言い分では、「市内の教育機関ではうちの子のニーズに十分応えることができないため、アメリカの教育機関を探し出した」ということであった。その費用は、年間数百万円分に相当したという。裁判の結果、市側が負け、巨額の教育費がその保護者に支払われることになったそうである。

「教育の公正」を重視する（＝一人ひとりの教育ニーズに合った公教育を提供する）という市の公約を守るために、市側は一人の保護者に対して年間数百万円の支出をしたという話。読者の皆さんは、どうお考えになるだろうか。

3. 現代社会における公教育の役割

1節でみたように、現代の日本社会は「格差社会」という言葉で特徴づけられる社会である。そのなかで公教育が果たす役割は、これまで以上に大きなものとなるに違いない。

かつて筆者は、近代の学校教育制度に込められた理念を「4つの夢」という形にまとめたことがある。その4つとは、「能力主義の夢」「平等主義の夢」「統合主義の夢」「民主主義の夢」である（志水 2010）。

第一の夢は、「メリトクラシー」と呼ばれる。学校制度のない封建社会に

おいては、生まれながらの属性（身分・家柄等）によって、人の人生はほぼ決まっていた。それに対して、近代社会においては、何ができるか（能力）、あるいは何をなし得たか（業績）によって諸個人の人生は切り拓かれていくことになる。それがメリトクラシーの社会である。その社会の中核をなす制度が、公教育とも呼ばれる学校教育制度である。そこで獲得した学力・学歴によって、個人の人生が展開されていくことになる。

　第二の夢は、社会の平等を進展させていくために学校教育に大きな期待が寄せられたということである。すべての人々に対して平等に開かれた公教育によってこそ、平等で自由な社会が実現されるとされた。

　さらに第三の夢は、さまざまに異なる諸集団を「混ぜ合わせる」ために学校教育制度が必要だとされたということである。たとえばアメリカであれば、白人と黒人が力を合わせて新しい国をつくるために義務教育制度が創設された。明治維新の日本では、明治5年の学制の発布によって、四民平等の新日本建設が宣言されたのであった。

　そして最後の、第四の夢のキーワードが民主主義である。アメリカのJ. デューイによって、学校制度は「民主主義の孵卵器」という位置づけを与えられた。真の民主主義を担う主体を育成するために学校教育があるとされたのである。

　現代の日本の学校の姿を見ると、この4つの理想が、順調に現実のものとなっているわけではないことがわかる。たとえば、近年の教育格差研究が明らかにするように、富裕層と貧困層の学力格差や進学格差の状況には深刻なものがあるし、また、若者の政治離れにみられるように、学校教育が民主主義を担う人物を順調に育てることができているかというと大きな疑問符が浮かぶ。また、それぞれの理想は理論的には両立可能だが、実際には能力主義と平等主義の間に典型的に見られるように、緊張・対立関係が存在する場合も多い。すなわち、「できる層を徹底的に伸ばそう」とする能力主義の考え方と「すべての子どもを等しく支えよう」とする平等主義の考え方は、学校現場でバッティングすることがままあるのである。

しかしながら、繰り返しになるが、格差社会と呼ばれる現代の社会でこそ、公教育が果たすべき役割はこれまで以上に大きくなるはずである。
 まず第一に、近代の基本原理である能力主義（メリトクラシー）の価値が今一度見直されなければならない。公教育は、格差社会の荒波を泳ぎ切るだけの力（＝学力）を、そこで学ぶ一人ひとりの子どもたちに獲得させる必要がある。「できない」状況にある子どもたちを「できる」ようにさせるのが、学校教育の第一の使命である。
 だが現実は、2つの方向から突き崩されつつある。まずは、富裕層の動きである。アメリカを代表とする先進諸国では、富裕層の公教育からの「離脱」傾向が顕著である。「質の高い」教育を求める富裕層の親たちは、私立学校での教育やその他の私教育に活路を求め、公立学校の教育を歯牙にもかけないようになりつつある。いわゆる「ホワイトフライト」現象である。イギリスでは、「ペアレントクラシー」の社会が到来しつつあるという議論が出てきている。「努力＋能力＝メリット（業績）」という原則が支配するメリトクラシーの社会から、「親の富＋親の願望＝教育の選択」という原則が幅をきかせるペアレントクラシーの社会への移行が進んでいるという指摘である。いずれにしても、こうした状況のなかで公教育、とりわけ公立部門の存在意義自体が問われる事態となりつつある。
 もう一つ懸念されるのが、いわゆる貧困層の状況である。「公立学校の教育についていけない層」が増え始めているのでは、という懸念である。学力格差の拡大、不登校や引きこもりの増大、特別支援を必要とする子どもの急増など、深刻な教育問題の広がりは、格差社会の進行（＝貧困層の増大）とパラレルな現象であると考えて間違いない。「しんどい層」の子どもたちの境遇を改善していくためには、公教育の充実が何よりの優先課題となる。
 豊かな層の「ふきこぼし」としんどい層の「落ちこぼれ」を抑止し、メリトクラシーの原理が健全に作動するような公教育の再構築がなされなければならない。
 第二に、それと同時に、「平等主義」「統合主義」「民主主義」といった諸理念の再生が図られなければならない。健全なメリトクラシーを取り戻し、

「できる子どもたち」を創り出すことだけではやはり不十分である。21世紀を迎えた現代において、おそらくそれ以上に重要な学校教育の目標は、「よりよい社会をつくっていこうとする人間を生み出す」ことにあると筆者は考える。言葉を換えるなら、学校教育の役割の重要な側面は「自力で人生を切り拓くことができる自立した人間」をつくり出すことにあるが、それだけにとどまってはいけないということである。人の世から「格差」を廃絶することはおそらく不可能であるが、教育の力によって、「格差の実態を超えて、他者とつながることができる人」を育成したいと筆者は願うのである。

　キーワードを提示するなら、やや古めかしい言葉になるが、「自立」に対する「連帯」ということになろうか。異なる立場や境遇にある諸個人が、そのちがいを超えて、力を合わせて何かを成し遂げようとするとき、その姿を「連帯」と呼ぶことができる。その昔、地元の公立小・中学校に通った筆者は、そこでさまざまな階層的・集団的背景をもつ他者と出会い、多くのことを学ぶことができた。連帯と呼ぶには初歩的すぎる形だったが、学級生活や部活を通してともに汗や涙を流した仲間との関係によって培われたものが、研究者としての思考や実践を組み立てるうえでの筆者の原動力となっていることに間違いはない。

　たしかに自立した個人間の切磋琢磨によって、活力のある社会は実現するであろう。しかしながら、そうした個人が、さまざまな「ちがい」を超えて他者と連帯しようとする志向性や感性を同時に持ち合わせていなければ、社会は弱肉強食の殺伐とした世界と化してしまうだろう。筆者が主張したいのは、公教育こそが、その両面を備えた「人」を育成することができる、頼りになる社会制度だということである。

4. 公正な教育とは

　本章の結論を述べよう。「『格差社会』と称される今日の日本社会を『共生社会』と呼びうるものに進化させていく際の、おそらく最も重要な手立てが公教育制度の改善である」。これまでの議論の筋道から明らかなように、そ

れは、「現在の公教育制度をより公正なものに再編・再構築する」ことを通じて成し遂げられるだろう。

問題は、ここで言う公正な教育とは、一体どのようなものなのか、具体的にどのような姿をしているのか、という点である。先のイギリスの障害児教育のエピソードはかなり極端なものだが、めざすべきはそちらの方向にあることは間違いない。すなわち、「公正な教育」の肝（＝最重要ポイント）は、「個々の子どもをどれだけ大事にするか」、言い換えるなら、「一人ひとりの子どものニーズにどれだけ応えることができるか」という点にあると筆者は考えている。

かつて筆者は、「ニューカマー」と呼ばれる外国人・外国籍の子どもたちの学校体験をつぶさに調べることを目的とした調査研究を行ったことがある（志水・清水 2001）。

その作業を通じて痛感したのは、「日本の学校はきわめて平等主義的で、ニューカマーの子どもたちを、ニューカマーだからといって特別扱いするわけではない」という日本の学校文化の特徴であった。今から20年ほども前の時点での、首都圏の公立小・中学校においての出来事である。

しかしその後、大阪大学に勤務するようになり、筆者は大阪の府立高校で別の調査研究に従事した。ニューカマー高校生の進路や将来展望について調べるためである。その際に見たものは、上述の首都圏での経験とはかなり様相を異にするものであった。すなわち、大阪の教師たちは、さまざまな事情をかかえるニューカマーの生徒たちをふつうに「特別扱い」していたのである。それはおよそ10年前のことである（志水 2008）。

10年の時間差もある。小・中学校と高校という学校段階の違いもある。だが、筆者が強く感じたのは、首都圏と大阪との教育風土の違いであった。端的に言うと、「平等」を前面に押し出す前者と「公正」を重視する後者の違いである。大阪では、「みんな違っていて当たり前、それぞれの必要性に応じた教育を推し進めていく必要がある」という教育の伝統が、脈々と息づいているように感じられたのである。

その教育の源流にあるのは、部落問題の解決のために展開されてきた「同和教育」の流れである。ここでは紙幅の関係で、その内容について深くふれることはできないが、次の一点だけを強調しておきたい。すなわち、基礎学力保障・集団づくり・部落問題学習などをキーワードとする同和教育は、画一的・形式的な「平等」を旨としてきた日本の教育界のなかでは異色の位置を占め、今日的な意味での「インクルージョン」や「教育の公正」を志向する、ある意味先鋭的な試みであったという点である。

大阪では、外国人生徒に対する「特別枠」がいち早く全日制府立高校に設定され、多くの外国人がその恩恵を被ってきた。また、知的障害のある生徒に対する「特別枠」(「自立支援コース」と呼ばれる)が同様に府立高校に設置されており、障害のある生徒が通常の学級で通常の授業を受ける姿が一般的となっている。すべては、「教育の公正」、すなわち「一人ひとりの子どもを大事にする教育」という理念が広く定着しているからのことである。大阪は、マイノリティの立場にある子どもたちの教育を、おそらく最も真剣に考えてきた自治体である。大阪の大学に勤務する筆者は、そのことを誇りに思っているし、そのことのメリットを最大限に生かさなければならないと考えている。大阪の教育は、いわば「みんなを特別扱いする教育」である。

格差社会が進行すればするほど、きびしい境遇に置かれた子どもたちに光が当てられなければならない。そして、地域の公立学校において、さまざまな立場にある子どもたちが出会い、「ちがい」を超えながら力を合わせて価値あるものを創造していくプロセスが、かけがえのないものとして尊重されなければならない。共生社会の具体的な姿は、その延長線上にこそ構想されうるであろう。

(志水宏吉)

【参考文献】
志水宏吉(2010)『学校にできること――一人称の教育社会学』角川選書
志水宏吉・清水睦美編(2001)『ニューカマーと教育――エスニシティと学校文化の葛藤をめぐって』明石書店

志水宏吉編（2008）『高校を生きるニューカマー——大阪府立高校にみる教育支援』明石書店

【読書案内】

橋本健二（2013）『「格差」の戦後史』河出ブックス
　一貫して日本を階級社会と捉え、地道な実証研究を積み重ねてきた社会学者によるすぐれた日本社会論。第二次世界大戦後の日本社会の階級構造の変化を、「格差」というキーワードのもとに鮮やかに描き出している。

阿部彩（2014）『子どもの貧困Ⅱ』岩波新書
　「子どもの貧困」という言葉を世に送り出した著者による第二弾。日本の子どもたちの貧困問題を解決するための手立てを、政策選択・現金給付・現物給付・教育支援・就労支援などをキーワードにわかりやすく論じている。

藤田英典（2014）『安倍「教育改革」はなぜ問題か』岩波書店
　前日本教育学会長である著者による警告の書。藤田氏は一貫して教育社会学の視点から、近年の教育改革に対して批判的検討を加えてきた。本書では、安倍自民党政権による政治主導の教育改革の弊害について、鋭い批判を投げかけている。

4

共生社会におけるジェンダー公正

はじめに

　「多文化共生社会」の言説が日本で登場し始めたのは、多くの西洋諸国でちょうど多文化主義の概念が疑問視され始めたころであった。文化についての固定的な見方や宗教的過激派の台頭のもとで、1990年代後半には、多文化主義的な社会を創造・維持するという考えは、「異邦人や見ず知らずの人と平和に暮らすための非現実的で受け入れがたい義務」（Gilroy 2004：1）と見られるようになってきた。近年、多文化主義の考え方には、極右勢力のみならず、リベラル・フェミニズムや中道左派勢力も疑問を呈するようになっている。それに対して、イギリスのポストコロニアル理論者ポール・ギルロイを含む影響力のある人物たちが、「寛容、平和、互いの尊重」（Gilroy 2004：2）という理想を守るために、多文化主義を擁護する論陣を張っている。

　本章では、多文化主義に反対するあるリベラル・フェミニストたちの議論に着目する。彼女たちは、西洋社会におけるエスニック・マイノリティの文化的習慣は、女性を劣位に置き、不利を被らせてきた家父長的な考えを強化するものだと考える。すなわち、彼女たちによると、マイノリティに属する女性たちは、より性差別的ではないとみなされる西洋人的マジョリティの規範に適応することによる有利があると主張している。この問題にかかわる論争の中心にあるのが、1997年の10月に『ボストン・レビュー』という有名な雑誌の中で、多文化主義はフェミニズムと女性の双方にとっての悪だと主張したスーザン・モラー・オーキン（Okin 1997）の議論である。彼女の主張は、『ボストン・レビュー』における論争に火をつけ、その論稿はのちに

『多文化主義は女性にとって悪なのか？』（Okin et al. 1999）という著作にまとめられた。

本章は、オーキンの議論とそれに対する賛成と反応する立場を検討する。はじめに、近年ヨーロッパやアメリカにおいてなされている、「多文化主義は実現可能な『主義』ではないのだ」という主張の背景を概観する。いくつかはオーキンの議論よりも後に登場したものではあるが、極右の用いるレトリックと中道左派の用いるレトリックのどちらもが、ギルロイが「民族絶対主義」（Gilroy 2004：8-9, 18）と言及するオーキンの存在論的立場を共有している。それは、マジョリティとマイノリティという立場が、固定的で絶対的な違いと「共約不可能な他者性」という見方によって表現されている（Gilroy 2004：9）。オーキンのように、多くの現在の批評家たちは、多文化主義が不可能な理想論だということを主張するため、ジェンダー不公正や性差別主義といった言葉を戦略的に利用している。私は本章を通じて、女性の利益と多文化主義は両立しないと結論づけるには早すぎる、と主張したい。

1. 多文化主義からの後退

西洋諸国における多文化主義の滅亡もしくは衰退と称されうる今日の趨勢（Gilroy 2004：1）は、1990年代後半に始まり、2000年代に入るとさらにその勢いを増した。イギリスにおいては、2001年の夏に北イングランドで起こった暴動が、多文化主義に対する世論の転換点となった。その暴動は、南アジア系ムスリムを中心とするマイノリティの若者たちと、若年の白人マジョリティたちとの間の衝突として理解されている。イギリスにおける多文化主義の理念と実践に対する反発は、2001年9月にアメリカで起こった9.11同時多発テロ事件、そして2005年7月のロンドン同時爆破事件を受けてより一層強いものとなった（Modood 2013：9）。

差異に寛容な国と標榜されているオランダでも、2002年に動物愛護活動家の青年がムスリムを守るために行ったとされるピム・フォルタイン暗殺事件、「単独のイスラム狂信者」（Modood 2013：12）によって映画監督が殺さ

れたテオ・ファン・ゴッホ暗殺事件によって、その理想から大きく遠ざかることとなった。2005年までには、オランダの多文化主義は、「歴史の墓場に葬り去られた」(Doomernik 2005. Modood：2013：12で引用) とされる。

フランスでは、政教分離の名のもとに、2002年には公立学校におけるヘッドスカーフの着用が、2004年には宗教的な装いをすることがそれぞれ禁止された。2009年にニコラ・サルコジ大統領は、フランス全土における宗教的なヴェールの着用を「望ましくない」と発表した。2010年、フランス議会は顔を覆い隠すかぶり物、特にイスラム教徒の女性が用いるニカブやブルカの着用を禁止した。この禁止令は、「ジェンダー公正と女性の尊厳のため」(Chrisafis 2011) に成立したとされる。しかし結局のところ、この禁止令を順守していないために罰せられるのは、男性ではなく、女性であった。また、ニカブやブルカに対する偏見が高まることによって侮辱され、差別されたのも、男性ではなく、女性だった（Chrisafis 2011）。

フランスがジェンダー公正の観点からヴェールの着用を禁止する前でさえ、西洋諸国のフェミニストたちは、「自由な国」において多文化主義はふさわしくないと主張してきた。先述したように、スーザン・モラー・オーキンがその代表格である。以下では、彼女の議論を見ていくことにしよう。

2. フェミニズムと多文化主義に対するオーキンの立場

「多文化主義は女性にとって悪なのか？」において、オーキンは、多文化主義の名のもとにマイノリティの権利を守ることは、女性にとって害を及ぼすことにもなりうると論じている。同化が抑圧だと考えられるようになる前の段階では、移民はホスト国の文化に同化することが期待されていた、とオーキンは指摘する。しかしながら、同化は、本当にエスニック・マイノリティの女性たちにとって抑圧的なことなのだろうか (Okin 1997：1)。彼女は、ジェンダー公正の観点から、エスニック・マイノリティの文化背景を持つ女性たちは、ホスト国の文化がより家父長制的ではない場合、その文化に同化した方がよいと指摘する (1997：3)。オーキンは、マイノリティ集団の権

利保護という名目で、性差別的もしくは家父長制的な文化的な慣習を認めてしまうことは女性にとって害をもたらす、と主張する。ホスト国の文化が「リベラルな西洋的民主主義」であるかぎりにおいて、マイノリティ集団の同化は歓迎されるべきだという。オーキンは、現実には、性差別主義や家父長制的な考え方がいまだ女性たちに影響を与え続けていることは認めながらも、リベラルな西洋民主主義が浸透している社会においては、性差別主義や家父長制的な考えは原則として受け入れられておらず、法律や政策を通じてそれらがある程度制限されていると主張する。西洋の民主主義がいくつかのマイノリティ集団にこのジェンダー公正の原則の例外を認めるなら、性差別主義と家父長制的な慣習がより強まることもありうる、とオーキンは言う（1997：6）。

リベラルな西洋文化圏において許容されてきた家父長制的な文化実践の一例として、「女性に負担を負わせることになるにもかかわらず、フランス政府が一夫多妻制を安易に容認したこと」（1997：2）が挙げられる。ここで彼女が指摘しているのは、フランス在住のアラブ系およびアフリカ系移民の間で行われていた一夫多妻制のことである。フランス政府は、パリで行われていたその慣行に目をつぶり、推定20万家庭を一夫多妻制に巻き込んだとオーキンは論じている。一夫多妻制は、当該女性たちのルーツであるアフリカにおいては、かろうじて受け入れられている制度だとしても、「フランスの文脈では耐えがたい行為である」と主張する（1997：2）。他の例としてオーキンが取り上げたのは、エジプトにおける女性器切除の習慣や、ラテンアメリカの多くの地域、東南アジアの農村部、および西アフリカの一部の国で続いている強姦被害を受けた女性を加害者の男性と結婚させる習慣などである（1997：5）。

彼女の二つめの論点は、アメリカにおける文化的マイノリティを巻き込んで訴訟沙汰となっている「文化的防衛」に関連するものである。彼女は、次の三つの具体的事例を取り上げている（1997：7）。一つめは、モン族の男性が女性を誘拐し、強姦する事件であり、加害男性たちはその行為が「ジー・ポー・ニャム」（Zij po niam）という、一種の「略奪婚」という文化的習慣

であると主張している。二つめは、不貞や冷遇を責められたアジア系あるいは中東系移民の夫たちが、妻を殺すことに関するものである。そして三つめは、文化的に認められた心中という習慣をもつ日本や中国にルーツを持つ母親たちが、夫の不貞を恥じて子どもを殺し、自殺に失敗する例である。オーキンは、これらすべての例を、女性や女児に対する男性の残虐な行為に弁明の余地を残す文化的防衛だとみなす。妻たちは、「夫の失敗を恥じ、汚名を着せられたために、自分と子どもを殺そうとしたのだ」とオーキンは主張する。オーキンによると、このような文化的防衛は、フェミニスト行動主義にもよる女性や女児に対する暴力を含む行為を法的な犯罪として罰してきた裁判所で利用されているので、今までの進歩を弱体化させると主張する（1997 : 7）。

　オーキンは、文化を保護するという目的によってマイノリティ集団の権利を認めなければ、その文化は消滅してしまうと主張するウィル・キムリッカのよく知られた議論を引き合いに出している。このキムリッカの、集団の権利を擁護するという議論は、その集団が「内在的にリベラル」であるという場合に限るとされている。しかしながら、果たしてその基準をクリアしているマイノリティがいるだろうかとオーキンは疑問を呈する。女性を抑圧しようとする集団は、キムリッカのいう「内在的にリベラル」な集団とは見なされない。私的領域において何が起こっているかということに目が向けられるならば、どの文化的マイノリティ集団もキムリッカの「性差別不在」検査をクリアすることはできない。なぜなら、「女性の従属はインフォーマルであり、私的なもの」（1997 : 9）だからである。

　オーキンは、彼女自身の議論の中で多文化主義を集団の権利擁護や文化的防衛と同等だと考えるレベルにまで還元してしまっているため、多文化主義は「女性にとって悪」だと結論づけざるをえない状況に自らを追いやってしまっている。オーキンは、マイノリティ集団の権利保護を正当化する場合を考えられない。なぜならマイノリティ集団の権利保護をエリート男性を擁護するものと同等視しているし、マジョリティの西洋文化がマイノリティの女性に対してより大きな自由の機会を提供しうる場合があるという可能性を想

定しているからである(1997:10)。オーキンはこの論理によって、他の形態の差別のみでなく、人種差別さえも無視し、ジェンダー公正という目標を特権化してしまっている。彼女は、マジョリティ側の文化的なステレオタイプや人種的なカテゴリー化にもとづくマイノリティ女性に対する差別の可能性について思いをめぐらせることができない。オーキンの見解では、「マジョリティの西洋文化」に問題があるのではなく、「性差別主義的な」マイノリティの文化に問題があるのだから。

　ジェンダー公正が真に重要な達成すべき目標であるがゆえに、多文化主義は「女性にとって悪である」として捨て去られるべきなのだろうか。マイノリティの女性たちが日々折り合いをつけている「マジョリティの西洋文化」は、本当に同化を支持するに値する自由な場を提供してくれているのだろうか。もしそうだとするならば、マイノリティ集団が同化すべき「マジョリティの文化」とはたった一つしかないのだろうか。次では、オーキンの議論に対するいくつかの応答を見ていくことにしよう。

3. オーキンの多文化主義に対する反応

　オーキンの多文化主義に関する議論は激しい論争を巻き起こした。少数の批評家は『ボストン・レビュー』において彼女の議論に賛同している。例えば、カタ・ポリットは、「なぜこの議論が物議を醸しているのか理解に苦しむ」(Polliitt 1997:1)と述べている。ヤエル・タミールは、「集団の権利と女性の権利の間にある固有の緊張関係に目を向けさせた」(Tamir 1997:1)とオーキンを称賛している。タミールは「より現実的で、より感情論的でない、伝統的なコミュニティや文化の見方を取り入れる」(1997:2)必要がある、と論じる。

　しかし、多くの評論家がオーキンに異を唱えている。限られた紙幅ではあるが、ここでは、ハーバード大学の英文学教授であるホミ・バーバの議論と、エモリー大学のリベラル・アーツの教授であるサンダー・ギルマンの議論を紹介したい。この二人を引き合いに出すことによって、オーキンの議論に反

対する主要な論点を提示することができる。

　ホミ・バーバは、次の点において、オーキンの中心的な議論を肯定的に受け止めている。すなわち、「たとえマイノリティ文化の集団の権利の主張がリベラルな立場にもとづいた主張だとしても、フェミニズムとマイノリティ文化の集団の権利は対立する可能性が大いにある」（Bahbha が Okin を引用、1997：1）という点である。またバーバは、ある集団の中に複数の「利害コミュニティ」が存在するという考えや、異なるマイノリティ集団間にある不利益の「等価」が存在するという考えに疑問を投げかけたという点も評価している（Bhabha 1997：1）。彼は、異なるマイノリティ集団やその集団による特権の主張にある微妙な差異をとらえなければいけないと指摘する。その指摘は、オーキンが引き合いにだしていたキムリッカのリベラルな集団と非リベラルな集団に関する議論の一つのバリエーションとなっている。

　だが、バーバは全体的にはオーキンに批判的である。第一に、バーバは、彼女自身でさえ「西洋のリベラルな文化」が実際問題として女性を差別することがあると認めているにもかかわらず（Okin 1997：3）、「西洋のリベラルな文化」が中立で公正であると思い込んでしまっていると指摘する。オーキンは実質的には差別が横行していることを認識しながらも、法的な構造が「女性や女児にとっての可能性に満ち、公正な家族文化」（Bhabha 1997：2）を生み出すと想定している。これに対してバーバは、恐ろしいほどの暴力が、西洋諸国のマジョリティ、マイノリティ両者の文化の中にもはびこっており、それは家族関係という文脈において家の中でも現に起こっていると指摘している。イギリスに着目するなら、「女性に対する暴力犯罪の3分の1がDVであり、家庭の中で起こっている」（1997：2）のである。原理ではなく、実践こそが重要なのだとして、バーバはオーキンの論理に疑問を呈する。「もし、リベラリズムの失敗が常に「実践」的なものなのだとしたら、その原理の中には一体どのような完全性があるというのだろうか（Bhabha 1997：2. 傍点は原文）」。

　バーバは、オーキンの議論はより根本的な問題を孕んでいると指摘する。

彼女の語りは、多文化主義をフェミニズムと対比させるところから始まっている。しかしそのうちに、（フェミニスト学者たちの雄弁な証言によって表現される）西洋のリベラルな文化的価値観から議論がなされるようになり、（多くが文化的防衛の事例として説明される）マイノリティ文化に対する相対的で評価的な判断へと展開していく（Bhabha 1997：2）。

　つまり、多文化主義の議論が、薄弱な経験的・論理的根拠にもとづくマイノリティ文化に対する評価や判断に矮小化されてしまうことによって、まさに問題の根底自体が疑問視されるものとなってしまっているのである。
　バーバは、オーキンのエスニック・マイノリティ集団の表象に限界があることを論証している。オーキンは、文化を「西洋化という嵐の中で集団としての文化の独自性」（Bhabha 1997：2）を保持しようとする、閉鎖的なメンバーによる不変なものとして描く。それゆえに、権力関係の動態や、移住の背景を形成する西洋による植民地支配の伝統の複雑さ、そして、しばしば「剥奪と差別」によって形作られてきた「西洋の都市的文化の中での、現在進行中のマイノリティの生活」という現実を見逃してしまっているのである（1997：2）。
　バーバは最後に、オーキンが自身の文化的背景やバイアスを問うていないことを批判している。彼女は、西洋のリベラリズムがエスニック・マイノリティ集団の女性たちを解放できると想定している。オーキンは、マイノリティ集団の中にある「改革や抵抗の伝統」を見落とし、そして、移住や再定住に際してのジェンダー・ポリティクスやセクシュアル・ポリティクスの困難な「翻訳」に関心を払ってきたマイノリティ知識人によって確立されてきた議論を、自らの考察から除外している（1997：3）。言い換えれば、バーバは、オーキンの内省の欠如、すなわち「権利や代表制の考え方について、フェミニズムや多文化主義がその違いを主張してきた『リベラルな土壌』をどのように理解するか」という点について検討していないことを批判している（1997：2）。

最後に、簡単にふれておきたいのが、ポストモダニストの観点からオーキンを批判したサンダー・ギルマンの議論である。ギルマンは「女性」をただ一つの、統一されたカテゴリーとして用いることができるのかということに疑問を投げかけ、オーキンが対象として扱う「女性」という枠組みは時代遅れであると指摘する。少数のリベラルな西洋のフェミニストがすべての女性を代表して発言できるという考えは、南半球の女性や非白人の女性から猛反発を受けてきた。「単数形の一枚岩的な『女性』」というオーキンの表現は、西暦2000年を目前にした今では理解しがたい（Gilman 1997 : 2）」。バーバが、オーキンの「文化」について一枚岩的で本質主義的だと非難したのと同様に、ギルマンは「女性」についても同じことが指摘できるとした。

以上、オーキンの議論への反応を概観することによって、そこには、過度の単純化（「文化」や「女性」という語を一枚岩であるかのように用いていること）、還元主義（多文化主義の指標を「集団の権利」や「文化的防衛」の正当性の議論に矮小化させてしまったこと）、自民族中心主義（問題のある文化や儀礼は民族的「他者」によって実践されるのであって、差異の指標となるとすること）といった批判があることがわかった。もちろん、重要な議論の場を提供し、エスニック集団間でもエスニック集団内でも利益の一致が必ずしもあるわけではないことを明らかにしたという点で、オーキンには称賛できる部分もある。では、私たちはどの立場をとるべきなのだろうか。この文章を締めくくるにあたり、オーキンの議論を超えて、多文化主義とは受け入れるべき思想なのか、それともそうでないのかということをもう一度再考してみたい。ここで筆者は「私たち」という言葉を包括的な意味で用いている。つまり、女性のみを象徴するのでも、もしくは西洋のフェミニズムのみを象徴するのでもなく、地球市民としてのすべての人たちのことを指している。

4. どの立場に立つべきか——多文化主義はフェミニズムにとって善となるのか？

この章の冒頭で、多くの西洋諸国の批評家たちが多文化主義の終焉を主張

していることを指摘した。こうした議論は、女性たちの力を奪うような抑圧的な実践を有するエスニックマイノリティ集団、より最近では、平和的な共存は危険で実現不可能な理想であると思わせるような宗教的原理主義に関連づけられることが多い。しかしながら、タリーク・モドゥードが提唱するように、近年のグローバル社会の状況を踏まえれば、多文化主義は退けられるべきものではなく、より必要なものとなっているに違いない。

> 多文化主義の終焉を語る人たちとは違って、私は、今こそ多文化主義が必要となる時期であり、より求めるべきものであって、退けられるべきものではないと考える（Modood 2013：13）。

彼の主張は、最近パリで起きたテロ事件やドイツで起きた性暴力事件の流れで考えると、より一層重要な指摘ととらえることができる。もし、ギルロイが「共生（conviviality）」と表現する、違う背景を持った人々が共に生活できるという考えを否定しまうとしたなら、より寛容で抑圧的でない道筋を閉ざしてしまうことになる（Gilroy 2004：xi）。

エスニック・マイノリティには女性に対する非寛容な態度や習慣が蔓延しているのだとするオーキンの想定ではなく、キムリッカの議論に私たちは注意を払わなければならない。彼は次のように指摘している。

> 女性やゲイ、レズビアン、障害者の周縁化は、エスニックや国といった分断線を超えるものとなった。つまり、そのような問題は、少数派やエスニックグループの間だけでなく、マジョリティの文化の中でも、あるいは文化的に同質的な国家レベルにおいても同様に生じているのである。これらの課題に対しては、あらゆる場所で立ち向かわなければならない（Kymlicka 1995, 2001：19）。

性差別主義的で家父長的な習慣や原理が、どの文化においても再生産され続けているという知見は、多文化主義を退けるのではなく、すべての状況に

第 I 部　共生のフィロソフィー

おいて、抑圧と差別への対抗を呼びかけるものである。違いのあるもの同士がともに暮らすという理想をはねのけ、その代わりに、同化こそが抑圧的な習慣を取り除くことにつながるのだと単純に考えてしまった時、何が危機にさらされるのか、私たちは十分に注意を払わなければならない。

　多文化主義を否定するのではなく、大切な人たちの生活と安全を考えるのみならず、どうすれば人々が共に暮らしていくことができるのかを私たちは丁寧に考えていかねばならない。ギルロイは次のように述べている。

　　私たちは、これまでになく多様性が増してきた社会において、そしてそのために不安を駆り立てられている人々に対して、どのような知見や反省が実際に貢献をなしうるのかを知らなければならない。そのような知見や反省は、恐怖や敵対心をもつことなく、あまりなじみのない人々の近くで居住することを可能にするものでなくてはならない（Gilroy 2004 : 3）。

　ギルロイの「共生（conviviality）」の概念は、私たちに希望を与えてくれる。ここで彼が言わんとする「共生」は、「イギリスの都市、そしてポストコロニアルなすべての都市において、多文化主義を社会生活の当たり前の側面とするような共存と交流の過程のことである」（Gilroy 2004 : ix）。ギルロイは複数の民族的なルーツをもつイギリス人の学者であり、イギリスの黒人文化の批判的分析を通して次のように述べる。すなわち、政治的、学術的見解とは異なり、実践レベルにおいては、多文化社会は終焉とはほど遠い（2004 : 1）。

　共生概念にこめられている「多文化主義とは生きられた経験のことである」という考えは、文化や人種の概念が固定化されない、人々の関係性の流動性を示すものである。「共生は、人種差別の不在や寛容性の勝利を示すものではない。そうではなくて、絶対的な、もしくは不可欠な人種という頑強な概念がなくなることによって、対人的な行為がこれまでとは異なる意味を含むようになることを示している」（2004 : xi）。これは、集団の権利や文化的防

衛に限った見方をするオーキンの提唱した多文化主義とは、まったく異なる考え方である。

　オーキンは、文化や女性を絶対的なカテゴリーとして理論化した。そのため、彼女は、文化や違いといったものを指し示す言葉も同様に安定した不変のものだと想定してしまった。同時に彼女は、異なる人々が共に暮らす可能性を、また文化的実践の意味が変化する可能性を過小評価してしまった。私たちは、政策や法的諸制度が集団のメンバーに異なる影響を与えていることを指摘したオーキンの主張を心にとめておきながらも、ギルロイが辛抱強く理論化した共生の概念を含む多文化主義に視座を広げるべきだと言えるだろう。

（山本ベバリー・アン）
（志田未来訳）

【参考文献】

Bhabha, H.（1997）Forum. Is Multiculturalism bad for Women, *Boston Review*. Wednesday, Oct 1. P.1-3

Chrisafis, A.（2011）Frances's burqa ban : Women are 'effectively under house arrest'. *The Guardian*, 19 September, 2011

Gilman, S.（1997）Forum. Is Multiculturalism bad for Women, *Boston Review*. Wednesday, Oct 1. 1997. P.1-4

Gilroy, P.（2004）*After empire: Melancholia or convivial culture?* London : Routledge

Kymlicka, W.（1990）*Contemporary Political Philosophy : An Introduction*. Oxford : The Clarendon Press

Modood, T.（2013）*Multiculturalism, Second Edition*. Cambridge : Polity Press

Okin, S.M.（1997）Is multiculturalism bad for women? *Boston Review*. Oct/Nov issue. 1997

Polliitt, K.（1997）Forum. Is Multiculturalism bad for Women, *Boston Review*. Wednesday, Oct 1, 1997. P.1-3

Tamir, Y.（1997）Forum. Is Multiculturalism bad for Women, *Boston Review*. Wednesday, Oct 1, 1997. P.1-3

【読書案内】

スーザン・モラー・オーキン（2013）『正義・ジェンダー・家族』（山根純佳・内藤準・久保田裕之訳）岩波書店

> 著者オーキンは、アメリカの家族生活は高度にジェンダー化された、女性を不利な地位に押しとどめるものであると言う。結婚という私的領域での公正の欠如が、仕事という公的領域での女性に対する差別につながっている。今から四半世紀前の1991年に書かれたものであるが、フェミニズムと多文化主義をめぐる議論を先取りする内容となっている。近年の女性の躍進についてはふれられていないものの、本書はフェミニズムの古典の一つであり、オーキンの議論は今日でも高い価値を有している。とりわけ7章は一読に値するものである。

辻村みよ子、大沢真理（2010）『ジェンダー平等と多文化共生―複合差別を超えて』東北大学出版会

> この本は、東北大学の研究プロジェクトの成果をまとめたものである。本章で扱ったポール・ギルロイなどの業績を紹介している。特に第一部では、ジェンダー平等と多文化主義に関する先行研究の整理がなされている。入門書としておすすめである。

Modood, T.（2013）*Multiculturalism : A civic idea, Second Edition.* Cambridge : Polity Press

> 多文化主義の世界的権威であるモドゥード教授は、英国ブリストル大学の「エスニシティと市民性研究センター」の創設者であり、現所長である。氏は、社会学の理論や実証研究を引きながら、多文化主義を強く擁護する。現代における民主的市民性の問題を考える際に、イスラム教徒を排除するのではなく、包摂すべきだと氏は議論する。特に、リベラルな多文化主義について概観した第1章をお読みいただきたい。

5

フェミニズムとマルチカルチュラリズム
──「帝国のフェミニズムへの挑戦」から考える──

1. 論文「帝国のフェミニズムへの挑戦」が書かれるまで──フェミニズムの歩み

　1984年秋、英国在住の黒人女性プラティバ・パーマーとバレリー・エイモスは、「帝国のフェミニズムへの挑戦」と題する論文を『フェミニスト・レビュー』誌に発表した（Parmer and Amos 1984）。この刺激的な題名の論文は大きな反響を呼び、その後刊行された『フェミニズム事典』のような参考書籍にも「帝国のフェミニズム」という項目がたてられるほど広く注目を集めた（タトル 1991：171）。30余年を経た現在もなお、この論文はフェミニズムを学ぶために役立つ重要な視点を提供している。

　本章第1節では、この論文を読みとくための予備知識になるように、「フェミニズム」という用語の意味やフェミニズムの歩みをかんたんに振り返っておこう。

　本章で言う「フェミニズム」とは、男女の不平等や女性への暴力・搾取・抑圧、性別役割分業の固定化とその押しつけなどに反対する女性たちの思想と行動の一切を包摂する用語だ。用語の定義から始めたのは、フェミニズムはその中にさまざまな潮流や立場・傾向を含んでいるからだ。たとえば「ラジカル・フェミニズム」、「エコロジカル・フェミニズム」、「リベラル・フェミニズム」、「マルクス主義フェミニズム」、「社会主義フェミニズム」……。筆者が大学院生だった1980年代後半から90年代初め頃、日本のアカデミズムの世界にもフェミニズムが一定の位置を占めるようになった。当時、女性学やジェンダー論を学ぶ人たちは、「ラジフェミ」、「マルフェミ」、「エコフェ

ミ」などの略称で諸潮流を勉強したり論じたりしたものだ。が、元々フェミニズムが希求するのは普通のシンプルなこと——女に生まれたゆえの不平等や暴力や価値規範の押しつけから解放されて、人として幸せになりたいということ——だ。それなのに「○○フェミ」などと細分化するのは、話を複雑にしているだけではないか。難しい学術的専門用語が普通の女たちの頭上を飛び交うようなことでいいのか。フェミニストたちの中からもそんな危惧が語られたり、「○○フェミ」といった「冠つきフェミニズム」はもうやめよう、という声が出たりした。

　しかも1980年代後半に「フェミニズム」という言葉が流行り出す以前からフェミニズムは存在していたので、定義をしておかないと話がいっそう複雑になってしまう。1970年代のウイメンズ・リブに参加していた女性や、それ以前の、女性運動が「婦人運動」と呼ばれていた時代から頑張ってきた女性は、前述のように広く定義すれば、れっきとしたフェミニストだ。ところが当人がそう自認しているとは限らない。ある女性たちの自認は、「リブの活動家」とか「婦人運動家」であって「フェミニスト」ではない。彼女たちの中には、アカデミックに語られる「フェミニズム」に違和感や反発を感じる人たちもいる。要するに、フェミニズムには歴史があるので世代によって言葉を使う感覚が違うし、同じ世代だからといってその感覚が同じだとは限らない。

　ことほどさように、フェミニズムは一枚岩の何かではない。多様で多彩あり、色々な角度から、世界中のさまざまな地域で、幾世代もの女性たちが担い追求してきた、マルチカルチュラルな存在だ。だからこそフェミニズムは人類的に普遍性のある価値を豊かに表現し、近現代を通して女性たちを力づけ、世界をより人間的に、より幸福なものにしていくことに役立ってきたのだろう。

　しかし、近代の「フェミニズム」が最初からマルチカルチュラルだったわけではない。フェミニズムは歴史的にどのように変遷したり進化したりしてきたのだろうか。ここで、世界史的にフェミニズムの歩みをふりかえってみよう。

欧米諸国では19世紀後半から20世紀末までの間に二度、フェミニズムの高揚期があった。第一波フェミニズムは、19世紀後半から20世紀の初期のことだ。教育の平等や参政権を求めて女性運動が展開し、多くの国で高等教育機関の女性への開放や女性参政権が実現した。この時期に女性参政権が認められた国名と年を挙げてみよう。英領ニュージーランドが1893年（被選挙権は1919年）、オーストラリアが1902年、ロシア帝国領フィンランドが1906年、ノルウェーが1913年、デンマークとアイスランドが1915年、ソ連が1917年、カナダ、ドイツ、英国が1918年(但し、制限選挙権。完全平等はそれぞれ20、19、28年)、オーストリア、オランダ、ポーランド、スウェーデンが1919年、米国とカナダが1920年。これらは女性たちが闘い取った、輝かしいフェミニズムの成果だと言える。女性を独立した人格と認めない民法の改正や女子労働者の母性保護、買売春制度の廃止、自主的母性の擁護など、女性たちは他のさまざまな課題にも取り組んだ。

「帝国のフェミニズムへの挑戦」が掲載された『フェミニスト・レビュー』第17号

とはいえ第一波フェミニズムの主な担い手は、女性参政権が実現された国々の名から察せられるように欧米先進資本主義諸国の、ミドルクラスに属する白人の女性たちだった。当時のフェミニズムは未だマルチカルチュラルなイメージとは遠い。当時のフェミニストが誰一人として植民地や労働者階級や娼婦化された女性の苦境に思い及ばなかった、というわけではない。しかし全体としてはやはり、フェミニストたちの視野は彼女たちの優越的な社会的位置から見える狭い範囲に限られていた。彼女たちの運動がおおむね彼女たち自身の優越的な人種的・国家的・階級的な地位と利益を守り高める方

向へと向いていたことは否めない。白人女性が、女性参政権の意義をアピールするために「黒人男性が参政権を持つのは危険だ」と主張することもあった。「黒人の男に参政権を与えるくらいなら、白人の女に参政権を与えるべきだ」というわけだ。「先進的で優れた文明を持つ自国」による植民地支配を正統だと見なし、「立ち後れた植民地の憐れな女性」を先進文明へと導いていると自負するような高慢な態度は、フェミニストの間でも珍しくなかった。また、女性の地位向上や自主的母性の価値を説明するために「人種の母たる女性」を強調し、優生思想にくみするような「母性主義フェミニズム」も流行もした。

　植民地主義や人種差別、階級的な搾取や抑圧のもとで苦しむ女性の存在は、第一波フェミニズムを担った先進資本主義国（ひいては植民地保有国）の恵まれた階層に属する女性にとってほとんど関心の対象にならなかったのだ。たんに無関心だったというだけではない。主流のフェミニズムの中には、自分が属する国家・人種・階級の優越的位置が高まれば高まるほどその国家・人種・階級の内部での男女平等化・女性の地位向上がよりよく実現でき、それが植民地や下層階級の女性にも恩恵を与えることにつながる、といった民族的・人種的・階級的な優越主義がまとわりついていたと言わざるをえない。

　二度の世界大戦を経て、第二波フェミニズムが現れたのは 1960 年代末から 70 年代にかけてのことだ。米国を皮切りに先進資本主義諸国でウイメンズ・リベレーション運動（ウイメンズ・リブ）と呼ばれる新しい女性運動が始まる。それが始まった当初も、主流はやはり「先進国のミドルクラスの白人」で、国や人種や階級の偏りは明らかにあった。それでもウイメンズ・リブは、米国における公民権運動やベトナム反戦運動と結びついて発展しただけに、従来の、欧米先進資本主義国のミドルクラスに属する白人女性を担い手とするフェミニズムがもつ限界を乗り越えようとする志向が内包されていた。フェミニズムがマルチカルチュラルに発展するのはここからだ。

　そんな発展のために多大な貢献をしたのが、「ブラック・フェミニズム」と総称される黒人女性解放運動だ。80 年代の欧米ではその立場からの著作

が多数出版され、従来のフェミニズムの白人中心主義・人種的階級的優越主義が厳しく批判されるようになった。プラティバ・パーマーとバレリー・エイモスが「帝国のフェミニズムへの挑戦」という刺激的なタイトルの共著論文を書いたのは、このような文脈でのことだった。

　ここで節を改めて、この論文の内容を紹介しよう。

2.「帝国のフェミニズムへの挑戦」が論じたこと

　パーマーとエイモスは、それまで主流であった欧米先進資本主義国のミドルクラスに属する白人女性を主体とするフェミニズム理論が黒人女性の体験を十分に説明していない事実にふれ、それは偶然ではなく、主流フェミニズムの枠組みやモデルが植民地支配時代に起源をもつ欧米中心主義によって成り立っているからだと指摘した。そしてフェミニズムにとって重要な「家族制度」や「セクシャリティ」、「平和運動」といった諸領域を吟味し、そのことごとくにおいて黒人と白人では女性の体験が全然違い、白人女性が黒人女性の被抑圧から利益を享受する構造があると論じた。

　家族制度は、フェミニスト理論において常に中心的なテーマの一つだ。ラジカル・フェミニズムは家父長制にこそ女性抑圧の根源があると捉え、マルクス主義フェミニズムや社会主義フェミニズムは家父長制だけでなく階級支配をも女性抑圧の源として重視する。だがパーマーとエイモスは、両者が共に人種差別への視点を欠いているとして、こう指摘した。欧米の白人フェミニストは、親が子の結婚を采配することやFGM（女性性器切除）やベールで女性が身を覆う慣習といった異文化を生きるアジア系やアフリカ系の黒人女性を、「後進的社会の家族制度によって抑圧される女性」・「隷属的で受動的な女性」といったステレオタイプでイメージし、彼女たちをその隷属や劣位から「助けてあげなければいけない」と言う。だが英国の実情を見れば、人種差別主義者の移民排斥運動が黒人女性の生活を脅かし、人種差別的な移民制限法で彼女たちの家族の絆は壊され、夫婦や親子が離散を強いられている。それなのに移民排斥を正当化する口実に利用されているのは、移民の家

族文化や婚姻慣習を社会病理扱いして問題視する言説だ。この文脈において、白人フェミニストによる「家族に隷従するアジア女性」という固定観念もまた、大英帝国時代から現代にまでも英国が国家的に実践し続けている人種差別主義の表出ではないか、と。

　セクシャリティに関しても、黒人女性と白人女性の経験は大いに違う。パーマーとエイモスは歴史を振り返り、アフリカ系・アジア系女性の性が帝国主義的抑圧的な方法で利用されたり、「黒人男性が白人女性を襲う」として人種差別的な法律が導入されたりした諸事例を示した。例えば奴隷にされた黒人女性は白人男性にレイプされ、強制的に次世代の奴隷労働力を養育させられた。また植民地時代のインド人女性は、英国がインドに導入した公娼制度のもとで英国軍への性的奉仕を強いられた。そしてパプア・ニューギニアでは、白人男性による原住民女性へのレイプは問題にならない一方、「白人女性保護令」によって原住民男性による白人女性へのレイプには極刑が定められた。つまり、セクシャリティもまた帝国主義の拡張に利用され、植民地の男女に抑圧的な結果をもたらしたわけである。

　パーマーとエイモスは、装いこそ変われど本質的に同じことが今日もなお続いている、と指摘した。現代の移民排斥運動も、依然として「黒人男性が白人女性を襲う」イメージをばらまいて人種差別を煽る。ところが白人フェミニストは「白人女性保護」という観念に潜む根深い人種主義には沈黙し、メディアが街頭犯罪と黒人を結びつけることや移民排斥主義者が組織するファシスト的な自警団活動に対して無批判なままではないか、と。実際、白人女性たちが、移民が住むスラム地域で「安全な街を取り戻そう」と暴力反対の行進をしたこともあった。パーマーとエイモスはこれを指して、白人女性が人種差別主義的なメディアやファシスト組織てのひらの上で遊んでいるようなものだ、と批判した。パーマーとエイモスは言う。真のフェミニストの理論と実践には帝国主義に関する理解が不可欠であり、人種差別主義への挑戦が不可避だ。主流派の女性運動にはそれが欠けているが、帝国主義の暴力や人種的・階級的な搾取と抑圧を日々の生活で経験する黒人女性のフェミニズムは本来これを備えている。フェミニストは抑圧の全体性を看て取ら

ねばならず、抑圧の一面だけを優先して取り扱うことはできない。階級と人種とジェンダーとセクシュアリティの統合的把握によってのみ、私たちは前に進むことができる、と。

　ブラック・フェミニズムの登場は、英米のウイメンズ・リブを新しい段階へと進化させた。たとえば妊娠中絶問題をめぐっても、黒人女性の経験や視点が得られたことによって、妊娠中絶はたんに個人の自己決定権の問題ではないという考え方が広がった。窮乏する黒人や労働者階級の女性の多くは、本当は産みたくても経済的な事情や社会的な理由のために産むことができず、妊娠中絶を余儀なくされている。中絶手術を喜んで手がける医師は大勢いる。彼女たちは、出産と子育ての自由を奪われているのだ。だから、妊娠中絶の権利だけを切り離してシングルイシュー化してしまうのでは、女性の真の解放は望めない。本当に必要なのは「妊娠中絶の権利」ではなく、「トータルなリプロダクション（再生産＝避妊・妊娠・中絶・出産・子育てをふくむ）の自由」だ、と。英国ではブラック・フェミニズムからの問題提起を経てNAC（全国中絶キャンペーン）が妊娠中絶をめぐる運動や行動の方向性を見直すようになり、1983年にはリプリダクティブ・ライツ（再生産の権利）を要求する新しいグループが誕生していった。白人女性たちもまた、黒人女性たちのフェミニズムによって力づけられたのである。このように、フェミニズムが少数の恵まれた女性の役に立つだけでなく、万人を力づけるものへと進化を遂げる上で、ブラック・フェミニズムの果たした役割は大きい。

　論文「帝国のフェミニズムへの挑戦」が批判的に論じた直接の対象は、欧米の白人女性のフェミニズムだ。とはいえ、この論文が提起した批判的視点は日本におけるフェミニズムの過去と現在を考える上でも示唆的だ。日本史を振り返ると、パーマーとエイモスが取り上げた事例に類似する事例は数多い。例えば日本が19世紀末に近隣アジア諸国へ進出していった際、中国女性の纏足は日本による侵略と支配の正当化にうまく利用された。纏足を女性を隷従させる「野蛮な文化」の象徴だとし、日本女性が教師になって中国に渡り、中国女性を文明へと導くべきだというような言説が流布されたりした。また、15年戦争期には日本人・朝鮮人・中国人の女性たち、さらに東南ア

ジアや太平洋の島々の女性たちまで日本軍「慰安所」で奴隷化され、性的奉仕を強要された。ところが日本のフェミニズムは日本軍による女性虐待を問題にせず、「慰安婦」にされた女性のほうを「皇軍の栄光を汚す醜業婦だ」と憎む人たちさえいた。そして平塚らいてうをはじめとして、錚々たる市民的女性運動のリーダーたちも戦時下には大日本帝国の栄光を称え、戦争に協力した。つまり、アジア圏にある日本の、黄色人種に属する女性だからといって、「帝国のフェミニズム」を他人事と高をくくっているわけにはいかないということだ。

　論文「帝国のフェミニズムへの挑戦」は、欧米ミドルクラスの白人女性を敵視して彼女たちをこきおろすために書かれたのではない。女性は女性だからといって皆が均質ではない。国家や人種・階級の帰属による分断・支配従属関係があり、文化と体験には多様な差異がある。だからジェンダーのみならず国家・人種・階級といったカテゴリーを統合的に把握して解放のビジョンを拓かない限り、女性たちは「帝国」のあるところならどこでもいつでも「帝国のフェミニズム」の陥穽に落ちてしまうだろう。パーマーとエイモスは黒人女性の視点から、それまでの主流派フェミニズムの限界を乗り越えて新しいフェミニスト理論を築いてゆくことを求めた。それは黒人フェミニストたちによる白人フェミニストたちへの攻撃ではなく、黒人女性たちからのフェミニズム全体への貢献だったと言える。

3.「帝国のフェミニズムへの挑戦」はとまらない

　パーマーとエイモスは、「帝国」の秩序において中心を占める女性たちが普遍的だと思い込んできたことを周辺化された女性の経験に立脚して洗い直し、ジェンダー・人種・階級の複合的な抑圧に挑戦するフェミニズムへの展望を示した。「帝国のフェミニズムへの挑戦」が発表されてから30年以上がたつが、この論文が提起した視点は古くなるどころか、今日になお新鮮だ。むしろ21世紀に入り、対「テロ」戦争の正義が喧伝される時代を迎えた今日だからこそ、パーマーとエイモスの議論は新たに読み直される価値がある。

もちろん、1984年に発表された「帝国のフェミニズムへの挑戦」がそのまま今日の世界と女性運動を理解するのに役立つわけではない。また、「家族制度」や「セクシャリティ」に比べ、「平和運動」に関する議論には表面的すぎると思われる部分もある。ここでは、特にグリーナム女性平和キャンプに関する評価について指摘しておこう。

　1984当時、米国核兵器の配備に反対する平和運動が全欧的に高まり、特に1981年に始まる英国のグリーナム女性平和キャンプの活動は国際的に注目されていた。パーマーとエイモスは「帝国のフェミニズムへの挑戦」において、平和運動の中にかいまみえる英国白人の愛国意識やミドルクラス的な保守主義や理想主義を指摘した。英国居住権さえ脅かされている移民や植民地的従属に苦しむ第三世界の女性は、生存のために闘っている。抽象的な「平和」や「地球の未来」を夢想する余裕はなく、警察や軍隊の暴力に抵抗せざるを得ない。人種差別に抗議する黒人の行進に警官が警棒をふりあげて襲ってくれば、黒人は手近な煉瓦もゴミ箱も武器にして身を守るしかないし、世界各地の民族解放闘争も武装抵抗せざるを得ない実情だ。黒人・第三世界の女性には「平和的」な示威行動という選択肢はない、と。これは当時の黒人・第三世界の女の体験に基づいて、恵まれた立場の白人女性が展開する平和運動への疎遠感・違和感を率直に表明したものであった。

　これについても日本史の中で思い起こされる事例は少なくない。たとえば、平和を唱えて大同団結していたはずの女性団体の連合組織が、朝鮮戦争が勃発するやいなや「戦争は嫌です」という一言だけ残して分解してしまったという女性史の一コマもその一つだ。確かに、飢えや迫害、国家暴力、外国軍の攻撃に直面する女性たちが求める「平和」と、さしあたり安定した生活が可能な女性たちが夢想する「平和」との間には、激しい落差があるといえるだろう。万人が尊ぶ普遍的な価値を表すはずの「平和」という言葉すら、立場の違いによって受け止め方も理解の仕方も違うことを銘記しなければならない。

　だが平和運動をめぐるパーマーとエイモスの議論は、家族制度やセクシャリティをめぐる議論に比べて分量も少なく、内容も乏しい。1980年代のブ

ラック・フェミニズムは、黒人女性たちの闘争が妊娠中絶キャンペーンの質的転換をもたらしたことにも表れたとおり、主流派フェミニズムを「ただ非難するだけ」ではなく、人種差別や階級支配によって周辺化された女性の視点から発言することを通して、フェミニズムを「みんなのもの」にしていく方向付けを与えた。後にパーマーは、米国の黒人女性作家アリス・ウォーカーと共同でドキュメンタリー映像「戦士の刻印」を製作し、黒人女性自身の語りによってFGM（前出）の暴力性を訴え、彼女たちを暴力から解放する力は彼女たち自身にあることを表現した。FGMを女性への暴力だと叫ぶ白人女性をただ非難しただけではなく、その暴力をなくす力は当事者である黒人女性たちにあると指摘したのである。しかし、パーマーとエイモスは「帝国のフェミニズムへの挑戦」では核兵器に対する自身の見解を明らかにせず、ブラック・フェミニズムからの平和運動への対案を示していない。また当時の反核・平和を叫ぶ英国市民の間にミドルクラス的保守主義の意識がどれほどあったにせよ、グリーナム女性平和キャンプは全体として、核兵器が象徴する暴力と戦争・人種差別・家父長的秩序に対する女性たちの全面的対決の表現であった。核兵器が「帝国」の秩序の最上位に位置する現実を考えれば、平和キャンプもまた「帝国」に対する勇敢な挑戦の一部であった。

　実際、女性たちの核基地包囲行動によってグリーナムの核施設は閉鎖に追い込まれた。何万人もの女性がキャンプに参加し、グリーナムから最後の核ミサイルが撤去されるまで19年間もの間、非暴力直接行動が続いた。朝鮮戦争勃発と共に解散してしまった日本の女性団体とは比較にもならない。2001年にキャンプに残った最後の女性たちがグリーナムを引き揚げた。それから十数年が経つが、今もなおグリーナムの女性運動の記憶は人種や国境の壁を越え、核なき平和な世界を求める女性たちを励ましている（近藤 1991、近藤 2012、武藤 2014）。

　このようにその後のグリーナム女性平和キャンプの歩みを知る私たちから見れば、パーマーとエイモスが英国の女性平和運動に対して1984年に与えた評価は不当に低い。

　だが、それでもやはり、論文「帝国のフェミニズムへの挑戦」は今日にな

お読み継がれる価値がある。特に、「帝国のフェミニズム」が新たなブームになりつつある今だからこそ、「帝国のフェミニズムへの挑戦」が提示した批判的視点に注目することは重要だ。

2001年に9・11同時多発テロ事件への報復として米国がアフガニスタン空爆を開始し、英国や日本のような同盟国はすぐにこれを支持した。ここに対「テロ」戦争時代が幕を開け、ここから「帝国のフェミニズム」をめぐる議論は、新しい段階に進まねばならなくなった。アフガニスタンやイラクでは無数の民間人が戦争に巻き込まれ、多数の女性や子どもが殺傷され、莫大な難民が生み出された。その戦争は今日に尾を引いている。

怖ろしいことに、その戦争の正当化に多用されてきたのが「女性解放」のレトリックだ。アフガニスタン空爆開始直後から当時の米国大統領夫人や英国首相夫人は口をそろえて、これが「女性のための戦争」だと強弁した。米国最大のフェミニスト団体＝全米女性機構も、女性解放の応援になるとして自国の戦争を支持した。米国とその同盟国ではムスリムやアラブ系の移民に対するレイシズムと「異文化」への不寛容な態度が広がり、移民を敵視するヘイトクライムの増大や極右勢力の台頭など、マルチカルチュラリズムから遠ざかる動きが目立つようになった。女性がベールで身を覆うムスリムやアラブ系の文化はパーマーやエイモスが論文を書いた30年前よりもさらに象徴的になり、ベールやブルカを「野蛮な文化」・「女性の抑圧」の象徴であるかのように描く表象は世界のメディアを席巻し、日本でもお馴染みになった。

第二波フェミニズムは明らかに退潮局面に入った。女性をめぐる言論状況は、「帝国のフェミニズムへの挑戦」が支持されマルチカルチュラルなフェミニズムが共感を呼んだ20世紀末の水準からはるかに後退し、女性解放のレトリックを利用して自国の戦争を擁護する言説が圧倒的な影響力を発揮している。「帝国のフェミニズム」は100年前の第一波フェミニズム期をはるかにこえる大きな力をふるい、20世紀末に第二波フェミニズムが到達した水準を100年以上昔の水準へ引き戻している。

それでも、「帝国のフェミニズム」への挑戦を続ける女性たちもまた世界各地で活躍している。人種や国籍の壁を越えて、マルチカルチュラルに、女

性たちの平和運動は続いている。たとえば2006年にニューヨークのシラキュース大学女性ジェンダー学部は、アフガニスタンやイラクでの戦争は女性解放のためだと強弁する米国政府を正面から批判するコンファレンスを主催し、米国の著名なフェミニストが次々に発言した。1960年代から黒人女性解放運動の闘士として、80年代にはブラック・フェミニズムの代表的理論家として世界に知られたアンジェラ・デービスは、戦争、拷問、軍事主義から自由な未来を構想し、「軍隊内男女平等」ではなく「入隊拒否の権利」の男女平等を追及するフェミニズムを唱えた。軍事主義とジェンダーのつながりを論じる理論家として知られるシンシア・エンロウは、軍が若者を入隊させるためにいかにジェンダー規範を利用して母親たちに働きかけているか指摘し、米国の女性たちは戦争を経験したアジアやアフリカの女性たちのフェミニズムから脱軍事主義のビジョンを学ぶことができると語った。そのコンファレンスの成果をまとめた図書『フェミニズムと戦争』も出版されている。パーマーとエイモスの論文「帝国のフェミニズムへの挑戦」とあわせて、フェミニズムを学ぶ人たちに一読を勧めたい。

(藤目ゆき)

【参考文献】

Amos, Valerie and Pratibha Parmar (1984) 'Challenging Imperial Feminism' (Feminist Review 17：3-19)
http://www.palgrave-journals.com/fr/journal/v17/n1/pdf/fr198418a.pdf
タトル、リサ (1991)『フェミニズム事典』(渡辺和子監訳) 明石書店
フックス、ベル (1997)『ブラック・フェミニストの主張—周縁から中心へ』(清水久美訳) 勁草書房
藤目ゆき (1997)『性の歴史学—公娼制度・堕胎罪から売春防止法・優生保護法体制へ』不二出版
——— (2007)「「9.11」以降のフェミニズムと女性史研究—ブッシュ政権の「人身売買との戦い」という問題を中心に」『二十世紀研究』8：19-42
鈴木裕子 (1997)『フェミニズムと戦争—婦人運動家の戦争協力』マルジュ社
——— (2006)『フェミニズム・天皇制・歴史認識』インパクト出版会
リディントン、ジル (1996)『魔女とミサイル—イギリス女性平和運動史』(白石瑞子／清水洋子訳) 新評論

近藤和子（鈴木裕子と共編、1991）『おんな・核・エコロジー』オリジン出版センター
———（大橋由香子と共編、2012）『福島原発事故と女たち―出会いをつなぐ』梨の木舎
———（原著者はアリス・クックとグウィン・カーク、1984）『グリーナムの女たち』八月書館
武藤類子（2014）『どんぐりの森から―原発のない世界を求めて』緑風出版
Cook, Alice and Gwyn Kirk（1983）*Greenham Women Everywhere*, Pluto Press
デービス、アンジェラ（加地永都子訳、1977）『アンジェラ・デービス自伝』現代評論社
Riley, Robin L., Chandra Talpade Mohanty and Minnie Bruce Pratt（2008）*Feminism and War : Confronting U. S. Imperialism*, Zed Books

【読書案内】

ベル・フックス（2003）『フェミニズムはみんなのもの―情熱の政治学』（堀田碧訳）新水社
　　ブラック・フェミニストの代表的理論家である著者は、フェミニズムが目指すのは「支配をなくし、自由にあるがままの自分になり、正義を愛し、平和な人生を生きられるように人々を解き放つことだ」と、わかりやすい言葉で論じている。

大越愛子（1996）『フェミニズム入門』筑摩書房
　　フェミニズム思想の変遷をたどり、リプロダクション、性暴力、国家と性など最も現代的なテーマをわかりやすく解説している入門書。

チャンドラー・タルパデー・モーハンティー（2012）『境界なきフェミニズム』（堀田碧監訳）法政大学出版局
　　第三世界の貧しい女性の生活を出発点におき、植民地主義やグローバリゼーションを問う。人種や階級、性、国家といった境界を越えた連帯を模索するフェミニズム論。

■ 6 ■

国際協力とグローバル共生

1. 格差にみちた世界

　世界は理不尽な格差に満ちあふれている。
　国際通貨基金（IMF）によれば、一人あたり名目GDP（Gross Domestic Product：国内総生産）が最も高いルクセンブルクでは約11万9000米ドルであり、最も低いブルンジやマラウイでは350米ドルにすぎない。その差は、350倍にのぼる。一方、国と国の間の格差だけでなく、同じ国のなかでも格差は厳然と存在している。IMFランキングでは世界120位のインドネシアの一人あたり名目GDPは3524米ドルである。インドネシアの33州の所得をみると、資源が豊富な東カリマンタン州や首都のジャカルタ特別区が上位を占め、多くの離島から構成される北マルク州やマルク州が下位を占めた（インドネシア統計局データ）。信頼のおける基礎データに乏しい途上国では、国内の地域ごとの経済格差の統計は慎重に読み解く必要があるが、その格差は最大で25倍にのぼる。
　このような貧困の格差は、命の格差に直結している。私自身が暮らしたことのあるインドネシアを例にとってみよう。一握りの最も裕福な人たちは、病気の治療のために近隣のシンガポールやマレーシアの大病院を受診する。一方、富裕層の多くは、インドネシア国内の有料の民間病院を受診する。そこでは、欧米の留学から帰国した医師が診察し、高額の検査機器が備えられ、特等の病室はホテルのスウィートルームのようである。多くの都市の一般住民は公立病院を受診することになるが、待ち時間が長く、限られた検査しか

できない。しかし、農村部の住民はもっと悲惨である。病気になったときに、地域医療機関としての保健所や地域病院の果たす役割は大きく、2014年には国民皆保険システムが動き始めた。しかし、病院までの交通機関に乏しい、交通費が払えない、労働に忙しくて時間がないなど種々の理由により、医療機関へのアクセスそのものが困難な状況である。また、医療機関においては、医師がいない、血圧計や体温計といった基本的な医療機材がない、医薬品の供給が不十分であるなど、問題は多い。それらの結果、インドネシアでは、乳児死亡率（出生1000人当たりの1歳未満児の死亡数）は最も低いリアウ州で27、最も高いパプア州で114、その格差は4.3倍であった（インドネシア人口保健調査2012年）。

このように、多くの途上国では、医療従事者や医療施設の絶対数の乏しさに加え、極端な大都市への医療の遍在が見られる。人口の大多数が住んでいる農村部の診療所では医師も不在で医薬品もほとんど入手できない一方、大都市の病院では最新の検査機器やレントゲン機器が完備している。また、不安定な政治体制、経済発展の停滞、国内の貧富の格差の増大などの社会経済的背景はもとより、感染症の蔓延、栄養障害の存在、保健医療システムの問題、伝統的医療との相克など解決すべき保健医療分野の課題が山積している。

しかし、多くの途上国において、第二次世界大戦中に広島と長崎での原子爆弾による甚大な被害を経験したにもかかわらず、その後の短期間に急激な健康水準の改善を成し遂げ経済発展した日本に対する期待とあこがれは想像以上に大きかった。日本での研修や留学で学んだことを母国に持ちかえり、成功した医師や看護師は決して少なくない。しかし他方で、途上国では、文化、宗教、経済状況、交通手段、教育レベルなどの保健医療を取り巻く環境が日本と大きく異なり、医師などの保健医療従事者の不足、医療施設や機器の貧弱さなど種々の問題を抱えており、日本の経験がそのまま現地で応用できるわけではない。また、日本に対する信頼というブランド・イメージが今後も持続するという保障はまったくない。

本稿では、格差に満ちたグローバル世界のなかで、特に保健医療分野に焦点を当て論考をすすめつつ、このような国際協力のあり方についても考える。

2. 保健医療協力に関する世界の潮流

　世界各国で直面している保健医療問題の多くは、単に医療や保健の分野だけで解決することが困難であり、国際経済、政治、社会全体にわたるグローバルな矛盾と深く関わっている。1970年代後半に、社会改革の理念として登場したのが、プライマリヘルスケア（PHC：Primary Health Care）の概念であった。

　それまでも各国において、保健医療に関するさまざまな施策が実施されてきた。しかし、保健医療政策は、厚生行政だけで決定できるものではない。どの国においても、医師や看護師などの職能団体や病院の経営者から政治的圧力がかかり、政治家やメディアを巻込み、政治経済や社会文化の歴史的な軋轢が集約した結果として、複雑怪奇な保健医療と福祉介護のシステムをかかえこむことになる。PHCの画期的だったことは、世界が一致できる理念を明示するにとどめ、具体的な実施の道程は各国の責務に任せるという方向性を打ち出したことにあった。

プライマリヘルスケアにいたるまで

　第二次世界大戦後の復興援助プログラムは欧州におけるマーシャル・プランに始まる。その後、1950年代には多くのアジア諸国が独立し、60年代はアフリカ諸国の独立がなされた。これらの新しく独立した国の多くは、保健医療サービスの公平な供給を重要政策のひとつとして位置づけた。ただ、現実は厳しく、保健医療を担う自国の専門職の人材が極端に不足していたうえに、電気、通信など基盤となるインフラストラクチャーが脆弱であり、結局、先進工業国からの援助に頼らざるを得なかった。当初、旧宗主国などの先進諸国は植民地時代から引き継いだ病院の改築や新病院の建設、あるいは宗教団体による無料診療などを行った。

　しかし、多くの途上国では問題が解決しなかったばかりか、より矛盾が増大していった。地域格差を正すための試みが散発的に行われていたものの、

保健予算の病院への集中、農村部における医師の不在など、保健医療サービスの不公平さはますます増大し、農村部に住む多くの住民にとっては基本的な保健医療サービスさえ受けられない厳しい状況が続いていた。

アルマアタ宣言とプライマリヘルスケア

困難な課題に直面していたのは、途上国だけではなかった。先進諸国においても、医療の進歩により医療費が高騰し、貧富の格差の増大、ストレスの増加、薬物やアルコール中毒者の増加など、健康を脅かす種々の社会的状況はより深刻化してきた。このような状況に対処し、1978年9月に世界143か国の政府代表とユニセフや世界保健機関（WHO）などの国際機関代表が旧ソビエト連邦のアルマアタ（現在のカザフスタン共和国アルマトイ）に集結し、宣言に署名した。東西冷戦のさなか、軍事的にも政治的にもソビエト連邦とアメリカ合衆国の間の対立が激化している中で合意に至ったのは異例のことであった。

このアルマアタ宣言のなかの「2000年までにすべての人々に健康を！」という世界共通のゴールを目指すための戦略として取り上げられたのが、プライマリヘルスケア（PHC）の理念であった（表1）。

表1 プライマリヘルスケア（アルマアタ宣言第6章）

> Primary health care is essential health care based on practical, scientifically sound and socially acceptable methods and technology made universally accessible to individuals and families in the community through their full participation and at a cost that the community and country can afford to maintain at every stage of their development in the spirit of self-reliance and self-determination.
> （プライマリヘルスケアは、科学的に有効でかつ社会的に受容できるやり方や技術に基づく必要不可欠なヘルスケアである。自立と自決の精神に則り、コミュニティや国がその発展の度合いに応じ負担できる費用の範囲内で、コミュニティの中の個人や家族があまねく享受できるよう、十分な住民参加のもとで実施されるものである。）

（WHO: Report of the International Conference on Primary Health Care, WHO, Geneva, 1978 より筆者が翻訳）

PHCはあくまでも抽象的な理念であり、その実践面においては、当然のことながら、国により、地域により、大きな違いがみられる。PHCの実際活動を展開するためには具体的な目標が必要である。アルマアタ宣言においては、基本的保健サービスとして健康教育、母子保健、安全な水供給、食料供給と栄養、予防接種、感染諸対策、基本医薬品など8項目を具体的に列挙している。しかし、このような保健サービス活動は、PHC以前の保健医療の枠の中においても取り組まれてきたものであり、決して斬新なものではない。PHCのより優れた点は、これらの保健サービス項目を地域の中で実践していく際の理念と原則を明確に打ち出したことにある。理念としては、公平さ（equity）と参加（participation）という旧来の保健医療に認められない革新的な思想が織り込まれている。保健医療サービスは、医師や看護師という専門職から与えられる一方通行の恩恵的サービスではなく、サービスを受ける側が主体的に参画すべきものだと捉えていた。また、貧富の格差や地域格差を乗り越えて、PHCサービスは、それを必要とするすべての人びとに届けられるべきであるという理念を強調した。自立と自決（self-reliance and self-determination）とは、患者や住民が必要とするサービスを自分たちで決定することができるという理念を謳ったものである。住民参加、地域資源の有効活用、適正技術、統合と各分野の協調というPHCの基本原則は、現在でも地域で保健医療活動を展開していくときの必要条件であると考えられる。

ミレニアム開発目標

　1990年代になって、旧ソビエト連邦の崩壊とそれに伴う東西対立の構図がくずれ、保健医療問題は人口問題や環境問題と直結した地球規模のグローバルな課題と考えられるようになった。国連は、90年の「子どものための世界サミット」（ニューヨーク）、92年の「地球サミット（環境開発国連会議）」（リオデジャネイロ）、94年の「国際人口開発会議」（カイロ）、95年の「世界女性会議」（ペキン）と立て続けに大規模な国際会議を開催した。90年代に開催された国際会議での重要な争点、すなわち、環境、人権、リプロ

表2 国連ミレニアム開発目標
（UN Millennium Development Goals： MDGs）

1. 貧困と飢餓の根絶
2. 普遍的な初等教育の実現
3. 男女均等と女性のエンパワメント
4. 小児死亡の減少
5. 妊産婦の健康の向上
6. エイズ、マラリア、その他の疾病との戦い
7. 持続可能な環境の保持
8. 開発のためのグローバルな協働の展開

2015年までに、191の国連加盟国は上記目標を達成しなければならない

（UNDP：2002年次報告書）

ダクティブ・ヘルス・ライツ、エイズ、開発と貧困、ジェンダーなどは、いずれも地球規模での健康問題と深く関連していた。いいかえれば、人びとの健康を守るためには、狭義の保健医療分野の専門家だけでは対処できない現実に直面していたといえる。

2000年の国連総会において提唱されたミレニアム開発目標（MDGs）は、これらの主要な国際会議やサミットで採択された国際開発目標を統合し、一つの共通の枠組みとしてまとめたものと位置づけられる。

このミレニアム開発目標においては、貧困と飢餓の撲滅、初等教育の完全普及、ジェンダー平等と女性のエンパワメント、環境の持続可能性の確保、開発のためのグローバル・パートナーシップの推進などの課題とともに、健康問題も大きな課題として取り上げられていた（表2）。保健医療分野は8項目のうち3項目を占め、乳幼児死亡率の削減、妊産婦の健康の改善、感染症の蔓延防止が掲げられた。具体的に、5歳未満児死亡率を3分の1に減少する、妊産婦死亡率を4分の1に減少する、エイズやマラリアなどの感染症の蔓延を阻止し罹患を減少させる、といった目標が掲げられ、2015年までに達成するという各国の責務が明確に示された。

3. 途上国の疾病構造の変化

 2015年までの目標を設定した MDGs の達成に向けて、世界各国は多大な努力を払ってきた。いわゆる援助側に属する国連機関や政府開発援助 (ODA)、国際 NGO だけでなく、途上国の政府高官や地方の実務スタッフにいたるまで、MDGs の具体的な数値目標を掲げていた。2015年を目前に控えた時期には、アフリカ諸国の保健医療関係者はカウントダウンと称して、目標の達成をめざして最後の頑張りをみせていた。

 現時点では MDGs の総合的な評価はできないが、21世紀の最初の15年間は、世界の保健医療の歴史にとっては驚異的に多くの指標が改善した時期であった。具体的には、1990年には世界全体で1260万人の5歳未満児が死亡していたが、2013年にはほぼ半減し、660万人の死亡となっている（ユニセフ世界子供白書 2014）。また、感染症対策や予防接種に対して国際機関や国際 NGO から大きな資金が投入されたこともあり、エイズ、マラリアなどの感染症による死亡数も急速に減少した。それらの結果、世界全体の平均寿命（出生時平均余命）は71歳にまで伸長した。

 現在、途上国の疾病構造は先進国との差異が少なくなり、死亡原因の上位を心疾患、脳卒中、慢性肺疾患が占め、高血圧、糖尿病、うつ病、肥満などの慢性疾患に罹患する人口が増大している。もちろん、途上国の農村部や貧困層においては、下痢症や肺炎などの感染症による死亡はまだまだ多く、栄養失調で命を落とす子どもも少なくない。

 欧米の先進国や日本においては、栄養失調を克服したあとに肥満による糖尿病が増加し、感染症の脅威をかなり制圧した段階で生活習慣病が増加した。しかし、アジア・中南米・アフリカの多くの国では、感染症と非感染性疾患、栄養失調と肥満といったように、二重の負荷（double burden）が同時に存在する状況にある。限られた人材と乏しい予算のなかで、どのような対策に重点的に対処すればいいのか、賢明な戦略が求められている。

 子どもの場合は、肺炎、下痢症、マラリアなどの感染症による死亡は近年

減少傾向にあり、相対的に新生児死亡の占める割合が高くなっている。その新生児の死亡のなかでは、早産、低出生体重、分娩時合併症が半数以上を占めてあり、妊娠中からの適切なケアと予防策が重要になっている。

　成人においては、人から人にうつる感染症のような病気ではないという意味で、非感染性疾患（NCDs: Non-communicable Diseases）と称されている。とくに、世界的にみて注目されているのが、心臓循環器疾患、がん、慢性肺疾患、糖尿病の4つの疾患群である。日本で生活習慣病といわれる病態と共通する概念である。途上国においても患者数が増加し、大きな健康問題となっている。NCDsの要因としてあげられるのが、タバコ、アルコール、運動不足、不健康な栄養摂取である。言いかえれば、予防対策としては、禁煙、節度あるアルコール摂取、十分な運動、適切な食事を心がける必要がある。しかし、成人してからの生活習慣を変えるのはなかなか困難であり、生活面での行動の変容をもたらすような学校保健を含む健康教育の重要性が強調されている。

　WHOでは、Universal Health Coverage（UHC）として、すべての人びとが必要な治療、予防、リハビリテーションなどを受けることができるシステムつくりを提唱している。貧しい人にとっても金銭的に大きな負担にならないように、公平なアクセスや保健医療サービスの質的保障をめざしている。そのためには、保健医療人材の教育や研修、出生や死亡という人口動態だけでなく、疾病に関する保健医療情報の分析が必要になる。そして、富裕層だけでなく、貧困層も含めた国民全体をカバーできる健康保険の制度作りも必要になる。思えば、日本が国民皆保険を達成した1961年は、まだ高度成長以前であった。高齢社会を迎える前だったからこそ、健康保険制度を形成することができたともいえる。いま、アジアの国々では、高齢者の健康対策や介護が喫緊の課題となっており、日本の介護保険や高齢者ケアに対する関心も高まっている。

4. 健康に対する取り組みの事例

　世界各国では、その国や地域にふさわしい方法で、自分たちの健康を守る

取り組みが行われている。社会経済状況が異なり、医師や看護師という医療人材や病院や保健所という保健医療資源の豊かさもさまざまであり、また、保健医療を取り巻く文化も国によって大きく異なっている。

インドネシアの乳幼児健診を支える住民パワー

インドネシアは赤道周辺に1万7000以上の島が散在する世界最大の島しょ国家である。人口は2億4000万人を越し、近年は家族計画の普及などにより出生数や合計特殊出生率の上昇に歯止めはかかっているが、乳幼児死亡率や妊産婦死亡率は依然高い状態にある。

インドネシアでは、ポシアンドゥ（POSYANDU：乳幼児健診）が1985年に開始され、住民参加のもとで乳幼児死亡率の減少をめざしたPHC活動を展開している。全国の村ごとにポシアンドゥ組織を作り、毎月1回、5歳未満児の体重測定を住民の手で行い、母子保健、家族計画、予防接種、栄養改善、下痢症対策の5項目の保健サービスを実施している。ヘルス・ボランティアは読み書きさえできれば誰でも希望することができる。保健所で基本的な研修を受けた後、ポシアンドゥに参画することになる。

自発的にヘルス・ボランティアを希望した動機に関しては、個人的な要素が大きい。ただ、共通していたのは、自分たちもけっして経済的には豊かだとはいえないけれど、コミュニティのために自分たちにできることから始めていこうという意志である。コミュニティの自助自立をうたった、PHCの見事な実践例である。インドネシアのヘルス・ボランティアはまったく無給であった。しかし、

ポシアンドゥ（乳幼児健診）で体重測定を行うヘルス・ボランティア（インドネシア・中部ジャワ州）

私が活動していた北スマトラ州の農村部では、登録前には28時間の研修を受けることを義務付けられており、地域の医師や看護師が激務の合間を縫って、ボランティア研修のために遠隔地に足を運んでいた。ボランティア活動が継続するには住民の積極的な熱意が前提になるが、それを支える専門職の温かな支援もまた同じくらいに重要な要因であった。

カメルーンでの母子手帳国際会議

　妊娠したら母子手帳を受取り、妊婦健診の結果を記入してもらい、赤ちゃんが生まれたら、子どもの体重や身長、予防接種の記録を書いてもらう。日本ではあたりまえの光景だが、妊娠中から幼児期までの健康記録をまとめた1冊の手帳をもっている国は世界でも数少ない。妊娠・出産・子どもの健康の記録が1冊にまとめられており、保護者が手元に保管できる形態であることを兼ね備えた母子手帳は、敗戦直後の1948年に始まった日本独自のシステムである。いまでは、日本の母子手帳に触発され国際協力機構（JICA）やNGOなどの協力を受け、世界30カ国以上で母子手帳が開発されている。

　2015年9月には、カメルーン共和国の首都ヤウンデにおいて「第9回母子手帳国際会議」が開催され、世界20か国から約250名が参加した。カメルーン人の産婦人科医が日本で研修中に母子手帳のすばらしさに感動し、帰国後にカメルーン版母子手帳を作成した。カメルーンは英語とフランス語が公用語なので、世界で初めての英語・仏語のバイリンガル母子手帳となった。

　母子手帳国際会議は、カメルーン保健省と国際母子手帳委員会が主催し、海外からの参加者の旅費を除く会議費用のほとんどをカメルーン側が負担した。開会式は、保健省や初等教育省、女性省などの6名の大臣と2名の副大臣が開会式に臨席した。カメルーンでは農業や教育において女性のエンパワーメントに力を注いでいるが、妊娠・出産時に命を落とす女性が多い。ある女性閣僚は、母子手帳を使うことにより母子保健が向上する結果として、女性が妊娠・出産後も元気に社会参加してくれることを切望していると述懐していた。

　国のおかれた社会経済状況によって母子手帳を導入する動機も異なり、そ

第Ⅰ部　共生のフィロソフィー

保健センターでは英語・フランス語のバイリンガルの母子手帳が配布されている（カメルーン共和国・ヤウンデ）

れぞれの国の文化や家族の思いが母子手帳に込められていることを教えられた。2016年11月には、「第10回母子手帳国際会議」が東京で開催されることが決定し、今後は官民学連携のネットワークのなかで準備が進められる予定である。

このように、途上国だった戦後日本が世界最高水準の乳幼児死亡率や平均余命を誇るようになった背景には、貧しいなかで苦労しながら時代を切り拓いてきた先達の努力があった。私たちにとっては過去の遺産のようにみえるが、アジアやアフリカの視点からは、その貴重な経験と知恵はグローバル時代の今日的課題を解決するカギの一つである。戦後日本の保健医療における発展の軌跡がもつ現代的意義を再確認して、その成果を光だけでなく影の部分も謙虚に世界に発信することも、重要な国際協力のひとつであろう。

5.「だれひとり取り残さない」世界を創造するために

2015年は、国際協力にとっては重要な転回点となった年であった。2015年9月25日の第70回国連総会において、「わたしたちの世界を変革する持続可能な開発のための2030　アジェンダ」が採択された。このなかで、17の持続可能な開発目標（Sustainable Development Goals： SDGs）があげられ（表3）、169の具体的なターゲットが設定された。MDGsのシンプルなメッセージと比較すると、貧困、食料、栄養、保健医療、教育、ジェンダー、水と衛生、雇用、産業、居住、消費、気候変動、海洋資源、森林、生物多様性、

表3 持続可能な開発目標 (SDGs: Sustainable Development Goals)

目標1.	あらゆる場所のあらゆる形態の貧困を終わらせる
目標2.	飢餓を終わらせ、食料安全保障及び栄養改善を実現し、持続可能な農業を促進する
目標3.	あらゆる年齢のすべての人々の健康的な生活を確保し、福祉を促進する
目標4.	すべての人々への包摂的かつ公正な質の高い教育を提供し、生涯学習の機会を促進する
目標5.	ジェンダー平等を達成し、すべての女性及び女児の能力強化を行う
目標6.	すべての人々の水と衛生の利用可能性と持続可能な管理を確保する
目標7.	すべての人々の、安価かつ信頼できる持続可能な近代的エネルギーへのアクセスを確保する
目標8.	包摂的かつ持続可能な経済成長及びすべての人々の完全かつ生産的な雇用と働きがいのある人間らしい雇用を促進する
目標9.	強靱なインフラ構築、包摂的かつ持続可能な産業化の促進及びイノベーションの推進を図る
目標10.	各国内及び各国間の不平等を是正する
目標11.	包摂的で安全かつしなやかで持続可能な都市及び人間居住を実現する
目標12.	持続可能な生産消費形態を確保する
目標13.	気候変動及びその影響を軽減するための緊急対策を講じる
目標14.	持続可能な開発のために海洋資源を保全し、持続可能な形で利用する
目標15.	陸域生態系の保護、回復、持続可能な利用の推進、持続可能な森林の経営、砂漠化への対処、ならびに土地の劣化の阻止・回復及び生物多様性の損失を阻止する
目標16.	持続可能な開発のための平和で包摂的な社会を促進し、すべての人々に司法へのアクセスを提供し、あらゆるレベルにおいて効果的で説明責任のある包摂的な制度を構築する
目標17.	持続可能な開発のための実施手段を強化し、グローバルなパートナーシップを活性化する

(United Nations General Assembly. Transforming our world: the 2030 Agenda for Sustainable Development. 18 September 2015 より筆者が翻訳)

司法制度、グローバル・パートナーシップといったように、人と自然にかかわるすべての事項を網羅せざるを得なかったように見える。

一方、どの国においても共通する課題として、「だれひとり取り残さない（no one will be left behind）ことを誓い、人々の尊厳は基本的なものであると認識し、最も遅れているところから最初に手を伸ばすべく努力する」ことが宣言された。先進国や途上国という区分を越えて、格差をなくす取り組みを同時代的に地球規模で行おうという画期的な発想である。残念ながら、日本国内では「2030　アジェンダ」や持続可能な開発目標についてほとんど報道されなかった。しかし、国連総会で「だれひとり取り残さない」というテーマの持続可能な開発目標が設定されたことを日本国内で伝えると、大きな反響があった。とくに、福島原発事故でいまも避難生活を余儀なくされている家族や、昭和30年代に重症心身障害児を守る活動をしている人たちからは、わたしたちと世界がつながっているという意味で励まされたという共生と連帯のメッセージが寄せられた。

21世紀の日本の社会のあり方を考える時に、国際協力の営みのなかで日本自身も途上国の活動に学ぶ必要性があることを強調したい。都市化と高齢化という戦後のわが国がたどってきた少子高齢化社会における地域社会の問題は、アジアではすでに現実の課題となっている。アジア諸国における保健医療改革のスピードは早く、急激に変化する社会経済状況に即時に対応していく政治的な決断力の点においては、日本の保健医療関係者がアジアから学ぶところも少なくない。

また日本国内に目を転じても、多くの外国人が定住し、夫婦が外国人および国際結婚した外国人の増加により、出身国の文化やコミュニティを尊重しつつ、日本社会の中でどのように出産し子育てを行うかということが大きな課題となっている。いいかえれば、多民族および多文化共生社会における地域保健医療のあり方が問われているといえる。言語と文化が異なる患者が病院を受診するときには、コミュニケーションを支援する医療通訳者の存在が必要不可欠になっている。すでに韓国は国をあげて医療通訳者の育成プログラムを実施し、台湾では輔仁大学が中心になって医療通訳者のネットワーク

を立ち上げ、タイでは民間病院が数十名の医療通訳者を雇用している。日本で学んだアジアの専門家と、グローバル医療に関心をもつ日本の専門家の相互交流と協働が始まっている。

まさに、グローバリゼーションの世界において、国境を越えて共通する問題が生じたときに、課題解決の方法論を共有することができる。ITC(Information Technology and Communication)を使えば、国境を越えて連帯するのは決して難しいことではない。しかし、わたしたちが取り組む新しい理念では、「だれひとり取り残さない」ことが求められている。国や地域を超えて、異なる文化や言語、宗教をもっているひとりひとりの生活を大切にして寄り添っていくという、きめ細かな国際協力が求められている。

2011年の東日本大震災に際して、日本には海外から過去最大規模の支援が寄せられた。グローバル世界のなかで、人と人がつながり、国と国がつながっている。当然のことながら、国際的な緊急支援を行うこともあり、ときには緊急支援を受ける側に回ることもある。東日本大震災のときには、スーダン共和国の高校生が自発的に募金活動を行い、集まった義援金を大使館に届けたという。このように世界から共感と連帯の支援を受けたことを忘れることなく次世代に語り継ぐとともに、今後は、国境を越えたグローバルな双方向の関係性のなかで、ともに学びともに育つ共生の国際協力の新しいあり方が問われている。

（中村安秀）

【参考文献】
内海成治（2005）『国際協力論を学ぶ人のために』世界思想社
スタックラー, D., S.バス（2014）『経済政策で人は死ぬか？』（橘明美・臼井美子訳）草思社
中村安秀（2015）「グローバル時代のプライマリヘルスケア」『保健の科学』58巻2月号、杏林書院
山田恒夫編（2014）『国際ボランティアの世紀』放送大学教育振興会
WHO（1978）Report of the International Conference on Primary Health Care, Alma-Ata, USSR. WHO, Geneva.

第Ⅰ部　共生のフィロソフィー

【読書案内】

パウロ・フレイレ、里見実（1982）『伝達か対話か』亜紀書房
　南アメリカで識字教育に取組んできた実践家の古典的名著。教育とは知識を詰め込むことではなく対話することであるという主張は、現在でも斬新である。体験に裏付けされた説得力のある論理は、途上国の国際協力現場での活動だけでなく、異文化の中でのビジネスや起業家にも十分に通用する。

山本一巳、山形辰史（2007）『国際協力の現場から―開発にたずさわる若き専門家たち』岩波ジュニア新書
　貧困削減、環境保全、難民支援、開発援助など、世界各地の最前線で奮闘している若きフィールド専門家たちによる現場報告。ときには困難にぶつかり、ときには悩み、同僚や相手国の人びとに助けられながら、仕事を遂行していく。若き専門家たちの足跡に触れることで、国際機関、NGO、政府開発援助（ODA）機関で仕事することは、決して特別なことではない、と実感してもらえたらうれしい。

内海成治、中村安秀（2014）『新ボランティア学のすすめ』昭和堂
　いつの時代にも、はじめは少数者としてデビューして、社会の新しい扉を開く挑戦者たちがいる。国際協力のなかで、先駆的なボランティアたちが果たしてきた役割は非常に大きい。ボランティアのフィールド活動のなかから社会を見直す示唆を得ると同時に、アカデミックな理論を活動の実践に活かす。実践と理論の双方向のベクトルのなかで、国境や地域や世代を越えた新しいボランティア学が始まることを期待したい。

7

異文化接触と共生

1. 想像できないことを想像する

　「(異)文化」が接触する場面には、誰もが思い描くような典型的なものと、思いもよらないようなものがある。この文章の冒頭で「(異)文化」ということばに「　」や（　）を付しながら、なお使い続ける理由もここにあるのだが、まずは後者について、現実にありそうな、しかし架空のエピソードを紹介することから話をはじめてみよう。

　とある町の警察署にベビーカーに赤ちゃんを連れた一人のお母さんが訪ねてきた。彼女は1階の受付で用向きを伝え、生活安全課の会議室に通された。ほどなく生活安全課の職員が通訳とともに現れ、お母さんとの面談が始まった。お母さんは、上の子が通う学校の教師を告発していた。上の子の担任であるその教師が子どもを殴ったというのだ。

　通訳が同席したのは、このお母さんがフィリピン語を母語としていたためだ。お母さんは日本語を理解することも話すこともできたが、今回は内容的に伝えにくいこと、伝わりにくいことを、警察の側からお母さんに伝える必要があり、通訳を同席させることになった。

　伝えにくいこと、伝わりにくいこととは何か。日本語の表現の問題ではもちろんない。「今回の事件は刑事事件としない」との意向を伝えること。それが伝えにくいこと、伝わりにくいことであった。実際に、その内容は伝わりにくく、通訳人はしばし途方に暮れることになる。お母さんは、静かな口調で尋ねる。「フィリピンでは、教師が生徒に暴力をふるうことは許されて

いません。日本では、教師が生徒に暴力を振るうのは犯罪ではないのですか」。
　暴力をふるった教師は、すでに学校を退職し社会的な制裁も十分に受けている。そのため、事件化しないことは日本社会においては標準的な解決なのだろう。しかし、この問題の背景にある「体罰」をめぐる感覚の違いは、一見すると、フィリピン出身のお母さんの「問題」としてとらえられがちであるだけに注意が必要である。フィリピン出身のお母さんもまた、体罰への日本社会の対応を、「日本のユニークな文化のせいだ」と思うかも知れない。「（異）文化」の接触は、それを実際に経験する人にとって、必ずしも二つの文化が接触することではない。自分たちは他者にとって「（異）文化」に見えるようなことをしているわけではなく、相手の行為だけが相手の文化に根ざした「不思議な行為」にみえるのだ。次の学校現場での例はそのことを如実に示している。
　その中学校には中国やフィリピン出身の生徒が何人か通学しており、先生たちも、授業のなかで中国の文化やフィリピンの文化を紹介する時間を設けるなど、日本語指導を必要とする生徒が学校生活に溶け込めるように配慮していた。
　しかし、1年生のフィリピン出身の生徒Aさんを受け持つ担任のB先生には、気になることがあった。Aさんは、B先生と話していていやなことがあるといかにも嫌そうな顔をするのだ。話を聞いているときも、あごを少しあげ、なんとも気のなさそうにうなずく。納得いかない話には、相手を小馬鹿にしたように「はぁあ」といった顔をする。
　波線で示した箇所は、Aさんの表情からB先生が読み取ったAさんの心の動きである。じつはフィリピンの学校では、あごを少しあげるあいづちも、「はぁあ」といった表情の聞き返しも普通のことである。また、コトバにしなければ不満そうな表情も、特に問題になることはない。
　フィリピン出身のお母さんの例からも、学校での例からもわかるように、「（異）文化」を発見する側は、自分たちもまた「（異）文化」として発見されているという意識をもたずにすむ。
　本章で「（異）文化」というコトバを敢えて用いつづける理由もここにあ

る。文化を「環境に適応するための社会のなかで共有された遺伝的以外の手段」と定義すれば、その間に優劣はない（Schultz and Lavenda 2001）。しかし、ある集団の行動を（自分たちとは違った）「文化」としてくくりだすとき、あるいは何かを主張するときの自分たちの行動を「文化」としてその正当性を主張しようとするとき、「文化」は、人を支配する統治の道具となったり、あるいは運動の手段となったりする。「文化」の接触の問題は、つねに人と人との出会いにともなう競合と共生の問題なのだ。

この章の以下の部分では、「他者」との競合と共生が「（異）文化」をめぐる問題として現れる典型的なケースとして、文化的抗弁（cultural defense）に関わる係争処理のケースをとりあげ、「文化接触」をとりまく今日的な状況を確認してみたい。そうすることで「多文化共生」という語で語られる現象の位置づけを確かめ、人どうしの競合と共生をより包括的に理解するための見とおしを得ようというのだ。

2. 文化的抗弁

今日、国境を越えた人、モノ、情報、資本の移動が常態化するのに伴い、さまざまな衝突の可能性が高まるなか、その背景として「文化」の介在を指摘する場合も少なくない。そうしたなか、法や紛争、紛争処理を「文化」として考察の対象とする法人類学の分野においても、多元的法体制や、その下での紛争処理に対する関心がふたたび脚光をあびつつある。多元的法体制とは「国家法とそのもとにある下位法文化（法として現れた一社会に特有な文化統合）すなわち国家内法文化の共存」を意味する（千葉 1991）。

「多元的法体制」の問題は、法（とりわけ近代の法）の普遍性と文化の相対性が激しく衝突する、理論的にこみ入った課題であるとともに、「民族」や「宗教」に絡む紛争や「人権問題」として、また各国での移民等、外国出身者の裁判における「文化的抗弁」の問題として、プラクティカルな解決をもとめられる問題でもある。

「多元的法体制」に関しては、フーカーの『多元的法体制―植民地および

新植民地法への序説』（Hooker 1975）をはじめ、国家法と慣習法、成文法と不文律、継受法と固有法の併存、同化、衝突について多くの実態報告がなされてきた。しかし、国家法以外の慣習法、固有法、非公式法（unofficial law）などをフォーク・ロー（folk law）として西欧近代法との相対化を図る法人類学は、法の普遍的な適用と文化相対主義との間に折り合いをつけることができず、フォーク・ローを含む法を、通文化的に定義することができなかった。

こうしたなか、係争処理過程の研究が多元的法体制に関わる法人類学的研究においても主流となっていく。ルウェリンとアダムソン・ホーベルによって先鞭がつけられた法人類学における係争処理研究は、すべての法的規範が係争処理過程に導入されるわけではないこと（紛争処理過程外でのサンクションの存在）、係争処理過程が規範の導入のみによって構成されるわけではないこと（交渉の可能性）、そして係争処理過程の場が法的規範を語る場面の一つとなっていること（法的規範の言語化）など、「法」と社会の関係について重要な示唆を与えてきた（Llewellyn and Hoebel 1941；Frake 1969；Nader and Todd 1978）。

こうした係争処理の場は、文化的抗弁に関わる係争処理過程において、文化そのものが交渉される場ともなる。「文化的抗弁」とは、文化を理由に行為の正当性を主張したり、責任能力がないことを主張したりするものである。「文化的抗弁」研究の第一人者であるレンテルンは、それが公式的な司法が持つ文化としての性格を逆照射する可能性を示唆している（Renteln 1993, 2004）。つぎに文化的抗弁が注目される契機ともなった事例を、レンテルンの記述をもとに紹介し、競合と共生にかかわるその意味を確かめてみよう。

キムラ・ケース

このケースは、心理的要因と文化的背景のふたつをむすびあわせた抗弁がおこなわれたケースであり、文化的抗弁に注目があつまるきっかけとなったケースでもある。日系アメリカ人が関与するケースとして、しばしば裁判モノ、刑事モノのドラマなどでもとりあげられている。

1985年、カリフォリニア州サンタモニカ在住の日系アメリカ人キムラ・フミコが、夫の浮気を知り、二人の子どもを道づれに入水自殺を図った。二人の子どもは亡くなったが、母親は生き残り、「やむにやまれぬ状況」の下での第1級謀殺罪の罪に問われた。この罪での最高刑は死刑である。

このケースで文化的抗弁をめぐる議論の中心となったのは、「親子心中」だ。「親子心中」は、日本においても不法行為であるが、「そうでなければ受け入れることのできない苦境」を避ける手段として、情状酌量の対象となっている。日系アメリカ人コミュニティは、2万5000人以上の嘆願書を集め、ロサンゼルス郡地方検事に彼女を訴追しないよう求めた。この嘆願書では、「誰も面倒をみる人がいない状態で二人の子どもを残して死ぬよりは、親子ともどもあの世に行くほうが幸せである」といった、一般的なアメリカ人のそれとは異なる世界観が行為の背景にあったことが切々と訴えられていた。

6人の精神科医が鑑定をおこない、「彼女が自分の命と子どもの命を区別できない、一時的な心神喪失の状態にあった」と結論づけた。この結果、謀殺から故殺（故意ではあるが計画性のない殺人）へと告訴内容が変更され、刑も禁固1年と5年の保護観察、カウンセリングとなった。現在、彼女は刑期を終え、夫との関係をとりもどしている（Renteln 2004：25）。

キムラ・ケースでの「文化」のあつかわれ方は単純ではない。このケースの最終的な判断は、「被告の精神状態と文化的背景により、被告は親子心中を不法行為として認識していなかった」（Renteln 1993：462、注89）という理由にもとづいている。そこでは、「親子心中」が日本の固有の法として、アメリカの法廷で承認されているわけではもちろんない。アメリカ社会に同化できないことが、「『自文化』への妄執を招き、『親子心中』のような不条理な行為をひきおこした」と判断されているのだ（Renteln 1993：463）。

文化的抗弁では、「文化」を背景とする行為が直接、責任能力の判断に影響するわけではなく、むしろ「文化」を行為の基準としているか否かが問われる。そこで「文化」を背景とする行為は、「迷信への盲従」や「カルチャーショック」による心神喪失、心神耗弱などに読みかえられ、責任能力を鑑定する材料となるのである。このことは、少数派の位置づけに関して、それが

少数派への単純な蔑視や国家への従属を表現しないとすれば、何を意味するだろうか。次に、レンテルンの著作からさらに二つのケースを紹介し、この点について考えてみよう。

ゲブレアムラック・ケース

カリフォルニア州オークランドに住むエチオピア難民、ハゴス・ゲブレアムラックは、ケテマ・レッダという名の女性が「ボウダ（bouda）」、つまり他人に苦痛を与える力を持つ妖術の力を持つ人物（witch）であるとして殺害しようとした。この女性に出会って以来、ゲブレアムラックは全身の痛みに苦しんできたという。法廷では、ウィリアム・シャク教授が証言台に立ち、「エチオピア中央平原出身の人たちは、『ブダ（buda）は、人を病気や理性を欠いた状態にする力を持った悪霊である』との迷信を信じている」と証言した。検察官はゲブレアムラックの「ボウダ」に基づく抗弁が現行犯で捕まったのちの「創作」であり、本当の動機は、求婚を断られたことへの腹いせだった」と述べた。

陪審員は、殺人未遂については無罪とし、武器を所持しての暴行というより軽い罰での有罪を宣告した。判事は、陪審員の評決に同意せず、「ブードゥー」（voodoo）に基づく抗弁を「不合理」とし、暴行では最長である7年の禁固刑を課した（Renteln 2004：39）。

このケースでは、ゲブレアムラックの行為が「迷信」にもとづく正当防衛と判断され、殺人未遂については無罪となっている。しかし、判事は、ボウダそのものについては「不条理なもの」とし、ボウダへの恐れにもとづく正当防衛が頻発しないよう配慮している。

一方、国外退去の処置について判事は慎重であった。難民にとって国外退去は死刑宣告にも等しいとされたのである（Renteln 2004：40）。

このケースで、まず注意しておかなければならないのは、評決のために法廷が求めている材料と、人類学者が追求する民族誌的記述の正確さが必ずしも一致しないという点であろう。

上の文章は、レンテルンの記述をできるだけ忠実に和訳を試みたものだが、

「エチオピア中央平原」は「エチオピア高原」の誤りであろうことを除いたとしても、ここで描かれる「ボウダ」の性格をめぐっては少し解説が必要である。

「ボウダ」と「ブダ」の違いは、呼び方の違いで同じものと考えてよい。フィンネランは、エチオピア高原の「ブダ」を鍛冶や鉄職人と関連づけ、さらに各地の邪視と比較しながら、「ブダが『邪視』の力を持つばかりではなく、その魔術的な複雑さと社会での位置づけから、ウィッチに近い」としている（Finneran 2003：428）。邪視とは、その力を持つ人物の凝視が、他人に苦痛をもたらすとする信仰であり、しばしば邪視の力を持つ人物が持つ嫉妬の感情と関連づけられる。フィンネランによれば、「邪視の力は父親から受け継がれるが、突きつめれば悪霊に起因する」とされる（Finneran 2003：428, 429）。シャック教授は、「ブダは、人を病気や理性を欠いた状態にする力を持った悪霊である」と証言しているが、これはこの点に関連しているのかもしれない。

レンテルンは、このような「邪視」の力を持つ人をウィッチと呼び、ゲブレアムラック・ケースを妖術（witchcraft）からの正当防衛の事例に分類している。

「邪視」の力を持つ人は、本人がそれとは知らないうちに他人に危害を加えていると考えられていることが多い。エヴァンズ＝プリチャードは、その人が意図しなくても他人に災いをもたらすような作用としての妖術と、意図的に相手に危害を加えようとして行う呪術としての邪術を区別しているが（エヴァンズ＝プリチャード　2001［1937］）、「邪視」のこの性格は、エヴァンズ＝プリチャードの言う「妖術」と部分的に重なる。

この点で判事がブダを、「ブードゥー」と理解している点は注意が必要である。「ブードゥー」は、西アフリカ起源の邪術であり、アメリカのアフリカ系アメリカ人が実践している呪術・邪術である。ブダとは他人に危害を加える意図の有無をめぐって区別されるが、主流のアメリカ人にとっては「迷信」の代名詞であり、判事もブダを「ブードゥー」と呼んだのだろう。妖術と邪術の違いを判事が勘案したか否か、またそれを勘案する場合としない場

合で異なる判断に至ったかは、レンテルンの記述からでは明らかではない。しかし、他人に危害を加える意図がある場合とない場合では、正当防衛の論拠が変わる可能性がある。文化的抗弁をめぐる法廷が求めていたのは、そうした論拠を法廷での討議の俎上にのせられるかどうかを判断するための手がかりだったのではなかろうか。

　このことは、今日までのところ、人類学が文化的抗弁に関する法廷の要求に応える準備ができていないことを意味する。係争処理の場が法的規範が語られる場とすれば、人類学は、それにみあった言語をいまだ持ち得ていないということだ。

　文化的抗弁をめぐるケースでは、人類学者や地域研究者が証言台に立つことも少なくないが、文化相対主義の立場から、人間のあらゆる行為を環境への適応手段ととらえ、等しく意義をみいだそうとするこうした専門家は、法廷では「あまり役に立たない存在」とみられがちである。レンテルンは、「多くのケースで、判事は文化に関する専門家——多くの場合、人類学者——の証言を、人類学者が精神医学、ないし心理学のトレーニングを受けていないとの理由で排除する」と述べている（Renteln 1993：462、注88）。

　係争処理の場で語られるべき人類学者のコトバとはどのようなものだろうか。それは、生じた行為が、法廷が置かれた社会においても法的であることを語るコトバであり、法と行為を結合させるコトバである。この点で、エチオピアでどのような人物が邪視の力を持つとされるかは、アメリカの判事と陪審員の関心事ではない。アメリカ社会のなかでエチオピア難民はどういった人物が「邪視」の力を持つと考えるか、さらにアメリカ社会においてエチオピア難民はどう位置づけられるかに関心があるのだ。フィンネランは、妬みを背景とするブダが農村部のみならず、首都のアジスアベバのような大都市においても経済格差を背景に生ずると述べている（Finneran 2003：429）。アメリカ社会もその延長線上にある。人類学者によってブダとアメリカ社会を結びつける線が引かれることで、法廷は、単に係争を処理するだけではなく、移民とホスト社会が共生と競合のあり方を交渉する場ともなるのだ。次のケースは、短いながらそうした法廷の機能についてさらに明らかにしてい

る。

メタリデス・ケース

コスタス・メタリデスは、マイアミに住むギリシャからの移民である。メタリデスは、彼の親友が娘をレイプしたことを知り、親友を殺害した。メタリデスの公選弁護人は、「生まれ故郷の法では、万一、娘が暴行にあったならば、警察を待つべきではないとされる」として、文化にもとづく一時的心神喪失を主張した。陪審員は、公式には心神喪失について評決することを求められたが、実際の議論は名誉が文化的な概念であるか否かをめぐってすすめられた。メタリデスは、一時的心神喪失を理由に無罪が宣告されたが、関係者によれば、それは手続き上の理由であって、じつのところギリシャの文化に基づく評決であったという。公選弁護人は、妻がギリシャ人なので、判事は文化的証拠を採用するであろうと述べた（Renteln 1993：464）。

この一見単純にみえるケースでは、ゲブレアムラック・ケースとは逆に人類学者が介在しないまま、「文化」が法廷の中に入りこんでいる。このケースについて、レンテルンは、判事の妻がギリシャ人であるという事実が法廷で明かされないままになっていたことを問題視し、このケースに限って「文化にもとづく一時的心神喪失」の範囲を越えて「文化」が認められたのではないかと懸念している（同上）。陪審員は、ケースにかかわる背景をすべて知ったうえで、被告の行為を検討すべきだったというのだ。

このことの意味は私たちが考える以上に大きい。判事の妻の問題はともかくとして、メタリデス・ケースでは、名誉の概念がアメリカ社会でも法的となるコンテクストを獲得している。個々のケースをめぐるコンテクストが法廷に持ち込まれることで、法廷の外の世界と分断されていたケースは、再び外の社会関係とつながりをもつようになる。それは法廷において係争当事者をとりまく社会関係が問われることを意味するが、当事者の「文化」への傾注に強い関心を寄せる文化的抗弁のケースの場合、それはとりもなおさず、係争当事者がどれだけ周囲の社会関係に埋め込まれているか、また周囲がその行為をどうみているかに焦点があたっていることを意味する。文化的抗弁

をめぐるケースでは、ケースをめぐるあらゆるコンテクストが参照され、検討される場であることが求められているのである。

即座に気づくように、こうした問いの外側には、それより大きな問いがある。裁判の場で「文化」を担うとされたコミュニティに対する問いである。こうして法廷は、単に係争当事者の処遇のみならず、アメリカ社会における少数派の位置づけを交渉する場となるのである。

3.「(異) 文化」の管理から「法の創造」へ

文化的抗弁に関する3つのケースから私たちは、共生と競合をめぐる今日的な様式を発見するであろう。それは一面では、近代以降の(異)文化接触の様式を踏襲し、また別の面では、「法の創造」と呼ぶべき新たな様相を呈する。

文化的抗弁を(異)文化接触の側からみるならば、それは従来にも増して巧妙な「文化」の管理ということになろう。文化的抗弁では、抗弁する側の法定代理人が人類学者などを証人とし、「習得した行動や思考に関する個々の伝統」に関する弁明を行うものの、その目的は違法とされる行為が「文化」の影響下での行為であったことを訴えることに今のところとどまっている。

一方、「法の創造」の側からみるならば、交渉を通して社会に新たな「法」を生み出すプラクティカルな知恵と言うことができる。証言台に立つ人類学者が「習得した行動や思考に関する個々の伝統」を法廷が位置する社会のなかに位置づけ、そうした行動や思考を当該社会にとって法的なものとするためのコトバを持つことで、「文化」相互の交渉が生み出されるのである。

「文化」の管理は、国民国家のなかで「(異)文化」を飼いならしていくプロセスであり、今日一般に言われる「多文化共生」は概ねこれにあたる。一方、法の創造は、資源を力ずくで奪いとるよりも、ルールを決めて分けあった方が人類全体の生存に「有利」(経済的にというだけではない)であることを確信させる契機となる。近代国民国家を超える競合と共生の新たな法が生み出されるとしたら、おそらくこの地点からであろう。

本章では、「(異)文化」接触の問題が人と人との出会いにともなう競合と共生の問題であるとしたうえで、文化的抗弁に関する係争処理の中に共生と競合をめぐる今日的な状況を確認しようとした。競合と共生は、つきつめて言えば、与えられた環境のなかでどれだけの人口が生存できるかという問題である。競合を解消し、共生をうながす仕方はいく通りもあり得る。世界をグローバル化し、他者を「(異)文化」の担い手としてみる見方も、また国民とみる見方も、ときに押しつけられることもある共生の仕方のひとつである。

　そうしたなか、文化的抗弁のしくみは、従来の同化や統合に代わる国民国家の共生の仕方であるとともに、法廷を交渉の場とすることで、さらに国民国家を超えた共生を展望し得る可能性をもつ。

　そこでは、「法の下の平等」の原則にもとづいて「文化」を管理する側面に加え、事例の文化的背景がつぶさに検討されることで、全体社会における少数派の位置づけが交渉される。現在のところ、「文化的抗弁」が司法の場で採用されているのは、アメリカ合衆国をはじめとするいくつかの国に限られている。しかし、かりに文化的抗弁が公式な司法の場で認められていなくとも、係争処理過程の内外に、「文化」をめぐる交渉の場は存在する。

　私たちは、「法」ときくと、とかく制度の整備をまっさきに考えがちであるが、冒頭に示した事例も含め、人と人との出会いと交渉を通して「法の創造」ということを考えてみる必要もあろう。

(宮原　曉)

【参考文献】

Fenneran, Niall (2003) "Ethiopian Evil Eye Belief and the Magical Symbolism of Iron Working," *Folklore* 114(3)

Frake, Charles O. (1969) "Struck by Speech: The Yakan Concept of Litigation." *In* Laura Nader (ed.), *Law in Culture and Society*, University of California Press

Hooker, M.B. (1975) *Legal Pluralism: An Introduction to Colonial and New-colonial Laws*, Clarendon Press

Llewellyn, Karl N. and E. Adamson Hoebel（1941）*The Cheyenne Way : Conflict and Case Law in Primitive Jurisprudence*, University of Oklahoma Press

Nader, Laura and Harry F. Todd（eds.）（1978）*The Disputing Process : Law in Ten Societies*, Columbia University Press

Renteln, Alison Dundes（1993）"Justification of the Cultural Defense as Partial Excuse," *Review of Law and Women's Studies*

——（2004）*The Cultural Defense*. Oxford, Oxford University Press

Schultz, Emily A. and Robert H. Lavenda（2001）*Cultural Anthropology : A Perspective on the Human Condition*.（5th edition）Mountain View, Mayfield Publishing Company

エヴァンズ＝プリチャード（2001［1937］）『アザンデ人の世界──妖術・託宣・呪術』（向井元子訳）みすず書房

千葉正士（1991）『法文化のフロンティア』成文堂

【読書案内】

ダイアモンド、ジャレド（2000［1997］）『銃・病原菌・鉄──1万3000年にわたる人類史の謎』上下（倉骨彰訳）草思社
　異なる環境に置かれた人類がどのように異なる歴史の道を歩むかについてダイナミックに描く。異なる歴史の道を歩んできた人たちが出会ったときにどのようなことが生ずるのかを知るうえでの示唆的である。

湯浅道男・小池正行・大塚滋（編）（1992）『法人類学の地平』成文堂
　日本における法人類学の先駆者である千葉正士博士の古稀を記念して刊行された論集。1990年までの法人類学の到達点を知ることができるとともに、第2部「固有法の諸相」（8編）、第3部「多元的法体制の法文化」（10編）の短めの論文は、法を社会のなかで考える上で示唆的な事例を提供している。

■ 8 ■

「敵」との共存—人類学的考察

1.「敵」との共存という課題

　「『敵』との共存」という本章のタイトルは語義矛盾していると感じる読者も多いかもしれない。つまり、共存できない相手だから敵なのであって、敵との共存を考察すること自体無意味なのではないかという疑問である。しかも、本論で論じる「敵」とは、暴力的な紛争の相手、殺してもさしつかえない、正確に言えば殺すべき相手のことであるので、こうした疑問は当然のことである。

　たしかに、二つの国家がそれぞれの正規の軍隊を動員して戦う戦争の場合は、共存は考えにくい。まして、太平洋戦争における日本とアメリカのように、太平洋を隔てた国同士の戦争の場合は、なおさら共存は問題外である。当時の日本人のほとんどにとって、敵であるアメリカ人は、一人一人の顔が見える現実の存在ではなく、抽象的な想念上の存在であった。国と国との戦争の場合は、両国が戦争の終結を認め、すなわちお互いに敵とみなさなくなった後に、共存が問題となる。

　しかし、国家間で戦われるのではない、つまり異なる国家の正規の軍隊同士の戦いではない戦争の場合、事情はおおきく異なる。同じ国民同士や、地域社会の住民同士が、武器を手にして組織的な戦いに従事して、お互いに殺し合う場合、敵との共存の問題の位置付けは、国家間の戦争とは異なる様相をみせる。現代世界では、国家間の戦争は、戦争全体の一部を占めるにすぎない。イギリスの政治学者メアリー・カルドーは、冷戦終結後の世界で生じ

ている戦争を「新しい戦争」と呼んだ(カルドー 2003)。この戦争の特徴は、国家同士ではなく、同じ国家の国民同士の戦いであることだ。新しい戦争は、内戦、地域紛争、民族紛争、宗教紛争といった形態をとる。正規の軍隊は、戦いの当事者のひとつである場合が多いが、それ以外に国家が組織した準軍事組織(正規の軍隊以外の軍隊のような組織)や民兵、反政府武装集団、民族集団や宗派・教団を基盤とする武装組織などが入り乱れて、合従連衡と離合集散を繰り返しながら戦いが展開する。旧ユーゴスラビア、アフガニスタン、イラク、シリア、ソマリア、スーダン、ルワンダ、コンゴ民主共和国、リベリア、シエラレオネといった国々では、こうした戦争が戦われてきた。そこでは、隣人同士や同じ一族のメンバーが敵と味方に分断され、殺し合うという事態が生じる。敵は遠く離れた異国ではなく、すぐ身近にいる。ある時間と空間の枠内では共存していた人びとが、状況の変化の結果お互いに殺し合うようになるのである。敵との共存が問題となるのは、このような状況である。

　本章で論じるのは、東・北東アフリカの牧畜民(牛や山羊・羊の飼養をおもな生業とする人びと)や半農半牧民(牧畜だけでなく農耕も営む人びと)の社会における戦いである。こうした人びとの事例を取り上げるのは、私にとっては長年調査研究で付き合ってきた馴染みのある人びとであるためと、戦いに関する人類学的研究の豊かな蓄積があるためである。そこでは人びとが戦いつつ共存していることが明らかにされてきた。つまり、戦いとは集団間の関係の両面なのである。

　東・北東アフリカの牧畜民や半農半牧民は、1960年代ころまでは「未開民」や「部族民」と呼ばれていた。普通の日本人にとっては(そして本書の読者にとっても)、アフガニスタン、イラクやシリアの内戦ですら複雑すぎて理解しにくい。まして、アフリカの「未開民」や「部族民」の戦いは、自分たちの日常とはほど遠い、神話か悪夢の世界の出来事だと感じるのではないだろうか。

　本論の諸事例は、イギリスの哲学者トマス・ホッブズが『リヴァイアサン』(1651年出版)で描いた「自然状態」における人間の闘争、つまり「万人の

万人に対する闘争」を想起させるかもしれない。それは、ある意味で「極端な」事例である。しかし、極端な事例にはおおきな効用があると、私は考えている。なぜなら、そこでは、通常は平凡な日常に覆い隠されているものが露呈し顕在化し、人間の社会の本質について考える機会を与えてくれるからである。

　戦いについて考えることは、「共生」を構想するうえで不可欠だ。戦いの上位概念は、暴力と紛争である。暴力と紛争の発現のしかたは、集団や社会によって異なっており、顕在化する場合とそうでない場合があるが、暴力や紛争が存在しない人間の集団や社会は存在しない。これは、メンバーのあいだに権力関係と利害の対立が存在するからである。言い換えれば、優位も劣位もない完全に平等なメンバーから構成されており、差別や抑圧がない集団や社会は存在しないということである。こうした事実を踏まえずに共生が構想されるとしたら、それはたんなる絵空事か、「みんなで仲良くしましょう」といった陳腐なスローガンと同等の結論に陥るにすぎないだろう。

　さて、本論は人びとが殺し合う極端な事例を取り扱うと述べたが、私はそれらを規範から逸脱した社会病理とみなしているわけではない。そこには人間の社会性や社会秩序の形成につながる本質的ななにかを見つけ出すことができると考えている。社会哲学者の今村仁司は『暴力のオントロギー』の冒頭で以下のように論じている。

　　力と暴力、闘争と戦争といった文化現象は社会科学と社会哲学にとって避けて通ることのできない根源的問題だといわねばならない。なぜなら、それらの現象は社会形成と社会体の運動や歴史の基礎にあるものであり、単なる逸脱的病理現象ではないからである（今村 1982：1）。

今村によれば、「暴力現象は、社会形成の探究にとってどうでもよい随伴現象ではなくて、社会形成にとって内在的で必須のモメント」（1982：225）なのであり、「暴力性は人間存在にとって普遍的現象であって、人間が社会関係を結び社会形成を営むかぎりは、どの地域でもどの時代でも出現する。

暴力性が社会形成に内在するというのは、そういうことである」(1982：226)。

　暴力性に対するこうした観点を念頭において、以下では東・北東アフリカの牧畜民と半農半牧民における戦いの具体例を検討する。

2. ヌエル人にとっての敵——エヴァンズ=プリチャードの古典的研究

　ヌエル（Nuer、ヌアーとも表記される）人は、現在の南スーダン北部とエチオピア西部に居住する牛牧畜民である。生計維持活動として、牧畜のほかに農耕と漁撈や、食用になる野生植物の採集も営んでいる。イギリスの社会人類学者エヴァンズ=プリチャードが1930年代にフィールドワークを行い、調査研究の成果を3冊の著書と多数の論文として公刊した。とくに「ヌエル3部作」と呼ばれる『ヌアー族』『ヌアー族の親族と結婚』『ヌアー族の宗教』は、近代人類学の古典となり、ヌエルの名前は世界中で人類学を学ぶ学徒に知られることになった。

　『ヌアー族』で明らかにされたのは、牛のために生き、牛のために闘う牧畜民の姿であった。牧畜は食料生産の手段として重要であるだけではない。牛は個人間と集団間の社会関係の媒体である。つまり、牛の贈与と交換が社会関係を構築するだけでなく、紛争によって悪化した関係は、賠償として牛を支払うことによって修復される。また、牛は供犠において犠牲にされることによって、人間と超自然的存在（さまざまな「霊」）との関係の媒体となる。牛のために闘うとは、他集団から牛を暴力的に掠奪すること、掠奪された牛を奪還すること、牧畜の営みに必須である牧草地と水場を確保するため他集団と争うことを意味している。「ヌアーは、人間を滅ぼすもとは牛だという。なぜなら、『他のどんなことよりも牛のために死んだ人が多い』からである」(1997：95)。牛に関する語彙は驚くほど豊かであり、若者は父親から贈られた去勢牛と自分を同一視し、その牛を愛でる詩を作って吟ずる。日常会話では、「話題が何であれ、絶えず牛に言及せざるをえないため、つねに牛に関心が集中し」(1997：94)ている。

　『ヌアー族』が明らかにしたもうひとつの重要なことは、ヌエルの社会は

政治権力が中央集権化されていない、つまり王や首長が存在しない「分節社会」（segmentary society）であることだ。こうした社会では、社会の構成単位である分節間の対立、つまり分裂と融合のメカニズムが構造を維持している。社会の分節化は以下のごとくである。まず、ヌエルという民族は、15ほどの部族から構成されている。エヴァンズ＝プリチャードが調査を実施した1930年代には、ヌエル全体の人口は約20万人であった。各部族の人口は、数千人から4万人程度だった（1997：208-209）。各部族は、通常一次セクション、二次セクション、三次セクションの三段階の分節から成る。部族を含むこれらの各段階の諸分節は、明確な地理的領域と結びついた地縁集団である。各段階の諸分節の関係を規定しているのは、父系の血縁関係である。

　さて、ヌエル人の社会では、どのような暴力的紛争や戦いがあるのだろうか。「ヌアー人は好戦的なため頻繁に人が殺される。年配の人で棍棒とか槍の傷跡をもたない人はめったにいないほどである」（1997：261）。殺人の原因となるようないさかい事としては、「牛をめぐるもめごと、雌牛や山羊が他人の畑のモロコシを食べ、被害にあった男がその動物をぶつこと。他人の幼い息子をなぐること。姦通。乾季における水利権。牧草権。所有者の許可なしに他人の持物、とくに踊りのための装飾品を借りること」（1997：261-262）などがある。

　殺人事件が生じると、被害者の父系の血族は加害者の血族を殺して復讐をなしとげる義務を負う。復讐は復讐を呼び、報復闘争、あるいは血讐（blood feud）という暴力の連鎖状態が発生する。加害者と被害者が属する分節体系内の構造的位置に従って、紛争はセクション間の戦いに発展する場合がある（1997：261-272）。こうした戦いの結果、ヌエルの社会が無秩序状態になってしまうことはない。むしろ、「報復闘争は一つの政治的な制度」であり、社会の構造は戦いの結果維持されているとエヴァンズ＝プリチャードは論じている（1997：276）。

　報復闘争は、賠償の支払いによって調停が可能であるが、ヌエル人同士でも部族が異なる場合は、調停は不能になる。それは、ヌエル人と他民族であるディンカ人とのあいだの紛争の場合も同様である。つまり殺人は、ヌエル

第Ⅰ部　共生のフィロソフィー

写真1　南スーダン、レイクス州ルンベックの家畜市。牛には商品価値があり、こうした公設の市場で売買される。この地域はディンカ人の土地である（2005年7月、著者撮影）

の社会内部に敵を創り出すといえるが、彼らと隣接するディンカ人は、民族全体として平時から敵とみなされている。「ディンカ族は、記憶にない昔からヌアー族の敵であった」。「歴史や伝承をできるだけ遡ってみても、あるいは、それらを越えた神話の世界を展望してみても、両民族のあいだにはつねに敵愾心が存在していた。そしてほとんどの場合ヌアーの側が侵略者であった。彼らにとっては、ディンカを襲撃することは正常な状態であり、義務でもあった」（1997：221）（写真1）。

　ヌエル人は、ディンカ人を襲撃し、その牛を掠奪しつつ敗北したディンカ人を自らの社会に取りこみ、領域を拡大してきた。歴史的にみれば、民族の境界を越えてヌエル人になったディンカ人が多数いるのである。

　敵との共存の側面からみると、『ヌアー族』は、戦いが規範から逸脱した異常事態ではなく、政治制度の一部であり、それによって社会の分節間の関係が構築されることで、全体の構造が動態的に維持されていることを明らかにしたといえる。

110

しかし、「好戦的なヌエル」というステレオタイプ的なイメージは、後年歴史学者であるダグラス・ジョンソンや人類学者のシャロン・ハッチンソンらによって批判されることになった。19世紀中期以降、ヌエル人の居住地域は、白ナイル川を遡行してやって来たエジプトや北部スーダンの武装商人や軍隊の侵入を受け、絶えず戦争状態にあった。20世紀に入るとイギリスによる植民地化に抵抗したため、1930年ころまで植民地政府軍との戦闘が継続した。政府にとってヌエルは「まつろわぬ民」であり、軍事的征服の対象であった。エヴァンズ＝プリチャードが調査を開始した時期、植民地政府軍によるヌエルの軍事的平定は最終段階を迎えていたが、まだ継続中であった。「好戦的なヌエル」のイメージは、こうした歴史的文脈のなかで構築されたものであり、とくに植民地政府のイギリス人軍人・行政官に共有されていた。エヴァンズ＝プリチャードの認識は、こうした当時の状況の影響を受けていたのだと、批判されたのだった。本論では詳しく述べないが、ジョンソンやハッチンソンの研究は、ヌエルとディンカの境界地域では、両者のあいだに敵対的関係だけでなく、共住、交易、通婚、牧草地の共同利用といった共存の関係も存在していることも指摘している。

本章との関連では、ヌエル人とディンカ人の関係について、後年の研究者たちが行った修正は、敵対と共存は排他的なのではなく、社会関係の両面であるという議論を支持する例であることを確認しておく。

かつて「未開民」であったヌエル人とディンカ人は、第二次スーダン内戦（1983年〜2005年）において主要な役割を演じ、2011年に独立した南スーダン共和国においては、指導的な政治家、大臣や国会議員、外交官や軍隊の将軍等を輩出している。カナダ、アメリカ、オーストラリアには、難民として再定住したヌエル人やディンカ人の数万人規模のコミュニティが存在する。彼らは私たちの同時代人としてグローバルな世界を生きている。2011年末に、この新しい国で勃発した内戦は、ヌエル対ディンカの民族紛争という側面を有している。この現在進行中の紛争を理解するうえで、エヴァンズ＝プリチャードの研究がどの程度有効なのかは、探究に値する興味深い課題である。『ヌアー族』は遠い過去の古典ではなく、現代的意義を有している

といえる。

3. ダサネッチ人にとっての敵との戦い

エチオピア西南部から南スーダン南東部、ケニア北西部、ウガンダ北東部にまたがる地域における民族集団間の戦いに関しては、人類学的研究が蓄積されてきた。そこにおける日本の人類学者の貢献も大きい（福井 1999；栗本 1996）。佐川徹の『暴力と歓待の民族誌—東アフリカ牧畜社会の戦争と平和』(2011) は、こうした研究に新展開をもたらした、優れた民族誌である。従来の研究は集団間の関係に主要な関心があったのだが、佐川は個人レベルに焦点をあてることによって、戦いを志向する集団の特性と、敵である他集団との関係のあり方に、新たな分析の視点を確立した。こうした視点には先例があるが（河合 2004）、豊富な実証的データに基づき、記述と分析を徹底したところに佐川の研究の独創性がある。

佐川の調査研究の対象であるダサネッチ（Dassanetch, Daasanach）人の土地は、ケニア・南スーダンとの国境地帯であるエチオピア西南部に位置している。この地域は、トゥルカナ湖に注ぐオモ川の氾濫原である。総人口約5万人のダサネッチは、主として農耕と牧畜を生計維持手段として暮らしている。彼らは、六つの民族集団と隣接しており、そのうち二つは友好的な「われわれの人びと」であるが、残りの四つ、つまりトゥルカナ(Turkana)、ニャンガトム（Nyangatom）、ハマル（Hamar）、ガブラ（Gabra）は戦争の対象となる「敵」とみなされている。敵のうち、トゥルカナとガブラはケニア領内に、ニャンガトムは南スーダンとエチオピアの両方に居住している（佐川 2011：91）

敵との暴力的紛争を意味するダサネッチ語には、「スッラ」(*sulla*) と「オース」(*osu*)の二つがある。どちらも敵の殺害と家畜の掠奪を目的としている。前者は数名から数十名の若者たちが参加する小規模な襲撃で、後者は大規模なものは1000名以上が参加する組織的で計画的な戦いである。佐川は後者を「戦争」、両者を含めたものを「戦い」と呼んでいる（2011：192-194）。

佐川が聞き取りをした10代から70代までの174名の男のうち、84％が戦争に行ったことがあり（40代以上に限ると全員）、67％が家畜を掠奪したことがあり、18％が人を殺した経験があった（2011：201-203）。戦争に行った回数は、平均3.4回であった。この数値は、年齢層ごとにばらつきがあり、当然のことに10代では1.3回ともっ

写真2　自分の家畜囲いの前で、銃を手にして座る男性。掠奪者から家畜を守るために銃は必須の所持品である。左手に持っているのは、牧畜民特有の木製椅子兼枕。南スーダン、東エクアトリア州キマトン（2004年1月、著者撮影）

とも少なく、40代以上ではほぼ5回であった（2011：225-226）。この地域では銃が広く普及しており、戦闘で使用される主要な武器となっている。佐川が聞き取りを行った164名の成人男性のうち、48％が小銃を所有していた。そのうち87％は自動小銃であった（2011：195）。

トゥルカナ人とのあいだでは、1950年代後半から1960年代半ばにかけて戦争状態が継続した。最後の「ナリゴバレ村の戦い」では、ダサネッチの大部隊がトゥルカナの村を攻撃し、数百名を殺害し、家畜を掠奪した。敵の血は「川のように流れた」と言われている（2011：137-141）。その後、両者の関係は比較的平穏な時期を迎えたが、1980年代から2000年代には再び悪化し、断続的に戦いが続いた。この時期になると双方が自動小銃を取得し、戦いにおける主要な武器となっていた（2011：166-169）（写真2）。ニャンガトムとのあいだでは、1972年の「ニビリャガの戦い」で、ダサネッチが数百名のニャンガトムを殺害して以降、約20年にわたって戦争が続いた。1980年代になると、大量の自動小銃を獲得したニャンガトムは攻勢に転じ、南スーダンのトポサ（Toposa）人と連合してダサネッチの村々を攻撃した。1988年から翌年にかけて敢行された三度の攻撃では、数百名のダサネッチが殺され、数千頭の家畜が掠奪された。圧倒的優位な火力を誇っていたニャ

ンガトム側の死傷者はわずかだった。一連の敗北の後、ダサネッチも自動小銃を獲得し、ニャンガトムと互角に渡り合えるようになった。1990年代半ば以降は、大規模な戦争は終息している（2011：152-165）。

　ダサネッチと敵である隣接諸民族集団とのあいだには、横断的紐帯（cross-cutting ties）が存在する。佐川は、これらを共住、交易、友人関係、親族関係の四つに分類して検討している（2011：第5章）。共住とは、民族集団間の境界地帯で、家畜の放牧地や耕作地を共同で利用し、隣り合って住むことである。相互訪問し、食事やコーヒーを提供して相手を歓待する。交易品は、家畜、銃、穀物（主食のモロコシ）、生活用具、装身具など幅広い。友人関係は、たんなる友だち以上の関係である。儀礼によって確立される制度化された関係であり、双方の家族はお互いを訪問しあい、贈り物を交換する。また、友人関係は世代を越えて継承される。佐川の調査によると、169名の男性中、71％が異民族の友人を有しており、ひとりあたりの友人数は3.2名であった。友人全体の半数以上は、激烈な戦いを繰り返してきたトゥルカナとニャンガトムであった（2011：276-277）。他民族との親族関係の契機は、結婚と養子である。170人の成人男性中、41％が近親者に他民族の女性と結婚した者がおり、18％の近親者が他民族から養子を取ったことがあった（2011：284-285）。

　ダサネッチと近隣の敵との血塗られた戦いの歴史は、集団レベルの関係の特徴である。しかし、個人レベルに注目すると、敵である集団のメンバーとのあいだに、さまざまな横断的紐帯が存在するのである。佐川は、ダサネッチにとって、敵／味方を分断する境界は、一切の社会的相互作用を遮断する「切断的境界」ではなく、一時的な「暫定的境界」であると論じている（2011：311-312）。ダサネッチと近隣集団との関係は、「『敵』の成員が共住や相互往来を重ねている状態から、明確な境界の形成を経て戦争が勃発し、さらに戦争後に再び平和が取り戻される過程」（2011：341）の繰り返しと捉えることができる。その過程で、「個人間の相互行為は、見知らぬ他者を客として歓待し『友』になることと、戦いで他者を『敵』として殺害することという二つの極として展開している」（2011：342）のである。

近隣集団との戦争状態が集結し、平和的関係が回復するときに、個人間の横断的紐帯がおおきな役割を果たすことも指摘されている。また、個人レベルに注目した調査は、多数の男性が戦争に赴くのは事実だとしても、参加しない男性もかなりの数にのぼること、戦場で遭遇した敵のなかに横断的紐帯を有する「友」を見つけた場合は、戦場から離脱することもあることを明らかにした。以上は、戦争に参加して敵を殺すべきであるという社会的規範より、個人の選択が優越することを示しており、重要である。

　民族集団の境界を越えた横断的紐帯についてもう少し考えてみよう。この紐帯に最初に注目したのは、イギリスの人類学者マックス・グラックマンだった。彼は、民族間の平和的な関係を保障する要因として、民族間の境界を越えて、異なる民族の個人間で結ばれたさまざまな横断的紐帯を重視した（Gluckman 1955）。東・北東アフリカの牧畜民社会における横断的紐帯に関する研究を発展させたのは、ドイツの人類学者ギュンター・シュレー（Schlee 1989, 2008）であった。

　彼は、ケニア北部からエチオピア南部に居住する、さまざまな牧畜民の社会のあいだに、同じクラン（氏族、父系出自集団）が、言語や民族の境界を越えて存在することに注目した。この事実は、境界を越えた個人間の相互作用を保証する。つまり、異なる民族の土地を訪れたとき、同じクランのメンバーを探し出せたら、一族として遇してくれるからである。クランは社会の基礎的集団であり、民族集団に固有のものと考えられていたので、シュレーの「発見」は、民族集団とはいったいなにか、および民族集団間の境界とはなにかという問題に新たな光を照らすものであった。

　彼は、クラン関係のほかに、ダサネッチの場合と同様、通婚、交易、友人関係といった横断的紐帯を論じている。こうした紐帯は、たしかに集団間の共存にとって不可欠な要因である。敵との共存という文脈で重要なのは、グラックマンの考えに反して、横断的紐帯は民族間の平和的関係を保証しないし、暴力的紛争の拡大を防止するのに役立つこともないと、シュレーが結論していることである。横断的紐帯があっても、人びとは戦うべきときには戦う。ただし、戦いが終わったあとに平和的関係を回復するときに、横断的紐

帯が貢献することはある（Schlee 2008：49-51）。これは、ダサネッチと近隣民族集団をめぐる戦争と平和の問題と横断的紐帯の関連に関する佐川の議論と一致している。

4.「好戦的な未開人」と私たちの距離

本章の最初に、日本の読者は、「アフリカの『未開民』や『部族民』の戦いは、自分たちの日常とはほど遠い、神話か悪夢の世界の出来事だと感じるのではないだろうか」と述べた。たしかに、本章で取り上げたヌエル人やダサネッチ人の過剰ともいえる暴力性と、それにもかかわらず、暴力を行使する相手である敵と共存可能であることは、私たちの想像力の範囲を超えているかもしれない。現代の日本人は、どのような状況であっても人間を殺すことは悪であると考えているのに対して、ヌエル人やダサネッチ人は、ある状況下では敵は殺すべき存在であると考えている。こうした差異は絶対的なものではないことを、まず指摘しておこう。1945年までの近代日本においては、交戦状態にある異国の敵を殺すことは正しいことだったのである。

敵と味方という分類は、私たちと他者（彼／彼女たち）という分類の一部である。本章で論じた事例から明らかになったのは、以下の2点である。第一に、敵と味方の境界は絶対的なものではなく、時間とともに、あるいは状況によって変化することがある。第二に、敵対的関係と共存的関係は二律背反ではなく、表裏の関係であることである。2番目の点を言い換えると、共通の利害があるから敵対もするし共存もできるということだ。現在の日本に暮らす人びとは、さまざまな「私たち」と「彼／彼女たち」から構成されている。両者の関係は平等で対等の場合もあるし、そうでない場合もある。そうでない場合とは、ある種の「私たち」が、ある種の「彼／彼女たち」を好ましくない、あるいは排除されるべき存在とみなしている事態のことである。こうした他者は、物理的な暴力が行使されることはないにしても、いわば「敵」と同様の立場に置かれているといってもよいのではないだろうか。

こう考えてくると、現在の日本に暮らす人びとにとっても、「敵との共存」

は必要であるということになる。佐川の用語を借りれば、私たちとこうした他者との境界が「暫定的境界」ではなく「切断的境界」である場合、つまり社会的相互作用が存在しない場合、日本という同じ空間に暮らしていても共存しているとはいえない。さまざまな他者と、状況によっては対立しつつも、共存できる可能性を確保しておくこと、他者との境界を切断的なものにせず暫定的なものにしておくこと、これは古今東西南北を問わず、人間にとって普遍的な課題である。

(栗本英世)

【参考文献】

エヴァンズ＝プリチャード、E. E.（1997）『ヌアー族―ナイル系一民族の生業形態と政治制度の調査記録』（向井元子訳）平凡社

福井勝義（1999）「オモ川・ナイル川流域地域におけるエスノシステム―錯綜する民族名と民族間関係の解読に向けて」『季刊民族学』90号、28-50頁

Gluckman, Max（1955）*Custom and Conflict in Africa*. London: Blackwell

今村仁司（1982）『暴力のオントロギー』勁草書房

カルドー、メアリー（2003）『新戦争論―グローバル時代の組織的暴力』（山本武彦訳）岩波書店

河合香吏（2004）「ドドスにおける家畜の掠奪と隣接集団間の関係」田中二郎ほか編『遊動民(ノマッド)―アフリカの原野に生きる』昭和堂、542-566頁

栗本英世（1996）『民族紛争を生きる人びと―現代アフリカの国家とマイノリティ』世界思想社

佐川徹（2011）『暴力と歓待の民族誌―東アフリカ牧畜社会の戦争と平和』昭和堂

Schlee, Günther（1989）*Identities on the Move: Clanship and Pastoralism in Northern Kenya*. Manchester: Manchester University Press

Schlee, Günther（2008）*How Enemies are Made: Towards a Theory of Ethnic and Religious Conflicts*. New York: Berghahn Books

【読書案内】

エヴァンズ＝プリチャード、E. E.（1997）『ヌアー族―ナイル系一民族の生業形態と政治制度の調査記録』（向井元子訳）平凡社
　　中央集権化された政治権力が存在しない社会で、戦いを通じて構造がいかに維持されているかを解明した人類学の古典。原著は1940年に刊行された。

佐川徹（2011）『暴力と歓待の民族誌―東アフリカ牧畜社会の戦争と平和』昭和堂
> 戦争と平和、暴力と歓待という永遠の課題に挑んだ、若手人類学者による優れた民族誌。国際的にみても高い水準の研究である。本書は約8年間にわたった長期のフィールドワークの成果であり、京都大学大学院アジア・アフリカ地域研究研究科に提出された博士論文を改訂したものである。大学院生にとっては、ひとつのモデルとして参考になる。

栗本英世（1998）『未開の戦争、現代の戦争』岩波書店
> 人間はなぜ、いかに戦うのかを人類学的に考察した成果。「未開社会」の戦争から、現代世界の内戦や民族紛争までを論じている。日本語で刊行された人類学的研究では、戦争を主題とする最初の著書。

今村仁司（2005）『抗争する人間（ホモ・ポレミクス）』（講談社選書メチエ）講談社
> 社会的存在としての人間が内包する暴力性、および暴力によって構造化される秩序についての根源的で挑戦的な考察が展開されている。本章で言及した『暴力のオントロギー』（1982年）とその内容は重複するが、23年後に刊行された本書は、入手しやすいだけでなく、大幅に改訂された最終版であるといえる。

第Ⅱ部

共生のサイエンス

9

多文化社会の心理学

　本章ではまず、文化の重要性を強調する心理学的アプローチに着目しながら、人間科学における心理学的研究法について概観する。次に、多文化社会や多文化主義を概念化するうえでのいくつかの重要な問題について検討する。さらに、多文化主義的な文脈のもとで心理学的研究を行ったり、心理学の研究結果を活用したりすることにかかわる問題点について考察を加える。

1. 人間科学としての心理学

　科学の一分野としての心理学では、特に心と行動との関係に着目して人間の行為を理解しようとする。心理学が採用する方法論的・概念的アプローチは多岐にわたっている。そのうちのいくつかを挙げるなら、量的および質的なデータの使用・実験・観察調査・疫学データやシミュレーションの利用などがある。心理学的なテーマやトピックのもとで行われる実証研究は、人間の行動についての疑問を解くうえで必要な、客観的な妥当で信頼できる知見の総体をさらに発展させていくものだと言いうる。心理学はさらに、認知心理学・社会心理学・発達心理学など、多数のさまざまな学術的な下位分野によって構成されており、人間のあらゆる心的活動や行動を記述・測定・予測する。研究テーマとしては、記憶、学習、情緒、知性、注意、社会的行動、生涯発達、健康や福祉などが挙げられよう。心理学の中には、実践家たちが人間の認知的・行動的・社会的機能を最適化したり強化したりするために利用する、臨床心理学、教育心理学、カウンセリング心理学などといった、多くの応用的分野が含まれる。

心理学、特に社会心理学から派生した分野で重要性を高めているのが、明確に文化的な視点に立つアプローチである。異文化間心理学、文化心理学、多文化心理学、あるいはその他の類似のアプローチがある。これらは、心理学的な問題を概念化したり探求したりするうえでの、文化的現象の重要性を強調する。ただ、どれだけ文化を強調するかという点についてはばらつきが大きい。あるものは、人間の心理的機能を決定する要因として文化的要素を強調し、また他のものは、心理学的行為がいかに文化によって媒介されているかに注目する。例えば、異文化間心理学においては、異なる文化を比較することによって、異なる文化的文脈における個人の心理的機能の違いを明らかにしようとしてきた。これらのアプローチではしばしば、人間の基本的な心理的機能は多かれ少なかれ同じであること、あるいは文化的諸要因の影響は特定集団内においても年齢層によって異なりうること等を明らかにしてきた。国や文化を超えた共通の心理学的現象を見つけようというアプローチとして人気を博してきたのが、国際心理学である（Bullock 2012）。対照的に、文化的に多様なある環境内での個人や集団の心理に焦点を当てようというアプローチもある（Mio, Barker & Tumambing 2011）。これらのアプローチにおいては、普遍的な心理学理論を打ち立てることではなく、各個人や各集団に固有の心理的実践を理解することに焦点が当てられる。

2. 多文化社会と心理学的アプローチ

　多文化社会というものが理論や実践において実際に何を意味しているのかを考え、何らかの多文化主義的哲学の検討を行う（Song 2014）うえでの重要なポイントは、これまで心理学においては、諸社会における集団間あるいは集団内での多様性の問題が伝統的に注目されてきたということである。ここで言う多様性とは、文化という視点から見た場合のそれである。そこには、言語・民族・宗教的実践やその他の要素が含まれる。多文化主義に関する多くの研究や理論は民族的・宗教的ディアスポラ（つまり特定集団の移民による影響）を主として検討してきたとはいえ、今日の多文化主義では、対象社

会におけるより広い範囲のマイノリティ集団（例えば、性的・ジェンダーマイノリティ、障害者、政治的マイノリティなど）を含めて検討することが日常化してきている。たとえば、対象社会のさまざまなマイノリティ集団が、マジョリティ集団に最低限認識され、承認されている固有の集団的ニーズを持っていること（例えば、Taylor 1994）、あるいは他のグループの権利を制約・制限し、再配分する可能性のもとで彼らのニーズにより直接的に応えること（Fraser & Honneth 2003）等について、検討が加えられるようになってきている。後者の例としては、日本の公文書や公共施設において、日本語以外の言語（例えば、英語、韓国語、ポルトガル語など）がどのくらい使われているかを考えてみればよいだろう。逆に権利の制約という問題に関しては、しばしばイスラム教をターゲットにしていると思われる、フランスの公立学校での宗教的服装の着用制限を考えてみるとよい。

多文化社会に関心をいだく心理学者は、その構築にとって非常に大切だと思われる、子どもの発達、心理学的健康や福祉、教育、マーケティング、言語の役割、重要な集団力学的側面（例えば差別・偏見や人種差別主義）といった、いくつかの鍵となるテーマやトピックに注目する。また、多文化主義という概念に対して、政治のあり方と人々の認識と姿勢がどのように関連しているかという問題にも注目が集まりつつある（Berry & Sam 2014）。同様に発展しはじめているもう一つの研究分野が、多文化社会におけるアイデンティティの問題である。このなかには、ジェンダーと性に関する研究、ポストコロニアル研究やアイデンティティ問題にかかわるさまざまな学際的研究（Wetherell & Talpade Mohanty 2011）などが含まれる。

多様な人々がもともと居住していたことによって定義づけられる多文化社会がいくつも存在する一方で、多文化主義を明示的に採り入れてきた（つまり、公共政策や立法等の手段を通じて、その展開と普及を図ってきた）アメリカ合衆国、オーストラリア、カナダ、アルゼンチン、インド、マレーシアといった国々も存在する。どのような社会を「多文化社会」と呼びうるかという問題は、もちろん一筋縄でいくものではない。とりわけ「多文化である」ことには何が含まれるかという問題は、しばしば激しい議論や論争の的にな

る。とはいえ、これまで文化的に同質的だとされてきた社会も含め、およそ社会なるものはそもそも多文化的な要素から構成されているという考えが、今日徐々に広まりつつある。例えば、社会的アイデンティティを明確で完全な民族や人種や国民といったカテゴリーに制限しない考え方を積極的に採用するなら、日本も、無数の文化集団によって構成されていると理解することができる。

　移住という形での国際的な人口移動（外国への移民と外国からの移民の両者を含む）は、ますます人間の心理的機能を理解するうえでの重要な枠組みとなりつつある。ほとんど瞬間的ともいえる通信の高速性や、世界の「他の」文化への意識の拡大は、歴史的に例を見ないほどの度合いで文化的に多様な諸集団や諸個人の相互作用を増大させている。例えば、2012 年の OECD 加盟国への永住移民の数は、大規模国家でありながら年間の移民数が 1000 人に 1 人の割合である日本のような国を入れても、平均で 1000 人に 6 人の割合となっている。加えて昨今、難民の数は劇的に増加しており、シリアでの戦闘を逃れて多くの人々が特にヨーロッパに流入している。国際的な学生の移動も見逃せない側面であり、外国に籍のある学生の数は 2000 年から 2 倍に増加している（OECD 2014）。

3. 心理学研究の今日的課題

　心理的現象の普遍性の問題に戻ると、この分野で最も大規模なプロジェクトである「公開科学共同研究」（Open Science Collaboration）は 270 人の研究者で構成され、評価の高い社会心理学の学術雑誌 3 誌に 2008 年に掲載された 100 の実験結果の再現を試みている（Open Science Collaboration 2015）。その結果、元の結果を再現できたものは 50％ 未満にとどまった。しかしながら、こうした結果が出るのは、なにも社会心理学にかぎったことではない（Ioannidis 2005）。十分な再現が行われないまま一定の主張がなされることがあるという方法論上の問題は、幅広い研究分野において見られる構造的な問題である。さらに深刻なことには、再現失敗率は、本当のところ 80％ を

超えるとも言われている（Baker 2015）。さらに言えば、上記の再現プロジェクトでは、評価の高い研究雑誌に掲載された研究を対象にしたこと、元の研究者と再現者とが緊密な協働関係を結んでいたこと、比較的容易な手法を用いている論文を再現チームが選ぶ傾向にあったことが知られており、それゆえに、実験の再現は比較的容易に行われたに違いないのである。

　元の結果の再現がうまくいかないことの理由の一つとなりうるのが、心理学理論や実証研究の構築や検証に当たって、文化というものが十分に注目されてこなかったことである。例えば、ヘンリッヒらによる非常に影響力のある論文（Henrich, Heine & Norenzayan 2010）では、西洋（Western）の、教育水準の高い（Educated）、産業化された（Industrialized）、裕福な（Rich）、そして民主的な（Democratic）社会からサンプルが採取された研究が、広い範囲にわたる人間の心理や行動についての偏った、不正確な概念化を導く可能性が高い、という問題が論じられている。ちなみにこの論文では、上記の五つの特性を備えた社会を、五つの特性の頭文字をとって、WEIRD な、つまり奇妙な社会と呼んでいる。

　さらに彼らは、基本的に西洋の大学生から得られた調査結果やデータに支配されている心理学の先行研究は、人類全体についての推論や結論を得るためには全く不適切だと、強く結論づけている（Henrich, Heine & Norenzayan 2010：82）。典型的な調査対象者が、若い、白人の、北米に住む男子大学生である心理学調査の結果が、日本文化の文脈に一般化できる可能性などほとんどないだろうことを考えてみるといい。さらに彼らは、知能、視覚、協力、カテゴリー化、推論的帰納法、道徳的推論、人格といった、これまで多く探究されてきた心理的現象の研究は、このように限定された人口の内部においてさえもきわめて大きな多様性が見いだされることを示しており、人間の行為や行動の不変性についての主張を行うことにはきわめて大きな困難がつきまとうと主張している。

　こうした近年の主張は、社会心理学におけるこれまでの概念的・理論的発展に呼応したものだと考えることができる。社会心理学における主要な発展の一つが、1980 年代前半に登場した「言説への転回」（turn to discourse）で

あり、それは、人間の社会的行動における言語や言説の中心的役割を強調するものであった。どのような形であれ、言語に焦点があてられることになれば、心理学の理論や概念に疑いもなくさまざまな文化的・言語的関心が付け加えられることとなるだろう。言説や言説的実践の分析の重要性を強調するアプローチは、心理学を何の疑いもなく客観的な人間の行動に関する科学だとはせず、心理学自体を自らの探究の対象として構成する道を開く（Rose 1998）。この意味では、科学的企てとしての心理学は、文化的社会的伝統の具体的な表現として成立し、それらの伝統を個々人の内部で具現化する（すなわち、心理的傾向や特徴や過程として）ものだと理解することができる。ここで重要なのは、探究のテーマやトピックから見た場合の心理学は、おそらく多岐にわたるさまざまな課題、とりわけ多文化主義やそれに関連する諸概念の探究において、言語や言説的実践の重要性を十分に焦点化することができないかもしれないという点である。

4. 個性記述的アプローチか法則定立的アプローチか

　ここまでで見てきたように、文化の重要性が過小評価されている心理学の先行研究を参照することには慎重であるべきであり、逆にそれぞれの文化に固有な実践に目が向けられている研究を活用していくべきであることがわかるだろう。別の言葉で表現するなら、心理学的問題に対して、法則定立的アプローチ（すなわち、客観的現象の一般的法則を確かめようとする）を採用するのか、個性記述的アプローチ（すなわち、しばしば主観的な現象を理解しようとする）を採用するのかという違いを検討しなければならない。もし「宇宙的な」視点を採るとするなら、人間文化全体、つまり、人間の文化を構成する多数の異質な実践の全体が「単一の文化」であるかのごとく扱えることになる。生命はこの惑星の上にのみ存在することが知られており、複雑な文化の総体にアプローチしようとすれば、それは人類という単一の種を扱うということに他ならなくなる。地球外の文化（すなわち、*exoculture*）を調べることができるようになるまでは（あるいは、それができなければ）、

私たちは、地球上の種として自らの文化実践を見つめる特権的な枠組みを手に入れることはできないのである。それでもなお私たちは、固有の諸領域を立て人間文化についての研究を進め、特定の行為や行動の相互関係や差異を見出そうとする。そうした研究は、いかなる特徴が特定の文化を独特の、あるいは他とは異なる文化として成立させているのか、またすべての文化はいかなる基本的要素を共有しているのか、を主張するために行われている。

　私たちは、実験によって検証可能な、人間文化に関する頑強な理論を持ち合わせているわけではない。手元にあるのはむしろ、外側からは確認することのできない観察事例の堆積物である。この事態は、しばしば「イーミック／エティック問題」と呼ばれている。この問題を乗り越える一つの方法は、心理学研究において、法則定立的アプローチではなく、明確に個性記述的な方法で研究を行うことの重要性や価値を強調することだといえる。人間科学における個性記述的アプローチは、すべての人間に一般化できる個人や集団に関する主張を打ち立てようとするのではなく、むしろ特定の文化的状況や文脈における人間の行為や行動の、詳細で首尾一貫した説明を提供することを目指している。こうした立場は、すべての人間の行動を統制している共通の原理を導こうとする法則定立的アプローチとは、はっきりと一線を画するものである。

　このことは、実践においてどのような重要性をもつのか。心理学理論や概念や実証研究の結果は、さまざまな応用分野（たとえば、教育、カウンセリング、臨床的アセスメントなど）に適用される。その際に、実践者が自らの領域にかかわる概念的な諸課題のみならず、心理学のさまざまな応用的アプローチや実践を生み出している複雑な文化的・歴史的要素に対する深い理解を有することは、きわめて重要である。例えば、日本の心理学の歴史的原点を考えてみよう。他国では、応用的カウンセリングや臨床心理学の伝統は1940年代にさかのぼるが、日本でこれらが日常化したのは1990年代前半になってからのことである（Sato 2005、Fumino 2005）。西洋の心理カウンセリングや臨床的アセスメントの手法を日本の文脈に単純に移植することは、日本固有の文化の、さらにはそこにおける心理学的諸実践の複雑さを見失っ

てしまうことにつながるだろう。

5. 結論

　多文化社会や多文化主義を構成しているものは何かという終わりのない哲学的・政治学的議論を考慮するなら、私たちは、現代の心理学概念や理論・研究結果の蓄積を多文化社会の問題へ無条件に適用することには慎重になるべきである。心理学において文化の重要性を強調する種々のアプローチが影響を強めるなかで、人間科学の一分野としての心理学が、人間の行動の普遍性とみなしうるものをまだ何も明確に見いだせていないという事実に、私たちは思いをいたす必要がある。とりわけ、西洋の心理学が圧倒的な影響力をもっている状況のなかで、それらの心理学理論が、非西洋文化や社会を理解しようとするうえで限定的な有効性しかもちえないという事実は、深刻に考えなければならないことがらではある。

　さらに私たちは、多文化社会においては、心理学的主張を行いたいと思う人々の集団を容易に認識・分類・記述できると考えることにも慎重でなければならない。それをしてしまうことは、かつて科学の一領域としての心理学の発展を妨げたときと同様の、概念的・方法論的失敗を繰り返すことになるからである。

（ドン・バイサウス）
（二羽泰子訳）

【参考文献】

Baker, Monya (2015) "Over half of psychology studies fail reproducibility test" *Nature News* (August 27)

Berry, John W. & Sam, David L. (2014) "Multicultural societies" In Veronica Benet-Martinez & Ying-yi Hong (eds.) *The Oxford handbook of multicultural identity* 10.1093/oxfordhb/

Bullock, Merry (2012) "International psychology" In Irving Weiner (ed.) *Handbook of psychology, volume 1: History of psychology* (2nd edition) Hoboken

Fraser, Nancy & Honneth, Axel（2003）*Redistribution or recognition : A political-philosophical exchange*（＝2012，加藤泰史訳『再配分か承認か？―政治・哲学論争』法政大学出版会）

Fumino, Yoh（2005）"Establishment of new universities and growth of psychology in postwar Japan." *Japanese Psychological Research* 47（2）

Henrich, Joseph ; Heine, Steven J. & Norenzaya, Ara（2010）"The weirdest people in the world?" *Behavioral and Brain Sciences* 33

Ioannidis, John P.A.（2005）"Why most published research findings are false" *PLoS Medicine* 2（8）

Open Science Collaboration（2015）"Estimating the reproducibility of psychological science" *Science* 349（6251）

Mio, Jeffrey ; Barker, Lori & Tumambing, Jaydee Santos（2011）*Multicultural psychology : Understanding our diverse communities*（3rd ed.）New York : Oxford University Press

OECD（2014）"Recent developments in international migration trends" In *International Migration Outlook 2014*. OECD Publishing

Rose, Nikolas（1998）*Inventing our selves. Psychology, power and personhood*. Cambridge University Press

Sato, Tatsuya（2005）"The history of psychology in Japan" *Japanese Psychological Research* 47（2）

Song, Sarah（2014）"Multiculturalism" In Edward N. Zalta（ed.）*The Stanford encyclopedia of philosophy*（Spring 2014 edition）

Taylor, Charles（1994）'The politics of recognition" In Amy Gutmann（ed.）*Multiculturalism : Examining the politics of recognition*. Princeton University Press（25-73）（＝1996，佐々木毅，辻康夫，向山恭一訳『マルチカルチュラリズム』岩波書店）

Wetherell, Margaret & Talpade Mohanty, Chandra（eds.）（2010）*The Sage handbook of identities*. Sage

【読書案内】

Henrich, Joseph ; Heine, Steven J. & Norenzaya, Ara 2010 "The weirdest people in the world?" *Behavioral and Brain Sciences* 33 : 61-135.

この論文では、多くの心理学の実験調査のレビューを行うと共に、それらの調査結果は、WEIRD な社会(西洋の、教育された、産業化された、裕福で、民主的な) 成員が、人間心理学の一般化された主張をするうえで最も不適切な代表者だということを示していると論じている。さらに、この論文には広範囲にわたる研究者による反応があり、重要な論点の解

明や批判を提供している。
国際異文化間心理学協会(International Association for Cross-Cultural Psychology, http://www.iaccp.org)のホームページ
多文化社会に対する心理学的なアプローチに関する有用な情報を提供している。特にこの協会では、ウェブで広範囲な読み物のコレクション(*Online Readings in Psychology and Culture*)を提供しており、http://scholarworks.gvsu.edu/orpc/からアクセスできる。

Benet-Martinez, Veronica & Hong, Ying-yi（eds.）2014 "The Oxford handbook of multicultural identity" 10.1093/oxfordhb/9780199796694.001.0001
このネット上の編集された選集は20章から成り、多文化社会でのアイデンティティ研究に有用なトピックへの、理論的、応用心理学的な多岐にわたるアプローチを網羅している。

10

高齢者における共生の重要性

1. 高齢期の社会関係

　この1週間の生活を思い返してほしい。皆さんの中でこの1週間、誰とも話さず、メールもLINEもせずに過ごした人はいないだろう。山籠もりをする修行僧や仙人のような生活をしていない限りは、回数や時間の長短は違っても、日常生活の中で自分以外の誰かと何らかの関わりがあったはずである。他者との関わりは人間の生活には欠かすことはできない。まさに、社会生活は他者との共生関係と言えよう。本章では、高齢者は社会の一員という視点から、高齢期における共生について考える。

　もちろん、社会の一員であるのは高齢者だけではない。私たちは、家族・友達・仕事の同僚・近隣などさまざまな人たちとの関係性の中で社会生活を行っている。ただし、高齢期は仕事からの引退や親しい人たちとの死別などにより、長らく安定していた人間関係が大きく変化しやすい。さらに、体力の低下や慢性疾患のために自らを支える力が弱まることから、それまで以上に他者からのサポートが必要になる。つまり、支える側から支えられる側に移行する時期といえる。こういった観点から見ると、高齢期（者）は共生を考える上で欠かすことができない対象なのである。ただし、時代の推移とともに現在、元気な高齢者が増えてきている。大雑把に前期高齢者と呼ばれる65歳から75歳ぐらいまでは周りを支える年代、後期高齢者と呼ばれる75歳以上で支える側から、支えられる側へ移行していく年代と考えると高齢期を理解しやすいだろう。

第Ⅱ部　共生のサイエンス

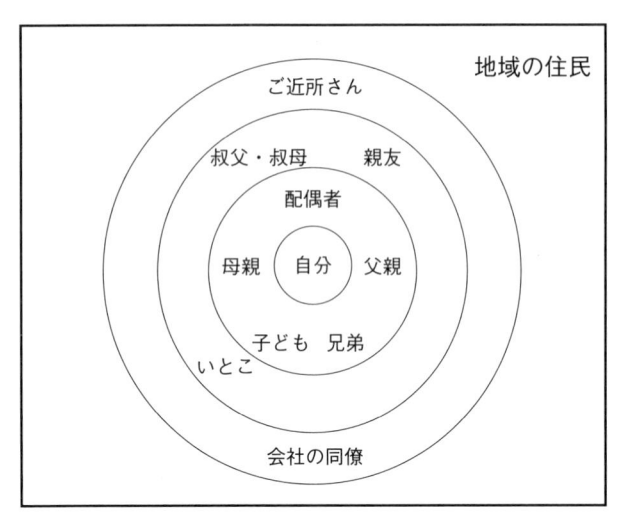

図1　社会関係の中のネットワーク概念図

　図1には、本章で扱う社会関係の大きな枠組みを示す。まず、自分を囲む同心円に注目してほしい。この中には個人を中心として、配偶者や子どもから職場の同僚といった直接知っている人たちが入っている。この同心円はコンボイモデル（Convoy model）と呼ばれる、個人の社会関係を総合的に表現する方法である。コンボイとは護送船団を意味し、人が自分を取り巻く人を支え支えられて生活していることがイメージできる。コンボイを構成する人たちとの関係が、個人の健康や幸福にとって重要であることに異論がある人はいないだろう。次に、太い四角の枠に注目してほしい。この枠は地域コミュニティを表す。そこには直接知らない人たちも生活している。コンボイの内側にいる人と違って外側にいる人は、自分と同じ地域に生活していても接触の機会は限られている。ところが、直接知らない人たちの存在もまた、個人の健康や幸福にとって重要である。本章では、高齢期の共生を考える上で、共生の対象となる集団として、コンボイの構成員を直接知っている人、その外にいるコミュニティの構成員を直接知らない人と呼ぶ。

2. 直接知っている人たちからの影響

　コンボイの内側にはさまざまな関係性の人が複数存在する。人によってモデルは異なるが、典型的なモデルは、中心に配偶者や子ども、その外に友人や親戚、さらに外には職場関係の人が存在する。私たちはこれらのコンボイの構成員との交流を通じてさまざまな影響を受ける。もちろんそれらの人たちとよい関係を持てることが心身の健康に良いわけなのだが、コンボイは加齢に伴って変化するという特徴がある。例えば、仕事から引退すると職場関係の人との関係性は弱くなる。その時にどのようにコンボイを再構成するかといった問題は、その後の心身の健康に影響するのだ。近隣の人たちとの関係を新たに構築するのか、それとも孤高をめざすのか、大きな選択といえる。

　問題は、新たな人間関係を構築したくても、方法がわからない人たちがいることだ。実際に、地域サロン活動や独居高齢者のお宅訪問など、社会として高齢者の孤立を防ぐさまざまな取り組みが実施されている。しかし、うまく地域で生活できていても、さらに高い年齢になれば、ボランティア活動や趣味活動などへの参加も難しくなるという問題がある。と同時に、加齢に伴う機能の低下が進むと、これまで社会的な活動を通じてつながっていた外周に位置する人たちとの関係は弱くなり、ヘルパーさんやケアワーカーさんたちがコンボイの成員へと変化する。このように同心円の外周の人たちは、加齢に伴って変化しやすい。一方、中心にいる親族との関係は生涯あまり変わらないと考えられている。逆に加齢に伴って機能が低下しても、それまでと同じような関係を持ち、受容する支援が増えることで関係性が強化されると言われる。

　ただし、この変化が加齢に伴う機能の低下によって仕方なく生じる受動的な変化なのか、高齢者自身が積極的に選択した能動的選択なのかに関しては議論の余地がある。社会情動的選択性理論（Socio-emotional selectivity theory）と呼ばれる加齢に伴う心理的な変化に関する理論がある。この理論に基づくと、同心円の中心の人との関係が増えるのは、高齢者自身の選択の結果だと

考えることができる。この理論では、人間は加齢に伴って残された時間が少なくなってきたと感じると、精神的な安寧を求めるようになると考えられる。知らない人と話すのは緊張するが、一方で親しい知人とは安心して話せる。つまり、精神的な安寧はそれらの人たちと交流することで高まるのである。それ故に親しい人と関係を強めるという選択を高齢者が積極的に行っていると考えることも可能である。私たちは高齢者というと機能低下にともなってネガティブな感情が増えると考えがちだが、この理論からは必ずしもそうではないことが示唆される。ただ、近年は長寿命化によりネットワークの中心いる子どもが先に亡くなることも増え、その時に誰がその役割を果たすようになるのかといった問題も増えている。

　コンボイモデルでは、上記のように加齢に伴って変化する人間関係をうまく記述することが可能である。しかし、幸福感や健康との関係を分析するためには、もう少し単純化した指標が必要となる。代表的な指標は、構造的な側面である社会的ネットワーク（Social network）と、機能的な側面である社会的支援（Social support）の量である。ネットワークとサポートは、似ているように思えるが、詳細にみると異なることがわかるだろう。子どもとの関係で考える。子どもが5人いたら子どもが1人の人よりもネットワークという側面では大きい。しかし、実際に困ったときに支援してくれるのは、1人かもしれない。ただし、サポートという側面から見ると、1人しか提供者がいなくても手厚く支援してくれれば十分な支援を受けることが可能なのである。

　高齢期には、社会的ネットワークの大きさや、社会的サポートの強さが、死亡や認知症の罹患リスクを下げるといった、豊富な社会的な関係が健康面に与えるポジティブな影響が知られている。しかし、かならずしも量が多ければ良いというだけではないようだ。例えば、ネットワークが大きいと多くの支援を受けることが可能かもしれないが、さまざまな人からサポートを受けると反って心理的な負担が増えることも指摘されている。社会情動的選択性理論が示唆するように、数少ない親しい人との関係の方が、ストレスが少ないのだろうか。また、サポートに関しては、人から一方的に受けているだ

けの状態よりも、他者に支援を提供すること、お互いに支援のやり取り（互恵性）がある方が精神的健康にとってよい影響があることが指摘されている。後述するが、共生を考える上で互恵性は非常に重要な考え方の一つである。

3. 夫婦関係と親子関係

　夫婦関係や親子は、コンボイの中心に位置する最も重要な関係で、心身の健康に与えるインパクトはその他の関係よりも強いと言える。夫婦関係に関しては、まず、男女ともに有配偶である方が、健康や幸福感に良いことが知られている。なお、日本では有配偶であることのよい影響が見られるのは男性のみで、女性では逆の影響があるということも指摘されている。また、女性は配偶者の聴覚の低下や健康の悪化が精神的健康に影響するにも関わらず、男性ではそのような影響が小さいことも知られている。高齢期には配偶者との死別を経験しやすくなる。配偶者との死別は人生で最も悪い出来事と評価されるが、多くの研究で配偶者を失った後に健康を損なったり、余命が短くなったりすることが報告されている。なお、死別の影響は男性の方が強い。

　このように、性別や文化の違いはあるものの、高齢者にとって配偶者の存在は重要である。特に、夫婦であることの機能的な側面に注目するとその重要さがよくわかる。高齢期は、さまざまな機能が低下するが、新しいことを覚えること（エピソード記憶）の低下は、認知機能の側面における代表的な変化である。「年をとると記憶力が悪くなって」と高齢者が訴えるのを聞いたことがある人も多いと思う。しかし、高齢夫婦が一緒に記憶課題に取り組めば、若い夫婦や他人の組み合わせよりも成績が良いことを示した実験も存在する。筆者はかつてあるテレビ番組で、100歳の男性が自動車を運転する際に、助手席に乗った奥さんが、実に見事なタイミングで進行方向の指示を出し、無事に目的地に到着するのを見たことがある。長年にわたる夫婦関係は、夫婦でいることのストレスもあり、喪失することのリスクも大きいが、うまく円熟させることができると、お互いの機能低下を補いあえる理想的な共生関係を築くことが出来るのである。

第Ⅱ部　共生のサイエンス

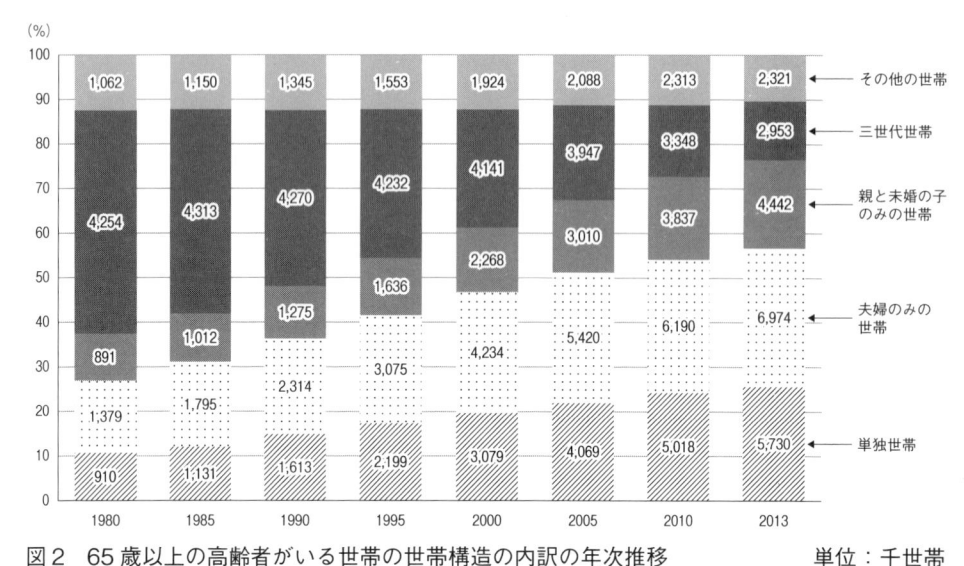

図2　65歳以上の高齢者がいる世帯の世帯構造の内訳の年次推移　　　単位：千世帯

　親子関係は、時代の推移に伴って大きく変化している。戦前、我が国の戸籍制度は「家」を中心にしており、戸籍上の「家」は、戸籍に登録されている構成員が存在しなくなっても「家」は消滅せず、必ず誰かが養子に入るなどして戸籍上の「家」は維持されるしくみであった。同時に、「家」を継承するもの（多くの場合長男）は家の財産の大半を相続する代わりに、親の老後の世話に対して責任を持つという慣習が江戸時代から続いてきた。そのような状況下で親子関係は、社会制度の枠組みの中で成り立っていたと言える。
　戦後は、戸籍法の改正に伴い、「家」の継続が必須ではなくなり、財産を長男だけが相続するという制度も消滅した。つまり、親子関係の在り方に関して自由度が増えたのである。実際に時代の推移とともに家族の構造は変化した。統計をみると1980年には高齢者と子どもが同居している世帯は約70％であったが、現在は約40％に減少している。特に三世代同居の割合は、約50％から13％と大幅に減少している（図2）。「サザエさん」や「ちびまる子ちゃん」で繰り広げられる家族の交流は、現代では珍しいものと言えるだろう。

2000年には介護保険制度が導入された。その目的の一つは高齢者の介護の担い手を家族から地域へと移行させることであり、実際、介護提供世代の心身の負担を低減することに大いに貢献している。一方、戦前生まれの親を持つ子どもは、親の面倒は子が見なければならないという意識が慣習として残っていたために、実際に親の面倒を見てきたにも関わらず、自分の子どもには面倒を見てもらえないというジレンマを抱えていると指摘されている。

先に、互恵性について紹介した。高齢者が子どもに迷惑をかけたくないというのを聞くことが多い。援助を一方的に受ける状態の負の側面を表している表現だと言えるだろう。近年、元気な高齢者が増加し、元気な人が多い前期高齢者は、子や孫に物を買ってあげたり、養育を手伝ったりするといったように、若い世代に対してさまざまなサポートを提供している。また、ボランティア活動などに参加し、他の人に対してサポートを提供する機会もある。しかし、後期高齢期には、徐々にサポートが必要になってくる。互恵性を時間の流れで捉えると、親の世代は、直接的な支援だけでなく、次の世代が恩恵を享受しているさまざまなインフラストラクチャーを構築してきたと考えることができる。介護費用や年金の問題などネガティブな側面に目が行きがちであるが、世代のバトンタッチという視点から、年齢や状況に応じてサポートの互恵性にタイムラグがあると考えることも可能だろう。そうであれば、高齢期に援助を受けることを、ネガティブに考える必要もなくなるかもしれない。

4. 直接知らない人たちからの影響

前節では、直接知っている人たちからの影響について紹介したが、ここからはコンボイモデルの外にいる、直接は知らない人たちも含めたより広範な人たちからの影響について紹介する。図1は地域コミュニティであるが、市町村単位で考えることも、都道府県や国単位で考えることも可能である。共生というと直接接触がある対象を思い浮かべるだろうから、直接は知らない人に影響を受けるという表現は、奇異に感じると思う。もう少し具体的な例

を挙げる。

　もし皆さんが健康診断で、生活習慣病だと指摘されたとする。きっと体を動かすことが必要だと考えて、近所に安価で利用できる体育館がないか、気軽にできる運動器具が設置された公園がないか探すだろう。食後に1時間散歩をするように生活習慣を変えようとするのではないだろうか。周りにいる人に応援してもらえれば、その計画はうまくいくかもしれない。しかし、生活習慣を変えるのは大仕事である。なにかあれば、すぐに元に戻ってしまう。そこで重要になるのが、コンボイの外にいる、周りにいる人たちの存在なのである。例えば、近所に最新器具の入った体育館ができたとしても、そこを利用する人たちのマナーが悪く更衣室がいつも汚れていたらどうだろうか。公園にある運動器具の順番待ちで、横入りする人が多いとか、近所でひったくり事件が頻繁に起きていればどうだろうか。生活習慣の改善はとても難しいに違いない。付け加えると、ひったくりの多い地域に住んでいたら、外出するだけでストレスを感じざるを得ず、それだけでも精神的な健康に悪い影響があることが指摘されている。

　一方で、ロッカーを丁寧に使う人が多く、お互いのことを信頼し運動器具の順番待ちのいざこざがほとんどなく、気持ちよく運動ができる体育館だったらどうだろうか。最新の器具が入っていなくても利用したいと思うだろう。また、地域の人たちが防犯活動に力を入れていて、夜でも安心して外出できたり、歩道の脇に花壇が整備されていたりすれば、散歩をする頻度も高くなるだろう。そのような地域では地域活動も盛んかもしれない。例えば、中高年期の運動不足が問題視されていることを、地域の人たちが自分たちの問題ととらえ、定期的に今流行のご当地体操をする会などが開かれているかもしれない。

　このように、地域に生活している人たちがもっている見えない力は、体育館や公園の運動器具といった目に見える資本と同等に地域や個人の発展に寄与すると考えられている。そして、前者のような社会のインフラストラクチャーを経済学的観点から社会資本（Social overhead capital）と呼ぶのに対して、後者のように直接は目に見えない地域に暮らしている人たちが醸し出

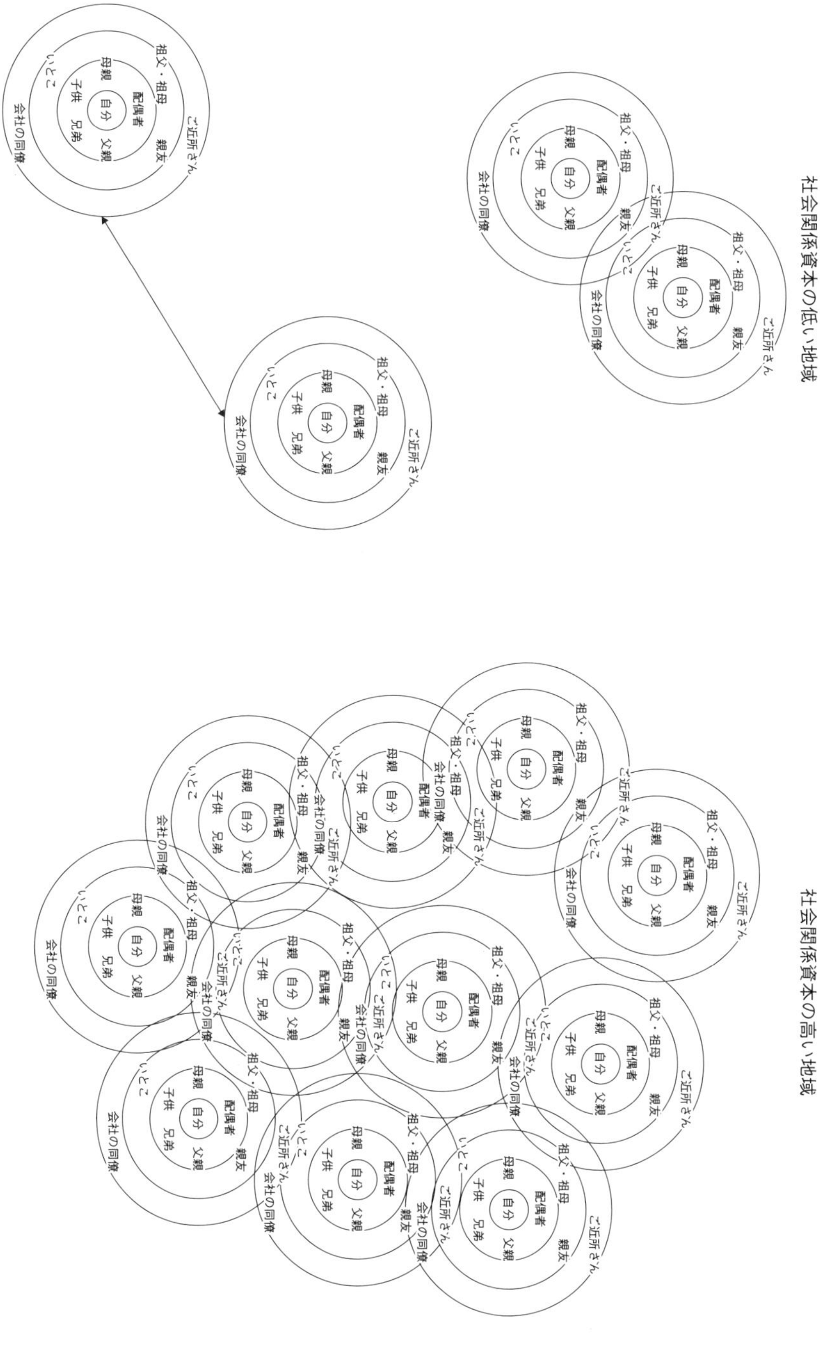

10 高齢者における共生の重要性

図3 社会関係資本の高いネットワークと低いネットワークの概念図

社会関係資本の低い地域

社会関係資本の高い地域

139

す全体的な雰囲気や環境は、社会学的な観点からソーシャル・キャピタル（Social capital）、もしくは社会関係資本と呼ばれ、その効果が研究されている。社会関係資本がなにを指すのかを簡単に理解するのは難しいが、社会関係の研究ではコンボイの構成員の間の関係の量や質が個人の心身の健康に与える影響に注目するのに対して、社会関係資本の研究では、地域に存在する個々のコンボイ量や質の総体やコンボイ同士の結びつきや連携の強さが、地域の発展を通じて個人の心身の健康に与える影響に注目するのが特徴と言える（図3）。

社会関係資本は一般的に地域単位で評価されることが多い。具体的には、まず第一に周りの人たちをどれだけ信頼できるか（信頼）、社会的な貢献を意識しているか（規範）、人と人、組織と組織のつながり（ネットワーク）があるかといった質問に対する個人の態度を測定する。次にその質問に対する回答を地域間で比較し得点が高い人が多ければ多いほど、地域の社会関係資本は高いと考えるのである。

社会関係資本の考え方は、仏教説話の天国と地獄に例えられる。天国も地獄も真ん中にご馳走がならんだ円卓をたくさんの人が囲んでいて、そこにいる人々の手には長い箸が握られている。環境は同じだが、1点だけ異なる点がある。天国の住民は長い箸を使って他の人にご馳走を食べさせるのに対して、地獄の住民は自分で食べようとするために、だれもご馳走を食べることが出来ないのだ。まさに、共生の本質を指摘しているといえる。これは、古くからある説話であるから、自分も含めて周りにいる人たちの考え方や態度が、コミュニティの幸福を支える見えない力であることは、われわれの常識だといえる。しかし、この力は、直接目に見えないがために時代とともに徐々に意識されなくなっていた。近年、公衆衛生分野で社会関係資本が地域に住む人たちの心身の健康に影響するという報告が相次いでなされ、その重要さが改めて注目されている。

日本では、幅広い年齢を対象に地域の格差や収入の格差といった社会関係資本に注目したJGES（Japan Gerontological Evaluation Study: http://www.jages.net/）というプロジェクトが知られている。その成果では、社会関係資本が

10　高齢者における共生の重要性

高い地域に住んでいる方が、自己の健康度を高く評価する、あるいはスポーツ組織への参加者が多い地域の方では転倒が少ないといった、地域の特性が高齢期の健康に影響する可能性が報告されている。「健康日本21」という、厚生労働省が提唱する、国民の健康増進の推進に関する基本的な方向や国民の健康の増進の目標に関する国民運動がある。この方針や目標に基づき、自治体は、住民のためのさまざまな施策を実施する。その中に高齢者の健康に関する目標があるが、2013年に発行された最新の内容

2枚の写真は、筆者が高齢者を対象にした調査を行っている兵庫県朝来市のある地区の運動会の様子。4世代にわたる人々が参加している。(撮影：松本清明)

では、地域のつながりの強化、具体的にはお互いに助け合っていると思う国民の割合を増加させるという目標として挙げられている。この政策目標は、社会関係資本に関する研究成果が反映されたものである。

　人間の生涯を見ると、周りから支えられて大きくなる時期に始まり、次第に支える側に回り、互恵的な関係を持つ時期を経て、最後に周りから支えられる時期を迎える。これまでは、家族を中心としたコンボイが個人を支える

基礎となってきた。しかし、時代の推移に伴って家族構成も変化し、今後一人暮らしの高齢者の増加が見込まれている。そのような状況で、個人が生涯をしあわせに送るためにコミュニティが果たす役割が注目されている。目に見える人との共生から目に見えない人との共生へと、時代は変化しているといえよう。個人、個人を取り巻くコンボイの構成員、その外にいるコミュニティの一員、日常生活で私たちは同時に多くの役割を担っている。個々人がそれぞれの役割の意味を理解し、高齢者がしあわせに生活できる社会を目指し、高齢期の問題は自分の将来の問題だと捉えて、世代を超えて共生するためのアイデアを考えることが必要である。

(権藤恭之)

【読書案内】

佐藤眞一・権藤恭之編（2016）『よくわかる高齢者心理学』ミネルヴァ書房
　高齢者心理学に関する、基礎的な要素から応用的な要素までわかりやすく解説した本。トピックごとに見開きで紹介されている。

イチロー・カワチ、高尾総司、S.V. スブラマニアン編（2013）『ソーシャル・キャピタルと健康政策：地域で活用するために』日本評論社
　社会関係資本の研究の第1人者である、イチロー・カワチによる、研究の実践的な側面が多く紹介されている書籍。日本における、高齢者の健康促進のための介入プログラム「りぷりんと」が紹介されている。

近藤克則（2010）『「健康格差社会」を生き抜く』朝日新書
　本章で紹介した、日本における社会関係資本の調査研究JAGESの成果が報告されている書籍。社会関係資本の基礎的な考え方も紹介されている。

医療科学研究所自主研究委員会（2014）『健康の社会的決定要因に関する国内外の調査研究動向―ソーシャル・キャピタル編―最終報告書』
　WEBに公開されている社会関係資本の研究動向に関する詳細な報告書。深く勉強したい人におすすめ。（http://www.iken.org/project/sdh/pdf/SDH_SC_report.pdf）

11

国際協力と人類学

1. 人類学と他者理解

　国境を越えた支援活動、それが国際協力である。支援という営為を、子どもや高齢者の面倒をみたり、家族や親族のなかで食物を分かち合ったりすることも含めた意味で捉えるならば、それは人類にとって常に欠くべからざるものとして存在してきた。これに対して、地縁や血縁などの限られたネットワークを越え、国家という枠をも越え出た支援活動が世界各地で活発に繰り広げられるようになるのは、長い人類史のなかでは比較的最近のことである。しかし、歴史が浅いとはいえ、人、物、資本、情報のグローバルな移動が質量両面で飛躍的に増大し、「国際的な共生」という課題が一層重要性を帯びたものとして立ち現れるようになってきている昨今の状況に照らせば、国際協力はその望ましいあり方の実現に向けた取り組みを行ううえで、主要な役割を担いうるものであることは間違いない。

　ところで、「国際的な共生」とも深い結びつきをもつこの国際協力という営為に、人類学はどのようにかかわることができるのだろうか。そもそもかかわる余地はあるのだろうか。本稿ではこれらの問いについて考えてみたい。まず人類学とはどのような特徴をもった学問なのか、本稿の内容と関係する範囲で簡単に説明することからはじめよう。

　人類学は、人類の進化や自然環境への適応形態などを対象とし、医学や生物学などとも重なる部分をもつ自然人類学（形質人類学）と、世界各地の人々の生業や生活様式、物質文化、慣習、社会関係、信仰、価値観などを対象と

し、社会学や民俗学などとも重なる部分をもつ文化人類学の二つの分野に大別できる。本稿では人類学という語を後者の文化人類学と同義のものとして用いる。

　人類学はしばしば「異文化理解の学」や「他者理解の学」と呼ばれてきた。自らとは異なる人々の生活、社会、文化などを理解しようとすること。大雑把にいえばそれが人類学の目的である。この目的に迫るために人類学ではフィールドワークが行われる。フィールドワークは、それ抜きにしてこの学問は成り立たないといっても過言ではないほど、人類学のなかで重要な位置を占めている。

　もちろんフィールドワーク（現地調査）は人類学だけに固有のものではない。ほかの分野でも広く用いられているが、そこでは目立たないいくつかの特徴が人類学のフィールドワークにはある。その最たるものが、フィールドワークを行う人類学者が現地の人々と1年から2年の間、生活をともにしたり、彼ら彼女らの近くに住み、長期にわたって頻繁に通ったりしながら情報収集することである。また、人類学者がもっぱら単独、もしくは少人数で現地に滞在し、通訳を使わず自ら現地語を習得して情報を集めること、その際には聞き取り（インタビュー）と参与観察が主な手段として使われることなども特徴として挙げられる。

　ここで最後に挙げた参与観察は一般的な意味での観察とはやや異なる。観察の場合、対象と一定の距離をとり、客観的に把握するという意味合いが強い。これに対して、むしろ対象との距離を縮め、積極的にそれにかかわりながら把握しようとするのが参与観察である。踊りを例にとるならば、参与観察では踊り手たちを常に客観的かつ傍観者的な立場から眺めるのではなく、自らも実際に踊り手となって踊りながらそれを体感したり、踊りが踊られている場の状況を捉えようとしたりする。それによって、たんなる観察だけでは理解することの難しい、踊り手が踊るときに経験する身体的な感覚などに迫ることのできる可能性が開ける。もとより長期間現地に滞在し、現地語を習得しながら情報収集するという人類学のフィールドワーク自体、理解の対象とするものごとの担い手である人々に積極的にかかわることを通じて行わ

れるという点で参与観察といえる。

　この参与観察や人類学のフィールドワークのもう一つの主要な手段である聞き取りは、いずれも質的調査法と呼ばれており、対象を狭く深く把握することに適している。一方、対象を広く浅く把握するのに適した手法は量的調査法と呼ばれ、アンケート調査などはこちらに含まれる。フィールドワークのなかで量的調査法よりも質的調査法が中心的に使われていることからは、人類学では比較的限定された対象を深く理解することに比重が置かれているのが窺えよう。

　人類学で目標とされている「対象を深く理解すること」とは、別の表現を使えば、理解の対象とするものごとをその担い手である人々の視点から理解する、つまり自分目線ではなく相手目線で理解するということでもある。もちろん自分が相手に成り変わることなど不可能だから、完璧に相手目線に立つこともできないだろう。しかし、そのように自分と相手が異なる存在であり、そのために双方のものの見方も違うであろうことを念頭に置きながら、ひとまず自分目線を棚上げにして相手の視点からものごとをみてみようとする。長期間現地に滞在したり、現地語を習得したりするのもそのためだ。そうすることで、自分にとって当初は奇妙な風習やたんなる迷信にしかみえなかったものが、次第にそのように単純には片付けられないものとして立ち現れてくるかもしれない。相手の視点から理解しようとするということは、言い換えればそうした可能性を追求することでもある。

　以上のように自分と相手の差異を手がかりとし、相手の視点からものごとを捉えようとすることを通じて、人類学ではさらに自分のものの見方を別の角度から捉え直し、変えてゆこうとすることも目指される。つまり、「対象を深く理解すること」のみならず、それを通じた「自己の視点の相対化」もまた重要な目標の一つとなっているのである。この点からすると、人類学は「異文化・他者理解の学」であるだけでなく、「自文化・自己理解の学」でもあるといえよう。

2.「参加型開発」

　ここまで人類学の特徴について簡単にみてきたが、あらためて冒頭の問いに戻ろう。そうした特徴をもった人類学は国際協力にどのようにかかわることができるのだろうか。そもそもかかわる余地はあるのだろうか。

　まず後者の問いから答えてしまうならば、「大いにあり」だといえる。いうまでもないことだが、他者を支援する営為としての国際協力が十分な効果を挙げるためには、支援の対象となる相手に関する理解が不可欠である。適切な理解に裏打ちされないまま支援が行われたならば、それは上滑ったものになったり、最悪の場合、相手から拒絶されてしまったりするかもしれない。「他者理解の学」としての人類学は、こうした問題を避けるうえで重要な役割を果たす潜在力をもっている。

　加えて、国際協力のあり方の変化によって人類学のかかわる余地が大きくなっていることも見逃せない。かつての国際協力では、道路などのインフラ整備や病院などの施設建設といった事業が大きな比重を占めていた。とくに日本の政府開発援助ではその傾向が強く、それを称して「ハコモノ援助」という言葉が使われたりした。また、「ハコモノ援助」の場合、援助を行う外国政府機関や国際機関とそのカウンターパートである現地政府機関などが、トップダウン（政府主導）で事業を行うことが多かった。

　このタイプの国際協力は現在も行われており、一定の意義をもつことは確かである。しかし、それだけでは支援活動として十分ではないことが次第に明らかになってくる。そして、そうした事態に対応するためには、活動を対象となる人々の間にしっかりと根づかせ、一過性ではなく持続的な効果を発揮するものにしてゆく必要があること、そのためにはトップダウン型の活動だけでは限界があり、人々の主体的な参加に基づくボトムアップ（住民主導）型の活動にも取り組まねばならないことなどが指摘されるようになった。その結果、新たに「参加型開発」というタイプの活動が世界各地で行われるようになり、今日では国際協力の一大トレンドとなるに至っている。

国際協力に対して人類学のかかわる余地が大きくなったことの背景には、以上のようなトレンドの変化がある。「参加型開発」を行うことでその対象となる人々にも活動に主体的に参加してもらおうとするならば、人々が参加したいと考えるものごととは何か、そもそも彼ら彼女らはどのようなニーズをもっているのか、十分に理解しておく必要がある。また、そうしたニーズはえてして人々の生活や社会のあり方と深く結びついているので、それらも理解の射程に入れておかねばならない。もとより「参加」という概念一つとっても、相手の人々は自分たちとは異なる考え方や価値観をもっているかもしれないし、人々の間にも違いがあるかもしれない。とするならば、それについても理解を怠らないようにする必要がある。

　以上に例として挙げた課題は、いずれも人類学が理解の対象としてきた生活、社会、文化などに関係するものであり、この点で人類学の守備範囲に入ってくるものである。加えて、「参加型開発」をみかけ倒しに終わらせることなく、確かな内実をともなったものにするためには、これらの課題に関する知見を自分目線の皮相なものではなく、相手目線に基づく掘り下げたものへとヴァージョンアップしてゆかねばならない。相手の視点から対象を深く理解することを目標としている人類学は、この点でも理に適ったものといえよう。

　「参加型開発」は、国際協力のなかでもとくにコミュニティ開発をはじめとした社会開発の分野で盛んになったが、今日ではそのほかの分野、たとえば国際医療協力の分野でも導入されている。具体例としてマラリア対策の活動を取り上げてみよう。

　マラリアはハマダラカという蚊が媒介する熱病で、熱帯地域を中心に世界で年間数十万人に上る人々の命を奪っているとされる。ワクチンがないため予防接種で防ぐことはできないが、治療薬はあるので罹ったとしても発症後早い段階で治療をはじめれば比較的容易に治すことができる。したがって、患者の早期発見と治療がマラリア対策の主要な活動の一つとなってきた。

　ただし、それだけでマラリアをなくすことは難しい。この病気を媒介するハマダラカに対する活動も必要である。かつては殺虫剤の散布がその筆頭格

だった。しかし、使われていた殺虫剤DDTの環境や人体に及ぼす問題が明らかになったことや、DDTに耐性をもつ蚊が現れるようになったことなどから、やがて行われなくなる。代わって1990年代頃から盛んになったのが、殺虫剤をつけた蚊帳(かや)を感染地の人々に配り、使ってもらうという活動だった。

マラリアの検査にやってきた母子
（ミャンマー、バゴー地域。2014年2月筆者撮影）

　ハマダラカが人にマラリアを感染させる吸血活動を行うのは夜間である。したがって、蚊帳はハマダラカの吸血活動から身を守る有効な手段になりうる。ただし、殺虫剤のついていない普通の蚊帳は、引っかけたりして網目に裂け目やほころびができるとそこから蚊が入り込むようになり、使い物にならなくなってしまう。

　一方、殺虫剤つきの蚊帳は、その効果によって蚊帳自体に蚊が近寄らず、裂け目などができても使い続けることができる。しかも人々が一斉に使うと一帯の蚊が減るということだった。また、蚊帳は誰もが簡単に使用することができ、なおかつ高価ではないため、世界各地の感染地に暮らす人々に広く使ってもらうこともできる。

　こうした多くのメリットをもつ殺虫剤つきの蚊帳の配布という活動は、「参加型開発」に含まれるものでもある。予防接種や殺虫剤の散布などの場合、基本的に医療従事者や行政などの側が主体となって、ワクチンの接種や殺虫剤の散布といった活動が行われる。この点で、それらはトップダウン型の活動といえる。ところが、蚊帳の配布の場合、医療従事者などの側がそれを配っただけでは期待された効果は現れない。受け取った個々の人々が毎晩それを

使ってはじめて実効あるものとなる。つまり、蚊帳の配布という活動はそもそも人々の参加がないと成り立たないのである。

3. 国際協力に対する人類学のかかわり

　これまで述べてきたことを念頭に置くならば、「参加型開発」としての色彩の強い、蚊帳の配布というマラリア対策の活動に人類学のかかわる余地が少なからずあることは、容易に想像できるだろう。この点について、私が実際にかかわったマラリア対策のプロジェクトの例によりつつもう少し具体的にみてみることで、国際協力に人類学がどのようにかかわることができるのかという問いに対する答えを提示してみたい。なお、ここで取り上げるプロジェクトは日本の国際協力機構（JICA）がミャンマーで実施していたものであり、私は人類学を専門とするJICA短期専門家という立場でそれにかかわった。

　ミャンマーでは全人口（2014年時点で約5100万人）の7割弱がマラリアの感染リスクのある地域で暮らしているとされ（2009年時点）、2011年には約53万人もの患者が出ている（NMCP 2012：4-5）。また、世界保健機関（WHO）の統計（World Health Statistics）によれば、2012年のミャンマーのマラリア死亡率（人口10万人当たりのマラリアによる死亡数）は5.4。これはミャンマーが加盟している東南アジア諸国連合（ASEAN）の国々のなかでは、もっとも高い値である。

　このように統計的にみると深刻な状況であるため、ミャンマー政府はマラリアを保健・医療面での重大問題と位置づけ、対策活動を行ってきた。JICAのプロジェクトは、これと連携しながら状況の改善につなげるべく、2005年から開始された（2015年に終了）。当初活動の舞台となったのは、ミャンマーの最大都市ヤンゴンと首都ネピドーの間に位置するバゴー地域である。バゴー地域の真ん中には山々が南北に連なっており、その山地部に点在する村々がマラリアの恒常的な感染地となっていた。というのも、そこは山地部を流れる川などを繁殖源とするハマダラカの分布域でもあるからだ。

プロジェクトではほかの活動ととともに、山地部の村々に暮らす人々などを対象として殺虫剤つきの蚊帳の配布も行われた。その際に使われたのは殺虫剤入りの繊維でできた蚊帳だった。繊維には工場の製造過程で内部に殺虫剤が練り込まれる。このため殺虫剤が繊維の表面につけられた蚊帳に比べて落ちにくく、効果が長持ちする。また、網目が大きく通気性が良いので、内部に熱がこもらず、熱帯の高温下での使用にも適しているということだった。

しかし、配りはじめてみると、蚊帳に対する人々の評価が必ずしも良いものではないことがわかった。この場合、そうした事態への対応策としてたとえば次のようなことが考えられるだろう。配布している蚊帳の先述したようなメリットを人々にしっかり伝えることで、蚊帳に対する評価を高め、使ってもらえるようにするというものである。だが、この対応策では相手のものの見方が十分に考慮されているとは言い難い。「配布している蚊帳＝メリットがある」という自分のものの見方を相手に一方的に押しつけているだけ、ともとれるからである。もちろんこうした対応策にも一定の効用はあるかもしれない。しかし、蚊帳の配布という活動を「参加型開発」として内実あるものにしてゆこうとするならば、ものごとを自分目線ばかりでなく相手目線から捉えてみようとすることも不可欠である。

以上のような問題意識のもと、プロジェクトではどのような蚊帳が人々に好まれるのか、配っていたものを含めて数種類の蚊帳を村にもってゆき、選んでもらう調査を行った。いわばマーケティング調査のようなものだが、このごく簡単な調査でもっとも多くの人々が選んだのは、花のデザインが表面に描かれた網目のない布製の蚊帳だった。対照的に、プロジェクトで配られていた網目の大きい殺虫剤つきの蚊帳を選んだ者は一人もいなかった。

蚊帳をめぐるこうした人々目線の情報を集め、プロジェクトの一方の担い手であるJICA関係者などに提供すること。それが人類学の専門家である私の数ある役割のうちの一つだった。それは「活動の対象となる人々に関する知見の提供者としての役割」とでもいえるものであり、国際協力にかかわる人類学者ならば、私に限らず多くの者が担うであろう役割でもある。しかしながら、国際協力に対する人類学のかかわりは、人々に関する知見（とりわ

け人類学が理解の対象としてきた生活、社会、文化などに関する知見）を支援者の側に提供することだけに尽きるわけではない。最後にこの点について述べ、本稿を締めくくろう。

　ミャンマーのプロジェクトの例に戻ると、プロジェクトで配っていた網目の大きい蚊帳に比べて、多くの人々が選んだ網目のない布製の蚊帳は通気性が悪く、いかにも暑そうである。そのように（相手目線ではなくこちら目線でみると）デメリットのある蚊帳を人々はなぜ好むのだろうか。それを理解するためには蚊帳のみならず、蚊帳を使っている人々の家族形態やそれが使われている家屋のあり方などにも目を向ける必要がある。

　家族形態に関してみると、プロジェクト対象地域の村々では、三世代同居のように複数の世代が同居している例が多くみられた。また、家屋のあり方についていえば、高床式の母屋が大きな部屋一室と台所だけから構成されており、前者の大部屋が居間と寝室を兼ねているのが一般的だった。そして、この大部屋で老夫婦と子ども夫婦、さらには孫夫婦が寝起きをともにしていた。

　このように複数の夫婦が同じ部屋を共有するなかで、人々の間ではプロジェクトで配布される前から夫婦単位で蚊帳が使われてきた。伝統的に使用されていた蚊帳は網目のない布でできており、内部がみえない。こうした蚊帳を使うことで、各夫婦は同居するほかの家族の視線が及ばない自分たちだけの空間を確保していたのだった。これは新婚の夫婦などにとってはとりわけ重要なことだろう。網目のない布製

花柄の布製の蚊帳
（ミャンマー、バゴー地域。2014年2月筆者撮影）

の蚊帳は東南アジア大陸部では珍しいものではなく、たとえばミャンマーの隣国ラオスの人々の間でも伝統的に使われてきたが、空間を隔てるその機能に着目するならば、これらの蚊帳は蚊帳というよりもむしろ帳(とばり)と呼んだ方が良さそうにみえる。

　私をはじめプロジェクトの一方の担い手であるJICA関係者などの側にとって、蚊帳はまずもってマラリアを予防するための道具(蚊帳)であった。しかし、人々の側からみれば、それは他者の視線を遮り、私的な空間を創り出すために欠かせないもの(帳)である。こうした見方の違いがあるなかで、「参加型開発」としての蚊帳の配布という活動を実効あるものとするためには、人々の見方に立つことによって、それまで自分にとって常識的なものであった「蚊帳＝マラリア予防の道具」という見方を捉え直し、変えてゆく(相対化する)必要がある。したがって、もしプロジェクトの当初計画通りに蚊帳を配布しようとするならば、帳として使うこともできるものを導入するなどして活動を軌道修正してゆかねばならない。ともあれ、ここで取り上げた例からは、「自己の視点の相対化」がキーポイントとなる活動の修正や変更をめぐる一連のプロセスにおいても、人類学が重要な役割を果たしうることがわかるだろう。

　支援する側が良かれと思ってしたことが、相手にとっては「小さな親切、大きなお世話」になってしまう…。そんな問題の生じる危険性が国際協力には伏在している。国際協力の活動、わけても「参加型開発」タイプの活動に取り組もうとする場合、こうした事態は可能な限り避ける必要がある。そのために支援者側は、自分のものの見方や価値観などを別の角度から捉え直し、活動が相手に対するそれらの一方的な押しつけになっていないか、常に注意しなければならない。「自己の視点の相対化」を重視する人類学は、たんにどのような蚊帳が人々に好まれているかといった「人々に関する知見の提供者としての役割」だけにとどまらず、この点との関連でも国際協力に対して重要な役割を果たすことができる。いや、むしろそれこそが国際協力に対する人類学のかかわりの本分であろう。

（白川千尋）

【参考文献】

National Malaria Control Program（NMCP）（2012）*Accomplishment Report on Malaria Control Program in Bago, Magway Regions and Rakhine State in 2010 and 2011 : Bilateral Collaboration between Japanese Government and Myanmar Government Supported through Japan Grant Aid and JICA Technical Assistance.* Yangon : National Malaria Control Program, Department of Health, Ministry of Health, Myanmar

【読書案内】

リオール・ノラン（関根・玉置・鈴木・角田訳、2007）『開発人類学—基本と実践』古今書院

> 国際協力や開発援助に実践的にかかわったり、それらを研究の対象としたりする文化人類学の分野を開発人類学という。本書は開発人類学が盛んなアメリカで出版された入門書。

佐藤寛・藤掛洋子編（2011）『開発援助と人類学—冷戦・蜜月・パートナーシップ』明石書店

> 国際協力・開発援助に実際にかかわった経験のある日本の文化人類学者たちが、国際協力・開発援助と文化人類学の関係について豊富な具体例をもとに論じた論文集。

松園万亀雄・門司和彦・白川千尋編（2008）『人類学と国際保健医療協力』明石書店

> 国際協力のなかでもとくに国際医療協力の分野と文化人類学のかかわりについて多角的に論じた論文集。なお、本稿はそこに所収された私の論文の内容の一部を発展させたものである。

12
腎臓ドナーは何を語るのか
―医療技術と人体組織の経済をめぐる共生学的試論―

序

『それをお金で買いますか―市場の限界』という著作のなかで、哲学者サンデルは次のように述べている。「市場の問題は、実はわれわれがいかにしてともに生きたいかという問題なのだ。我々が望むのは、何でも売り物にされる社会だろうか。それとも、市場が称えずお金では買えない道徳的・市民的善というものがあるのだろうか」（サンデル 2012：284）。こうした市場にまつわる問題を、極めて先鋭的な形で提起しているのが、グローバルな人体組織の経済の拡大という事態である。

20世紀の医療技術の発展に伴い、医療現場で、血液の成分、心臓、肺、肝臓、腎臓、骨髄などが人から人へと移転され、精子提供や卵子提供、代理懐胎が行われるようになっている。人体組織が医療資源として新たな価値を帯びるに伴い、それらが「商品」として取引されるという事態も生じている。血液やその成分、精子、卵子、腎臓などが国境を越えて取引されることもある。医療技術をつうじて人の血と肉がグローバルに流通する、そのような時代に私たちは生きている（ディケンソン 2009）。

このような人体組織の経済の拡大は、さまざまな倫理的、法的な問題をも投げかける。誰が、誰に対して、どのように人体組織を提供するべきか。身体のどの部分は「売買」をしてもよく、どの部分は「贈与」を通じてのみ他者に譲り渡されうるのか。人体組織は、所有の対象となりうるモノなのか。そうでないとしたらそれは何なのか。

本章で取り上げるのは、これらの問題を集約的に提起している現象、すなわち腎臓売買である。後にも見るように、近年、腎臓売買の合法化をめぐっ

て、賛否両論の立場からさまざまな議論がなされてきた。しかし、そうした議論の中では、腎臓ドナーの声に耳が傾けられることは少ない。ドナーという当事者は、腎臓売買をめぐる経験について何をどのように語るのか。彼らの語りは、腎臓売買の倫理をめぐる議論にどのような問題を提起するのか。本章では、これらの問いについて、筆者のフィリピンにおけるフィールドワークにもとづき検討したい。

以下では、まず、近年の腎臓売買の是非をめぐる倫理的問題に関する論議を簡単に紹介する。次に、フィリピンにおける腎臓取引の歴史と現状について述べる。さらに、腎臓売買をめぐるドナーの語りを提示する。最後に、それらが腎臓売買をめぐる論議にどのような問題を提起するかについて考察する。

1. 腎臓売買をめぐる論争

移植医療が20世紀後半に発展し始めて以来、生体腎移植における主なドナーは、患者の近親者であった。近親者は患者との組織適合性が高く、移植手術後に拒絶反応が生じにくいという医学的認識に加え、移植に関わる医師たちの間に近親者こそ患者への愛にもとづき無償の贈与を行いうる存在であるという考えがあったからである（フォックス＆スウェイジー 1999）。しかし、1980年代以降、免疫抑制剤の開発が進むと、生体腎移植ではレシピエントとドナーの組織適合性があまり重視されなくなってきた。それにともない、一部の新興国では、腎臓売買が行われるようになった。また、先進国でも「臓器不足」（脳死移植の待機者リストが脳死後の臓器提供数を遙かに上回る事態）が深刻化した。こうした事情を背景に、腎臓売買の合法化の是非が国際的に議論されるようになってきた。

それでは、腎臓売買・臓器市場についてどのような議論がなされているのだろう。腎臓ドナーに金銭的な見返りを提供することを認めるべきとする議論から見ていこう。

腎臓売買肯定論者が依拠するのが、「自律性の尊重」に基づく議論である。

「自律性の尊重」とは自由主義の原則となるものであり、それは「(1) 判断能力のある大人なら、(2) 自分の生命、身体、財産にかんして、(3) 他人に危害を及ぼさない限り、(4) たとえその決定が当人にとって不利益なことでも、(5) 自己決定の権限を持つ」と要約されうる（加藤 1997：167）。

　貧しき人が富める者に自らの身体の一部を売り渡すという事態に違和感や嫌悪感を感じる人もいるだろう。しかし、病者と貧者が、誰かに強制されたわけでもなく、自ら納得した上で、金銭と腎臓を交換するとき、二人は第三者の権利や利益を侵害しているだろうか。そうでないとすれば、それを法で禁じ、犯罪として処罰するのは、個人の自由の侵害になる。あるいは、結局のところ腎臓売買は本人の利益にならないと考え、その行いを阻止しようとするならば、当事者を「判断能力」の欠如した人と見なすことになる。自由主義的立場に立つ人々は、このように主張し、腎臓売買の合法化を支持する（Radcliff-Richards 1992, 1996）。

　それでは、腎臓売買否定派の議論はどうか。第一に、公正や搾取に関する議論がある。ふつう腎臓売買は、貧しい者と富める者との間の経済格差を利用して成立する不公平な取引である。貧しい人々が困窮という状況のなかで、止むに止まれず腎臓を売るという選択をしても、その選択は本当に自由な選択と言えない。腎臓売買は、貧しい人々の窮状につけ込む搾取である。

　第二に、人格の尊厳にもとづく議論がある。こちらの立場に立つ人は、自由主義的原則にもとづいて市場を拡大させていくと、重要な価値が掘り崩されると考える。腎臓市場は、現在の臓器提供制度を支える利他主義の精神を掘り崩す。また、私たち人間の身体の一部である人体組織に値段がつけられ、貨幣と交換されることになれば、身体は他のモノと同列に扱われることになる。これは、各々がかけがえのない価値を有する存在、すなわち人格の尊厳を貶める（Cohen 2002；Radin 1996）。

　筆者の見るところ、第一の立場は不完全で、第二の立場に依拠せざるをえない。現代社会では多くのモノやサービスがさまざまな状況で金銭と交換されており、なぜ腎臓売買のみが特に搾取的であり、許容しがたいのかという問いが残るからである（Hughes 1996）。しかし、「人格の尊厳」による議論

も、さまざまな疑問を残す。なぜ人体の一部を市場で取引することが、全体としての人間の身体、ひいては人格の尊厳を貶めることになるのか。さまざまな人体組織——血液、精子、卵子、腎臓など——は、等しく人格の一部でもあるのか、それとも、それらの間には程度の差はあるのか。

このように見てくると、腎臓売買が禁止されるか否かという問題は、答えるのが容易ではないことが分かるだろう。「自律性の尊重」と「人間の尊厳」はいずれも近代社会で、どのように人と人が共に社会生活を営んでいくべきかを考える際に、重要な役割を果たしてきた理念である。腎臓売買という現象は、これまで明確に意識されてこなかったこれらの価値の間の緊張を顕在化させるのだ。

2. フィリピンにおける腎臓売買の歴史と現状

フィリピンにおける腎臓売買の歴史は、1970年代後半に遡る。重刑者が収容されているニュービリビッド刑務所で、ある移植医が看守と協力し、受刑者から腎臓提供者を募りはじめた。受刑者は、腎臓提供すれば、恩赦や減刑によって報いられると示唆されていた。しかし、全てのドナーがこうした報いを得られなかったため、さまざまなトラブルが生じたという。こうして、腎臓を提供した受刑者には、金銭が報酬として与えられるようになった（粟屋 1999；de Castro 2003）。

ひとたび人間の腎臓が金銭と交換されるようになれば、その取引の対象が受刑者の腎臓である必然性はない。実際、1980年代後半には、腎臓売買の舞台は、刑務所からマニラ首都圏やその近郊のスラム地区に移っていった。とくに不法占拠者地区に居住する貧困層からドナーが集められるようになり、2000年代になると、腎臓取引周旋ネットワークは地方の農村にも広がっていった。

こうした事態にフィリピン政府はどのように対応してきたのか。2001年に国内外のメディアがマニラ首都圏の腎臓売買について報道しはじめると、保健省は「臓器移植に関する倫理的指針」（2002）を発表し、金銭的報酬を

見返りに受け取ることを前提とした腎臓提供は認めないという方針を示した。しかし、この「指針」にしたがわなかった病院や医師が処分を受けることはなかった。そのため、ブローカーと協力し、患者から多大な診療報酬を得てきた移植医や腎臓専門医たちは、その行動を変えぬままだった。筆者が調査をはじめた2004年には、腎臓提供の周旋が繰り返し行われていることは「公然の秘密」となっていた。

そうした中、保健省は2007年に「フィリピン臓器提供プログラム」の素案を公表した。制度案の骨子は次のようなものだった。(1) 政府から公的に認可を受けた臓器調達組織が、不特定の他者に腎臓を提供することを希望する人々を受け入れる。(2) 腎臓移植を希望する待機者リストから適合的なレシピエントが選ばれる。(3) 実際に腎臓移植が行われると、腎臓ドナーには、術後の休養期間中の生活費の補償や教育費補助などの名目で、一定の金銭や経済的利益が給付され、生命保険と健康保険の保険料も一定期間支払われる。(4) 外国人の患者も、通常の二倍の手術費用を支払うことを条件に受け入れられる。

この制度案が公になると、フィリピン国内外からさまざまな反応があった。一方で、国立病院に移植ビジネスを独占されることを危惧した私立病院は、独自の腎臓提供の斡旋組織の設立へと動き始めた。他方で、プログラムの実施に反対する声もあがった。例えば、カトリック教会は、臓器売買の合法化に反対する声明を発表し、制度案を批判した。また海外からは、国際移植学会や世界保健機関が、制度導入を控えるようにフィリピン保健省に働きかけた。

この制度案の作成に関与した医師や生命倫理学者は、筆者に対して、このプログラムで腎臓ドナーが受け取る金銭やその他の利益は、あくまで腎臓提供によって生じた損失の「補償」や善行への「褒賞」であり、腎臓提供への「対価」や「報酬」ではないと説明した。また、貧者と病者の双方の利益になるこのような腎臓提供のあり方を批判するのは、欧米の価値観の押しつけであると語る人もいた。しかし、結果として、保健省は新制度の導入を断念し、腎臓売買をこれまでより厳しく取り締まる方針を示した。

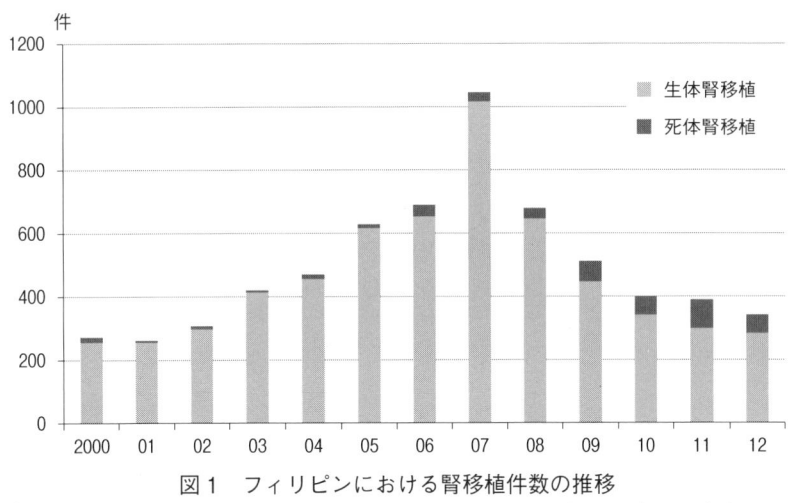

図1 フィリピンにおける腎移植件数の推移
(The Renal Disease Control Program, National Kidney and Transplant Institute and the National Epidemiology Center of the Department of Health, Philippines から作成)

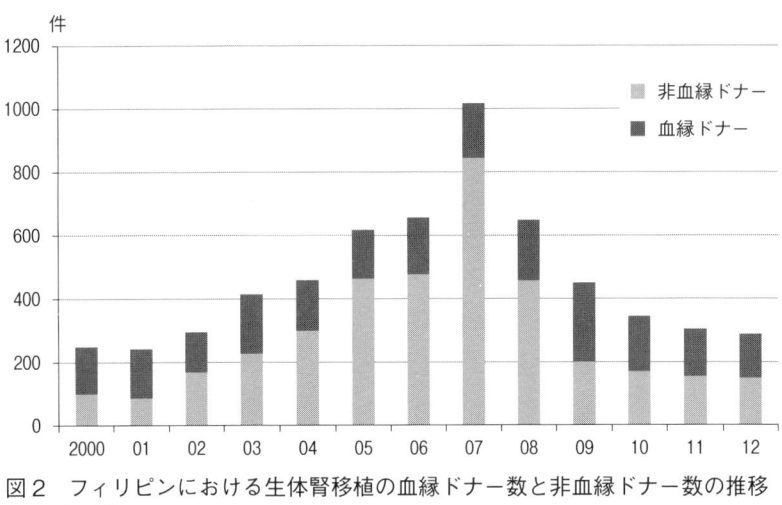

図2 フィリピンにおける生体腎移植の血縁ドナー数と非血縁ドナー数の推移
(同上)

　フィリピンにおける腎臓取引をめぐる政策の変遷は、腎移植の実態にどのような影響を与えたのか。保健省の統計によれば、フィリピンでは年間数百件におよぶ腎移植が行われてきたが、その件数は2001年ごろから急速に増

加し始め、2007年にピークに達し、その後急速に減少している（図1）。また、こうした腎移植の総数の増減は、「非血縁ドナー」の数の増減と連動していることを示すデータもある（図2）。2007年には、非血縁ドナーが生体腎移植件数1017件のうち、844件（83.0%）を占めていた。この割合が2012年には、283件中142件と全体のほぼ半数に低下した。これらのデータは、保健省による腎臓売買や「移植ツーリズム」の取り締まりがそれなりの成果をあげている一方で、未だに多くの腎臓売買が行われていることを示している。

3. 腎臓提供の経験をめぐる語り

「いわくつき」の商品としての腎臓

マニラ首都圏のスラム地区の一部では、腎臓売買が常態化してきた。それでは、こうした取引は、当の地区に住む人々にどのように見なされているのだろう。

筆者が調査中にさまざまな場面で多くの人と「腎臓売買」について話した。そこで筆者が、繰り返し耳にしたのは、腎臓と引き換えに金を得るのは悪い行いである、という言葉である。フィリピンはキリスト教徒社会であり、とくにカトリック教徒が人口の多数を占める。彼らにとって生命や身体は、神からの贈り物である。その一部である臓器を、さらに他者の命を救い、苦痛を緩和するために贈与することは、神の意志に沿う善い行為だが、それを金銭と交換し、利益を得ることはそうではない。このように考える人がフィリピンには多い。

こうした事情は、実際に腎臓の取引が行われているマニラのスラム地区の間でも、あまり変わらない。筆者が主に聞き取りを調査した三つのスラム地区では、腎臓ドナーとなる人は、たいてい怠惰であり、「悪癖」(bisio)（喫煙、飲酒、女遊び、など）を好む人であると多くの人が語っていた。金銭を受け取ることを条件に腎臓を他人に譲り渡すのは、「ならず者」の考える「いかがわしい」行為であり、また、そのような行為によって得られた金は「汚

れた金」である。そうしたイメージが、腎臓ドナーがリクルートされてきたスラム地区でも広がっている。腎臓は、社会の周辺で取引される、逸脱的で例外的な商品、いわば「いわくつきの商品」にとどまっているのだ。

腎臓売買が行われていたマニラ市のスラム地区

　貧しい人々の腎臓を「商品」として取引しようとする医師やブローカー、レシピエントがおり、腎臓提供を「商品化すべきではないもの」の商品化と見なすスラムの多くの住民たちがいる。こうした二つのまなざしに曝されながら、腎臓摘出手術を受け、金銭を受け取る人は、何を経験し、またそれについてどのように語るのか。

悔恨の語り

　筆者があるスラム地区で知人の紹介をとおして出会ったマルセルは、30代で小柄なやせ形の男性だった。マルセルが、自ら腎臓ドナーとなることを思い立ったのは、結婚を控え、安定した収入を得ようと考えたことだった。しかし、ひとたび腎臓摘出手術を受け、18万ペソの大金を手にすると、「初めの計画は吹っ飛んでしまった」という。

　腎臓摘出手術を終えたマルセルは、数ヶ月休養をとり、しばしの贅沢をした後に商売を始めるつもりだった。しかし、彼のもとには、多くの知人や親戚が訪ねてくるようになった。彼らは食事や酒を振る舞われることを期待しており、中には、借金を無心する者もいた。スラムの人間関係の中で、こうした期待を裏切ることは難しい。マルセルは知人や親戚に気前よく振る舞うほかなかった。しばらくすると、ビジネスの元手には不十分な金しか残っておらず、貸した金の多くは返ってこなかった。残されたのは、脇腹にある数

十センチ程度の長さの手術痕である。術後5年を経過した今でも、疲れたときや寒いときなど、軽いうずきを感じることがあることがあるという。

こうした経験を振り返りながら、マルセルは、筆者とのインタビューの中で次のように語った。

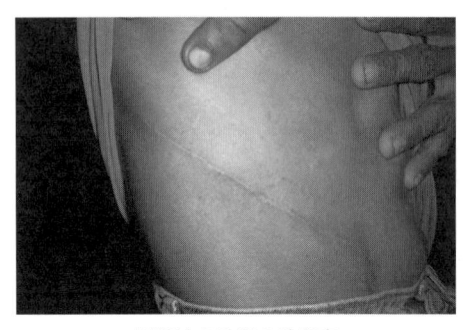

腎臓摘出手術の手術痕

　今では本当に後悔している。腎臓なんて売るべきじゃない。なぜなら、体は神から授かったものだから。五体満足で生まれてきたことを神に感謝しなければならないことがよく分かった。俺は痩せているし、自分が腎臓を売ることになるとは思っていなかったのだけれど…俺がこうして生きていることは神に感謝しなければならない。けれど、腎臓が二つそろったままなら、どんなによかったことか。

　マルセルの言葉から伺われるのは、腎臓という身体の一部を失ったことに由来する喪失感と痛切な自責の念である。

　マルセルが語るこうした腎臓提供のストーリーは、決して珍しいものではない。むしろ、マニラのスラム地区における腎臓ドナーが語る典型的なストーリーと言ってよい。腎臓提供によって手にした金が明確な自身や家族の経済状況の改善に結びついたのか。多くの腎臓ドナーは、腎臓と引き換えに平均年収の数倍にあたる金を得るが、筆者がインタビューした30人の腎臓ドナーの中で、この問いに答えた人は三人のみだった。商売を始めたり、スクウォッター地区で家や土地を手にしたり、電化製品を購入した人もいたが、腎臓摘出手術から数年後には、それらを売ってしまう人が大半だった。彼らの家を訪ねても、彼らの生活は周囲の人々とほとんど変わるところはなかった。

　腎臓と引き換えに大金を手にしたものの、経済的利益を享受するのは一時

のことにすぎず、貧困から抜け出すには至らない。こうした状況にあって、マルセルのように、金銭と引き換えに腎臓を譲り渡したことへの自責の念を語る人がいることも、決して驚くには当たらないだろう。

憤懣の語り

しかし、全てのドナーが、マルセルのように、腎臓提供を「過ち」であるという見方を受け入れ、悔恨の念を語るのかと言えば、そうではない。以下では、そうしたドナーの語りに耳を傾けてみよう。

21歳のときに腎臓提供をしたデクスターは、腎臓提供後に生活が改善したと答えた数少ない腎臓ドナーの一人である。腎臓摘出手術から3年を経過したインタビュー当時、彼自身は運搬人夫として日々の糧を得ていた。スクウォッター地区の掘っ立て小屋に住み、仕事場の近くに野宿をすることも多かった。それでも、彼は腎臓提供の見返りに得た金で田舎に住む漁師の両親に漁船を買った。それは両親が生計を立てるのを助けているという。

マルセルやその他のドナーと比べると、デクスターの腎臓提供の経験はずっとポジティブだった。それでも、デクスターは、腎臓提供の結果について満足しているかといえばそうではない。デクスターは、腎臓摘出手術を終えた後のことを次のように振り返る。

> 俺は、家族から連絡先を教えてもらいたかった。俺は、レシピエントにも会いたかったんだ。いったいどういう状態なのか。彼の命は救われたのか。しかし、彼らは連絡先さえよこさなかった。だから、俺は後悔した。俺が手術を受けたのはこういう奴らのためだったのか、とね。隣人（kapwa）にたいする敬意のかけらもないのさ。［彼らは］俺にとって重要なのは金、金だけだと思っているんだろう。俺にとって、自分が患者を助けることができたということがどれほど重要なことか、［彼らは］わかっちゃいないんだ。

デクスターは、「自分が患者を助けることができたということ」の重要性

について語り、レシピエントが「隣人」（タガログ語のkapwaは、日常的には「同胞」や「仲間」を指す言葉であるが、聖書の「隣人」の訳語でもある）として扱われなかったことに対する憤りについて述べている。

　彼の言葉は、決して特異なものではない。40代の男性で15年前に腎臓を提供した古株のドナーの一人であるアレックスは、レシピエントの姿勢に対する不満について次のように述べている。

> 何回か、俺らはレシピエントの部屋に行こうとした。看護婦が入れてくれなかった。まだ、患者は回復していないからってね。［患者の］奥さんとは話した。奥さんとだけね。彼女は部屋で俺に金を渡した。後で俺は彼らのところを訪ねたいと思った。だけど、連絡先は持ってない。俺の知っているのは、ただパラニャーケに住んでいるってことだけだ。…だから、腎臓を提供する前によくよく考える必要があるんだ。金なんてものは、すぐ消えて亡くなってしまう。だけど、腎臓は、患者が生きるのを助ける。金がなくなった後も、患者は生き続けているのさ。

　ドナーが提供した腎臓は、レシピエントに生という価値のはかりがたい恩恵をもたらす。そうした恩恵は、モノとモノとの交換に縮減されない、相互の気遣いにもとづく人と人の関係のなかでこそ、正当な仕方で応答しうるものである。しかし、レシピエントはその腎臓を一定の金銭でその価値を計りうるものであるかのように扱おうとする。デクスターやアレックスの語りは、そうしたレシピエントの態度に対する憤懣の念を表現していると言える。

　こうしたデクスターやアレックスの「憤懣の語り」は、フィリピンの社会文化的背景に照らしてはじめてよく理解できるものになるだろう。

　フィリピンでは、イトコが腎臓ドナーとなるケースが多くみられる。こうした場合、ドナーに対してレシピエントから、金銭やそのほかの経済的利益（例えば、職のないドナーが商売をはじめる際にビジネスの資金援助をするなど）が「謝礼」として渡されることも多い。これはイトコ同士で腎臓を「売買」していることになるのかといえば、少なくとも当事者は、そう考えてい

ないことが多い。レシピエントからドナーに渡される金銭は、「代金」とは異なる。金を渡した後もレシピエントはドナーに対して簡単には返しきれない「借り」を負っていると考えられている。ドナーは腎臓を提供するだけではなく、レシピエントの病状をその後も気遣い、レシピエントはドナーの生活を気遣う。ドナーがなんらかの理由で困った場合、レシピエントはドナーに対してなんらかの援助を行うように暗黙のうちに期待されている。

　こうした相互的な気遣いにもとづく財のやりとりは、初めは全く面識がなくブローカーを介して出会った患者と腎臓提供者の間にも生じることもある。腎臓提供をしようとする者は、診察や検査を受け、入院し、腎臓摘出手術を受ける過程で、彼らのレシピエントと似た境遇に置かれた末期腎不全の患者たちの姿を目にする。それらは、やせ細り、生気を失った「哀れな」(kawawa)姿である。こうした経験から、彼らは腎臓を譲り渡し、金銭を受け取ることに、モノとモノの交換以上の意味を見出すようになる。実際に、レシピエントに会うこともある。移植後も、ドナーとレシピエントが関係を維持することがある。

　しかし、大半のケースでは、レシピエントは、ドナーと持続的な関係をもつことを忌避する。彼らは、ドナーにつきまとわれ、援助を無心され続けることを恐れる。逆説的にも、こうしたレシピエントの態度は、かつてはドナーの体内にあり、今は自らの体内にある腎臓が、金銭によって価値を計り得ない何かであると、彼ら自身もどこかで認識していることを示唆している。少なからぬドナーが憤るのも、商品を越えた何かを受け取ったことをどこかで認識しておりながら、それを否認し、相互的な気遣いの関係を拒絶するレシピエントに対してなのではないか。

4. 結論

　腎臓ドナーという当事者が、腎臓売買をめぐる経験についてどのように語るのか。それらは腎臓売買をめぐる議論にどのような問題を提起するのか。これが本章のはじめに掲げた問いであった。本章を締めくくるにあたって、

「悔恨の語り」や「憤懣の語り」が、第1節でみた腎臓売買をめぐる哲学的、法学的議論や、第2節でみた保健省のフィリピン臓器提供プログラムと、どのように切り結ぶのかを考えてみることにしよう。

　まず、「悔恨の語り」や「憤懣の語り」は、腎臓売買肯定派が展開する自由主義的な議論とは相容れない点がある。腎臓売買の合法化を求める議論では、人体の一部である腎臓は、個人が、市場で自由に譲渡しうるものであること、他のさまざまな「商品」と同列なモノであることが暗黙裏に前提とされているからである。しかし、多くのドナーにとって、このような見方は、医師やブローカー、レシピエントの立場を代弁するものではあっても、自ら進んで受け入れるものではない。

　この点で、皮肉なことに、ドナーの語りには、彼らの行いを擁護するはずの腎臓売買肯定派の人々の主張よりも、腎臓売買を非難する人々の主張と親和性がある。両者は、ともに身体の一部であり、また患者の生に多大な恩恵をもたらす腎臓は、金銭では計り得ない価値をもつと主張しているからである。しかし、ドナーの語り、とくに「憤懣の語り」は、腎臓売買反対論とは異質な要素を含む。金銭的報酬を受け取ったばかりではなく、さらなる援助を要求するかのようなドナーの語りは、臓器提供は「利他的」な「無償」の贈与であるべきだという考えからは受け入れがたいものであろう。金銭を含んだ財のやりとりが相互的な気遣いにもとづく関係性と矛盾しないという前者の立場と、「市場」と利他主義のモラル、売買と贈与を相互排他的に考える後者の立場の間には齟齬がある。

　このように、腎臓売買において最も重要な当事者であるはずのドナーが、現在の腎臓売買をめぐる議論の主要な立場には包摂しえない何かを語っている。このことは、そうした議論の構図全体を批判的に問い直す必要性を示唆しているのではないか。腎臓摘出という身体の経験に根ざした語りが、人格とモノ、売買と贈与の相互排他性を前提とした議論の枠組みを揺さぶっているのである。

　それでは、腎臓ドナーに「補償」「報賞」「援助」を与えるという保健省のフィリピン臓器提供プログラム案との関係はどうだろう。筆者は、ドナーの

語りは、この案やそれを支える観念とも相容れない要素を含んでいると考える。同案は、ドナーとレシピエントは、腎臓提供斡旋組織が介在することによって、両者の間に匿名の関係が保持されることを前提としている。ここに、対面的な気遣いの余地はなく、レシピエントにそのような気遣いも期待されていない。「俺にとって、自分が患者を助けることができたということがどれほど重要なことか、［彼らは］わかっちゃいないんだ」。デクスターのこの言葉は、そのまま相互的気遣いの重要性に気づかない腎臓提供プログラムの発案者たちにも向けられたとしても違和感はない。

　人の血と肉の経済の拡大は、主に国家や市場において周辺的な立場にある人々を人体組織の経済に、組織や臓器の提供者として巻き込んでいく。これらの人々は、筆者にとって、そして読者にとってもいろいろな意味で「他者」であろう。こうした他者は、自らの経験について何をどのように語るのか。こうした他者との対話を通じて、既存の言説からこぼれ落ちる声を拾い上げる作業は、「異質なものとの緊張をはらんだ豊かな関係」として定義される「共生」を探求する学である共生学の実践にとって、今後も重要な課題となるだろう。

（島薗洋介）

【参考文献】

Cohen C. B.（2002）"Public Policy and the Sales of Human Organs" *Kennedy Institute of Ethics Journal* 12（1）: 47-66

de Castro, L. D.（2003）"Human Organs from Prisoners : Kidneys for life," *Journal of Medical Ethic* 29 : 171-175

Hughes, P. M.（1999）'Exploitation, Autonomy, and the Case for Organ Sales' *International Journal of Applied Philosophy* 12（1）: 89-95

Radcliffe-Richards, J.（1992）'From Him That Hath Not' *Development in Nehrpology* 33 : 53-60

——（1996）'Nepharious Going On : Kidney Sales and Moral Arguments' *The Journal of Medicine and Philosophy* 21 : 375-416

Radin, M.（1996）*Contested Commodities : The Trouble with Trade in Sex, Children, Body Parts, and Other Things*, Harvard University Press

粟屋剛（1999）『人体部品ビジネス―臓器商品化時代の現実』講談社

加藤尚武（1997）『現代倫理学入門』講談社学術文庫
サンデル、M.（2012）『それをお金で買いますか—市場主義の限界』（鬼澤忍訳）早川書房

【読書案内】

レネイ・P・フォックス&ジュディス・P. スウェイジー（1999）『臓器交換社会—アメリカの現実・日本の近未来』（森下・倉持・窪田・大木訳）青木書店

> 臓器移植は、死生観や身体観、交換のあり方など社会・文化と関わる医療技術である。そうした側面がどのように人と人の共生に関する問題を提起しているのかを考えたい人には、本書と次の書を臓器移植に関する社会科学的研究の古典として勧めたい。社会学者フォックスと生物学史家であるスウェイジーがアメリカにおける黎明期の臓器移植を論じた前著をふまえながら、それ以降の変化について語っている。

マーガレット・ロック（2004）『脳死と臓器移植の医療人類学』（坂川雅子訳）みすず書房

> 脳死概念の生成と日本と北米における社会的受容の比較を中心としながら、脳死移植を医療人類学的視点から考察している。

ドナ・ディケンソン（2009）『ボディ・ショッピング—血と肉の経済』（中島由華訳）河出書房新社

> 人体組織の商品化については、さまざまな本があるが、中でも本書は、イギリスの哲学者が一般の読者向けに、卵子の売買、インプラント用の遺骨の売買、遺伝子特許、臍帯血バンク、幹細胞研究、美容整形の具体的なケースをとりあげつつ、人格と身体の関係や自己所有の問題について論じている優れた一冊。

13

中国・中央アジアの健康格差と共生

　本章では、中国・中央アジア地域に焦点をあてて健康格差と共生について論じる。第1節でグローバル・ヘルスについて論じることにより、健康と社会開発の課題は地域限定ではなく、どのような僻地であってもグローバル化の影響を受けており、地球規模の共生を模索しながら取り組まなければならないことを示す。それを踏まえて、第2節では中国、第3節では中央アジア諸国を取り上げて論じる。

1. グローバル・ヘルス

　グローバル・ヘルスは、グローバルな規模の健康課題であり、各国ごとの考え方や関心事を超越するものである。国境を越える健康問題や、グローバルな政治的および経済的な影響を取り上げる。グローバル・ヘルスに関連する学問領域としては、公衆衛生、疫学、保健医療統計、開発経済学、医療人類学、医療経済学、人口学、国際政治学、国際関係学、社会学、医学／看護学／保健学／薬学／栄養学、評価研究、IEC（情報、教育、コミュニケーション）、プロジェクト・マネジメント、ジャーナリズム、法学、保健政策、公共政策、心理学、人間行動学、ジェンダーなどがある。複合的な学問領域を指し、さまざまな学問領域から、国際的コンテクストにおける健康の決定要因や配分を研究する。「世界中のすべての人々の健康を改善し、健康の公平性を達することに優先をおく、学問、研究や実践」と定義されている。したがって、グローバル・ヘルスとは、世界における健康の改善、格差の是正、国境に関係ないグローバルな脅威に対する防御を取り扱う。

この領域を示す用語として、これまで「国際保健」という用語が一般的に使用されてきた。国際保健、またグローバル・ヘルスの起源は、ヨーロッパの産業革命、それに続く植民地主義の時代とされる。19世紀の開発途上国において、先住民社会に受け入れられていた保健医療の担い手は、呪術医や薬草師など伝統医学を駆使する治療師であった。また、植民地におけるヨーロッパ人には、医学に基づく保健医療が供給されていた。こうした時代の公衆衛生は、マラリアなどのヨーロッパ人が植民地で罹患する熱帯病に対処するため、あるいは、労働者の健康維持による利潤の確保が目的であった。これが、熱帯地域特有の疾病に対する医学でありグローバル・ヘルス、また国際保健の原点である熱帯医学（Tropical Medicine）である。植民地時代における保健医療のシステムは、ほとんどが宗主国のシステムをモデルとして作られ、ヨーロッパ人が多く住む大都市を中心に高コストな先端医療が持ち込まれた。被支配層に対する公的な保健医療は、わずかに存在したものの、極めて粗末で都市部に限られた。農村地域や都市部のスラムの人々のニーズは伝統的な保健医療により多少は満たされるか、あるいはほとんど取り残され、その「健康格差」の状況は20世紀中頃まで変化することはなかった。

　1990年代に東西冷戦が終結し、世界には、ヒト、モノ、サービス、カネが国境を超えて往来するグローバリゼーションが注目され、議論されるようになった。国際化より、グローバリゼーションが使われるようになった。新自由主義的なワシントン・コンセンサスに基づくグローバリゼーションの進行は、結果的に富の偏在を招き、国家間、国内の経済的格差の拡大を生み出した。途上国の保健医療人材が国外に流出するという頭脳流出も大きな課題として取り沙汰されるようになり、SARSやH5N1亜型インフルエンザなどの新興・再興感染症が容易に国境を超えて広がるリスクが増大した。また、気候変動に起因するとみられる旱魃や洪水の頻発、地球温暖化に伴う疾病構造の変化が指摘されるようになった。こうした国境の枠を超えた健康課題は、もはやこれまでの「国際保健」の枠組み、また、「富んだ国が貧しい国を支援する」という構造では対応できないものになってきた。2000年代に入り、こうした変化に対応しうる新たなパラダイムとして「グローバル・ヘルス」

が提唱されるようになった。近年の世界における保健医療の課題は、グローバリゼーションや環境問題などの国家の枠を超える要因と複雑に絡み合っており、国際的または国家間の関心や物の見方を超える地球規模のグローバルな課題であるという認識がある。また、医療倫理学的研究もなされており、ジョン・ロールズの正義や、アマルティア・セン教授（1998年ノーベル経済学賞受賞）の健康の公平性が議論されている。生命倫理の研究については、ユネスコも促進している。

　国際保健における非政府組織や民間財団などの、政府や政府間の組織・機関を超えるアクターの重要性の高まりもこうした用語の変化の要因の一つと言われる。健康に取り組む主な国際機関は世界保健機関（World Health Organization： WHO）である。WHO以外にも、さまざまな国際機関や民間団体などが登場し、保健の内容も大きく変わってきている。グローバル・ヘルスの課題に取り組んでいる重要な国際機関には、その他に、ユニセフ（UNICEF）、国連人口基金（UNFPA）、国連世界食糧計画（WFP）、世界銀行、国連エイズ合同計画（UNAIDS）などがある。

　グローバル・ヘルスに取り組むための重要なイニシアティブに、世界各国が支持した「ミレニアム開発目標（MDGs）」がある。2000年9月のニューヨークで開催された国連ミレニアム・サミットで採択された国連ミレニアム宣言と、1990年代に開催された主要な国際会議やサミットで採択された国際開発目標を統合し、一つの共通の枠組みとしてまとめられたものである。MDGsは、2015年までに達成すべき目標として8つの項目を掲げているが、その半分以上が、健康分野または関連する目標および指標である。2000年には7つの目標ではじまったが、それらを達成するために必要な項目として、後で8つめが加わった。21世紀の国際社会の目標として貧困削減などを目指すミレニアム開発目標（MDGs）が今年達成期限を迎えるにあたり、2015年、MDGsに代わる今後の目標としてPost-MDGが議論され、ユニバーサル・ヘルスカバレッジ（UHC）など、健康格差是正を目指すことが議論された。国連加盟国は「持続可能な開発目標（SDGs）」に合意した。貧困や環境など17の目標と169項目の具体的な達成基準が盛り込まれている。途上国の開

発課題が中心だった MDGs に比べて、SDGs は持続可能なエネルギーの利用拡大、海洋資源の保護、気候変動・災害対策など先進国が自国での取り組みを求められる目標も多く盛り込まれている。SDGs は 9 月の国連総会で正式に採択され、2016 年から 2030 年の新たな国際目標となった。

日本政府は、主要国首脳会議において、グローバル・ヘルスをグローバル・アジェンダとして度々取り上げている。1997 年、デンバーで開催された G8 サミットで、橋本龍太郎首相（当時）は寄生虫症の国際的対策の重要性を訴えた（橋本イニシアチブ、1997）。2000 年 7 月の九州・沖縄サミットにおいて、日本は議長国として開発途上国の感染症問題を主要議題の一つとして取り上げ、日本の政府開発援助で 2000 年度から 2004 年度までの 5 年間に総額 30 億ドルを目途とする包括的な感染症対策支援を行う「沖縄感染症対策イニシアティブ（IDI）」を発表した。2008 年 7 月の北海道洞爺湖サミットにおいても、日本は議長国として再びグローバル・ヘルスを主要課題として取り上げ、「国際保健に関する洞爺湖行動指針」を発表した。人間の安全保障は安全保障の課題として環境破壊、人権侵害、難民、貧困、感染症、災害などの人間の生存、生活、尊厳を脅かすあらゆる種類の脅威を包括的に捉え、これらに対する取り組みを強化しようとする、従来とは異なる安全保障の概念である。1993 年に UNDP（国連開発計画）が『人間開発報告』で、国土の安全ではなく人々の安全のための安全保障の必要性に言及し、1994 年の年次報告にて人間の安全保障概念がより具体的に記述された。小渕内閣（当時）が 1998 年に独自に提唱し 2000 年に立ち上げた 5 億円規模の国連「人間の安全保障基金」を創設した。国連での人間の安全保障への取り組みに対する高まりとともに、日本はこの概念の強力な推進国であり、この概念は日本の外交政策のひとつの柱ともなっている。

2. 中国の健康格差と共生

中国の経済発展は世界経済を牽引する高度成長を続けてきた。国連開発計画（UNDP）の人間開発指数（HDI）においても、めざましい発展を遂げて

いる（図1）。1975年には人間開発指数は0.522であったのが、2000年には0.726（173か国の中、96位）、2003年には0.746、2004年には0.768と年々改善し、世界177か国の中、81位になり、まだ「中級」の範疇であるが上昇傾向にあった。しかし、2013年には、0.699（111位）と降下している。その改善には、国家予算が年間17.5％増加しているなかで、1995年以来、毎年、保健と教育という社会セクターの予算が年間14.2％増加していることも寄与している。一方、中国国内の経済格差は拡大しており、1978年にジニ係数は0.16であったのが、2000年には0.32に拡大した。農村部においては、同時期、ジニ係数が0.212から0.33に拡大した。しかし、この政府の発表する数値は過小評価とも言われ、北京大学中国社会科学調査センターが2014年7月に「中国民生発展報告2014」の中で0.73と発表している。国際的経験から言うと、ジニ係数が0.4を超えると社会緊張不安が始まるとされており、格差拡大は、今後の中国政府の課題である。一般的に沿岸部の発展と西部の遅れが浮かび上がっているが、各省は日本より大きく、それぞれの省内で都市部と農村部の間にも格差が大きく存在する。そのような現代中国では、都市籍人口と農村籍人口がどのようにして共生していくか、さらに漢族と少数民族がどのように共生していくかが、安定的発展を持続するための鍵として議論されている。

　出世時平均余命は新中国建国当時の35歳から、大幅に改善され、2000年には71.4歳にまで延びている（表1）。世界的に抗生物質の発明と普及が大幅に死亡率低下に貢献した。また、合計特殊出生率は、2000年で1.8と、総人口の増減なしに維持するのに必要な置換率2.1を下回っている。

　表2では、中国の都市部と農村別において死因の上位をしめる疾患を示す。一般的に、経済水準や衛生水準の向上により感染症等の発病率が減少してきている一方、悪性腫瘍、脳血管系・循環器系の疾患が増加し、先進国型の疾病構造に徐々に近づいている。特に都市部では1、2のような慢性疾患患者が多い。他方、農村部では、肺結核を含む感染症、新生児感染症等も依然として多く、感染症及び非感染症の両者の対策が必要となっている。

　1958年に政府が戸籍（戸口）制度を制定し、実質、人々の自由な土地間

表1 中国の指標

	2002年	2003年全国	2003年都市人口	2003年農村人口	2013年
平均余命(年)	71.9 (2004年)	71.4	75.21	69.55	75
男女別平均寿命（年）		69.63　73.33	73.21　79.51	67.94　71.31	74　77
成人識字率(％)	90.9 (2004年)				95.9
全人口（百万人）	1295				1349
一人当たりGDP(国際$)	989	9101(人民元)	16307(人民元)	5047(人民元)	7589
安全な水へのアクセスのある人口の割合(％)	75 (1999年)				
低体重の5歳以下の子供の割合（％）	10 (1998)				
5歳未満の死亡率(1000新生児あたり)	36 (2001)				22
妊産婦死亡率(100000新生児あたり)	53 (2000)				32

（出典：国連開発計画）

の移動を制限した。1980年代に入ってからは、長く続いた規制は緩和されはじめたが、農村籍には、都市籍と同じような進学や就職の機会はなかなか得ることが出来なかった。中国の経済成長を支えてきた2億人の国内移民労働者、国内出稼ぎ労働者、すなわち流動人口は、都市に移っても、都市籍が

表2　都市部と農村部の上位の疾患

順位	都市部		農村部	
1	癌　腫瘍	(23.9%)	呼吸器系疾患	(22%)
2	脳卒中（脳梗塞、脳出血）	(21.6%)	癌　腫瘍	(18.4%)
3	心疾患	(16.8%)	脳卒中（脳梗塞、脳出血）	(18.4%)
4	呼吸器系疾患	(13.9%)	心疾患	(12.4%)
5	傷害	(6.3%)	傷害	(11%)
6	消化器系疾患	(3%)	消化器系疾患	(4%)
7	内分泌系疾患	(2.9%)	泌尿器系疾患	(1.5%)
8	神経精神系疾患	(2%)	出生前環境条件	(1.3%)
9	泌尿器系疾患	(1.5%)	肺結核	(1.3%)
10	その他	(8.1%)	その他	(9.7%)

（出典：中国衛生部、2002年）

ないために、子どもの教育から医療まで、あらゆる社会サービスへのアクセスを持つことができなかった。しかし、流動人口が、中国の高度経済成長を支えている側面もあり、「都市で生活する路上生活者の救助管理方法」を公布するなど流動人口に対する新たな対策が試みられている。公衆衛生学的な見地から見ても、都市籍の人口の健康だけを守っていても、同じ土地に生活している以上、感染症がいったん流行すれば、都市籍、農村籍に関係なく、伝染するため、予防やコントロールが難しく、失敗に終わってしまう。健康格差は結局、全人口に跳ね返ってくる。健康における共生が課題となる例である。

　一人っ子政策として知られる人口政策の正式名称は計画生育政策である。計画生育政策とは、「晩婚奨励により子どもを産む時期を遅らせることを奨励」、「少なく産んで健康な質の高い子どもを育てることを奨励」、「一組の夫婦に子ども一人（これがいわゆる一人っ子政策）」の3つの柱からなる。中

第Ⅱ部　共生のサイエンス

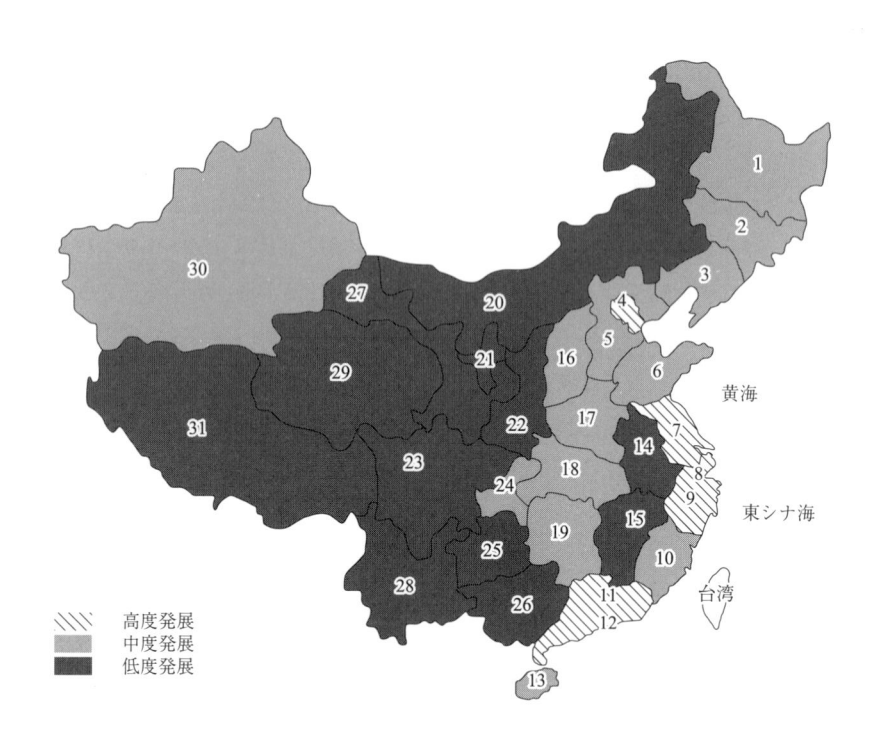

凡例：
　　　高度発展
　　　中度発展
　　　低度発展

中国の省別図

1　黒竜江省	11　広東省	21　寧夏回族自治区
2　吉林省	12　香港	22　陝西省
3　遼寧省	13　海南島	23　四川省
4　北京市	14　安徽省	24　重慶市
5　河北省	15　江西省	25　貴州省
6　山東省	16　山西省	26　広西チワン族自治区
7　江蘇省	17　河南省	27　甘粛省
8　上海市	18　湖北省	28　雲南省
9　浙江省	19　湖南省	29　青海省
10　福建省	20　内モンゴル自治区	30　新疆ウイグル自治区
		31　西蔵自治区

（出典：国連開発計画）

図1　中国の省別人間開発指数（HDI）分布

央政府で作られた法律も、各省でそれぞれの状況にあわせた法案が作られる。農村では数年間の間隔をあければ二人目を出産することも違法でなかったり、はじめは子どもが女の子ばかりであれば男の子が生まれるまでは出産しても違法でなかったりする。少数民族では、そのような条件もなく複数の子どもを持っても良いこともある。

　男女比の不自然な数字、統計上存在しない「黒孩子（heihaizi）」の問題もある。「黒孩子」と呼ばれる子供たちは、男児選好の結果として、多くは女児である。戸籍に入っておらず、そのため、教育、医療などの社会サービスへのアクセスに問題が生じることなどが社会問題となっている。これは、本人たちの人権のみならず、公衆衛生学的に見ても、保健所による感染症予防活動の対象から洩れてしまうことになり、人口集団への感染症抑制の失敗の原因になる。

　高齢化が進んでいるので、両親が一人っ子であれば、その子どもは二人以上持ってもいいという政策が先に上海で始まり、2014年には中国全体で合法となったが、都市部ではいったん少子化した社会生活スタイルに慣れてしまうと、こんどは逆に二人目を持てといわれても、持たなくなる現象も出ている。

　2008年に発生した四川大地震の被災地では、沿海部からの内陸部の格差、また、西部大開発の恩恵を得ている成都市などの都市部と、成都市から延びる高速道路に沿って建設された工業団地などの開発が進む地域と、山間部農村・少数民族の地域との格差が浮き彫りとなってきた。被災地の復興と被災者の生活再建と共生を、中国は西部大開発政策のもと、どのようにすすめていくのか、長期的に注視することが重要である。

3. 中央アジアの健康格差と共生

　1991年のソビエト社会主義共和国連邦の崩壊により、中央アジアにはカザフスタン共和国、ウズベキスタン共和国、キルギス共和国、タジキスタン共和国、トルクメニスタン共和国が誕生した（図2）。このうち、カザフス

第Ⅱ部　共生のサイエンス

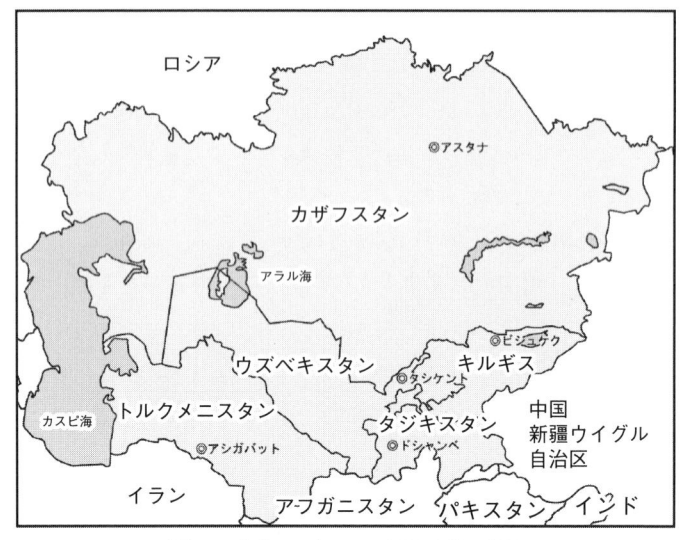

図2　中央アジア5ヵ国と周辺諸国

タンとキルギスは遊牧民族であり、ソ連時代に定住化政策がとられ、大きな犠牲を払いつつ定住化がすすめられた。その他の国は農耕民族であった。中央アジアはロシア、中国、インドといった大国に囲まれ、中東、アフガニスタン、パキスタンなどの周辺国の政治情勢の影響を受けやすい。以前は閉じられていた中国、イラン、そして、アフガニスタンとの国境はソ連崩壊の後には開かれることにもなった。

　その後この地域では、2001年の9.11事件（ニューヨークで発生）以降の米軍の駐留や、石油、天然ガス、ウランなどエネルギーや鉱物資源を巡っての国際的なプレゼンスの高まりが顕著である。2007年春の日本とのウラン資源外交も大きくメディアでは取り上げられた。中央アジアは1991年の独立当初より、ソビエト時代の社会主義からの民主化と、市場経済化を推進してきた移行経済圏であるが、各国の様相はそれぞれ異なり、特にエネルギー資源の有無により国家間の経済格差が拡大する傾向にある。また中央アジア諸国では、テロ、暴力、麻薬、輸送、水・エネルギー資源の有効利用、貿易、環境保全、HIV／エイズや結核といった感染症対策など、各国のみでは解決

できない地域共通の課題を抱えている。MDGs においては教育やジェンダーの指標はソ連時代からの遺産として高い成績を示しているが、乳幼児死亡率（MDG4）、妊産婦死亡率（MDG5）、HIV 感染率（MDG6）、栄養不良の人口、さらに安全な飲料水へのアクセス（MDG7）など健康に関する指標は課題が残った。特に、乳幼児死亡率や妊産婦死亡率などは都市部を離れた地方が高いという格差が問題である。

　ソ連の崩壊により、中央アジア諸国では一様に貧困が拡大しており、人間開発指標（HDI）や人間の安全保障指標が著しく低下した。1991～95 年の混乱期には、実質 GDP がウズベキスタン共和国で 18％、カザフスタン共和国で 31％、キルギス共和国で 45％、タジキスタン共和国で 59％ 低下した。その時期のアルコール依存症罹患率の上昇と平均余命の大幅な低下は、世界の歴史上、類をみない現象であった。その後はエネルギー資源、鉱物資源などの発見もあり、経済発展とともに、保健指標も改善していった。持つ国と持たざる国の国家間格差は拡大しながらも、混乱期にみられたような著しい国内総生産（GDP）低下は、現在はみとめられない。

　中央アジア 5 カ国は旧ソ連であったため、総合的な社会福祉システムを備えていた。軍人や危険な職場に従事した者や遺族へは、社会保障・年金が整えられていた。ところが、独立後、雇用、賃金および社会保険料納入の崩壊と早期退職者の急増に直面し、社会主義時代の寛大な社会保障システムを維持することができなくなった。各国はそれぞれの現状に即した社会福祉システムを整備するにいたった。カザフスタン共和国は、1998 年、ソ連時代の連帯的な公的年金制度を一掃し、積立制度に基づく抜本的制度改革を打ち出した。その直後、予期しなかった豊富な石油資源の発見によって、2001 年からの実質 GDP 成長率約 10％ という高度成長期に突入し、その結果、政府が保証する社会手当最低額を大幅に引き上げ、高齢者や身体障害者のための公的セキュリティ・ネットの維持を可能とした。一方、経済の急速な成長は、積立制度にさまざまな影響を及ぼし、年金基金の資産運用に課題を残している。キルギス共和国も同様の問題を抱えているが、カザフスタン共和国のような天然エネルギー資源を持っていない。ソ連経済から市場経済に移行する

表3　中央アジア諸国の指標

	一人当たりGDP（2013年）	経済成長率（1900-2006年）	総人口（2013年）	出生時平均余命（2013年）	男性	女性	成人識字率（15歳以上、2013年）	5歳未満死亡率（2013年）
カザフスタン	12183（PPP.US＄）	10.6（％）	17（百万人）	68（年）	63（年）	73（年）	99.6（％）	16（出生千人当たり）
キルギス	1299	2.7	6	69	66	73	99.3	24
タジキスタン	1113	7.5	8	69	68	70	99.6	48
トルクメニスタン	8271	9.6	6	64	60	68	99.5	55
ウズベキスタン	2046	7.0	31	69	67	72	―	43
アフガニスタン（参考）	649	3.9	31	61	61	62	37.8	97

（出典：人間開発報告書、国連児童基金）

に伴い、制度的整備が必要である。社会保障制度の改善は急務である。

　カザフスタン共和国は、世界第9位の広大な国土を擁し、カスピ海の石油やウランなどのエネルギー資源や豊かな鉱物資源の開発により、中央アジア諸国との比較においてだけでなく、世界中の国と比較しても最も著しい経済成長を続けている。カザフスタン共和国の1人当たりGDPは2004年において7440ドルであり、2013年にはさらに1万2183ドルに増加し、中央アジア諸国の中でも突出している（表3）。特に都市部の著しい経済成長には目を見張るものがある。黒川紀章がデザインした新首都アスタナには、近代的な高層ビル群が急速に建設されている。また、1978年にWHOとユニセフの合同会議で、保健医療政策の基礎となる歴史的な「アルマアタ宣言」、すなわちコミュニティベースの保健医療プログラムであるプライマリー・ヘル

スケア（PHC）を提唱する宣言が決議された旧主都アルマティ（アルマアタ）は、1997年にアスタナに首都が移されたあとも経済の中心として発展を続けている。ソ連時代にはウズベキスタンの首都タシケントのほうが大都市であったが、現在のアルマティの発展はタシケントを遙かに上回っている。カザフスタン共和国では独立当初、ロシア系の人口流出が続き、出生率も下がり、人口高齢化が進んだ。しかし、カザフスタン共和国の経済が非常に好調であるために、海外に流出した人々が再び戻ってくる現象が起きている。政府は人口増政策を打ち出し、その優遇処置に反応してか、2007年はじめには大人数のドイツ系が戻ってくるなどの現象も報告されている。

ウズベキスタン共和国の首都タシケントはかつての中央アジアの中心であり、中央アジア諸国の都市の中で唯一地下鉄が走っている。ブハラ、サマルカンド、ヒバなどシルクロードの歴史のある世界遺産の都市が存在している。中央アジアで最も多い人口を抱える。また、人口構成はカザフスタン共和国と比べて相対的に若く、20代の若者の割合が多い。ウズベキスタン共和国の西部には、ウズベキスタン共和国国内にカラカルパクスタン共和国が一つの地域として存在する。ここではカザフスタン共和国と同じくアラル海の縮小による深刻な環境問題を抱えている。カラカルパクスタン共和国では、労働人口の多くが、カザフスタン共和国などへの出稼ぎに出ている。

キルギス共和国は、中央アジアのスイスとも言われ、世界貿易機関（WTO）にも加盟している国でもある。近年は中国からの物資の流入が激しく、中央アジアに中国製品を供給する巨大な中国製品マーケットが存在するようになっている。首都のビシュケクからカザフスタン共和国のアルマティまでは陸路で数時間で到着できることから、カザフスタン共和国への出稼ぎが多い。

タジキスタン共和国は、アフガニスタンと長い国境を接する。旧ソ連の中でも最も貧しい国に数えられる。ロシアへの出稼ぎによる送金収入が国家予算をはるかに超える。たとえ首都であっても安全な水の確保が大きな課題である。

トルクメニスタン共和国は、大統領独裁による永世中立国で、国連など国際社会からも距離を置いている。独立国家共同体（CIS）からも脱退して準

表4　中央アジアの5か国の民族構成

カザフスタン	カザフ系（65.52%）、ロシア系（21.47%）、ウズベク系（3.04%）、ウクライナ系（1.76%）、ウイグル系（1.44%）、タタール系（1.18%）、ドイツ系（1.06%）、その他（4.53%）
ウズベキスタン	ウズベク系（78.4%）、ロシア系（4.6%）、タジク系（4.8%）、タタール系（1.2%）
キルギス	キルギス系（72.6%）、ウズベク系(14.5%)、ロシア系(6.4%)、ドウンガン系（1.1%）、タジク系（0.9%）、ウイグル系（0.9%）その他タタール系、ウクライナ系など
タジキスタン	タジク系（84.3%）、ウズベク系（12.2%）、キルギス系(0.8%)、ロシア系（0.5%）、その他（2.2%）
トルクメニスタン	トルクメン系(81%)、ウズベク系（9%）、ロシア系(3.5%)、カザフ系（1.9%）、その他アゼルバイジャン系、タタール系など

（外務省、2014年）

加盟国となっており、国際的に孤立した国家である。カスピ海の石油、天然ガスのエネルギー資源は膨大な埋蔵量が推定されており、これを原資としてさまざまな社会サービスを無料で提供してきた。一方、強固な独裁体制を敷くニヤゾフ大統領により、首都以外の病院を閉鎖するという矛盾した政策も見られた。2006年12月21日、ニヤゾフ大統領の死去にともない、今後の国家運営がどのような方向に向かうか注目されている。2007年2月に就任した医師であるグルバングルイ・ベルディムハメドフ新大統領は基本的にはニヤゾフ前大統領の体制を継続するようであり、保健医療分野と情報技術（IT）に力を入れると声明を発表した。

　1991年のソビエト連邦の崩壊により独立した5つの共和国は、それぞれの地域の多数となる民族の名前を冠した国名の共和国として設立した。しかし、表4に示すように、それぞれの国に、近隣の国の民族が国民として住んでいる。また、中国の新疆ウイグル自治区も、カザフ族、ウズベク族、キルギス族、タジク族、ロシア族、モンゴル族など多くの民族が中国人として構成している。独立後には、民族の移動も一部見られるが、これらの国々は多

民族国家としてそれぞれの民族が共生している。独立後、それぞれの道をすすみ、各国の格差は拡がっているなか、旧ソ連の構成国としてどのように共生し、人々の健康と福祉はどのように守られることができるのかが課題である。

中央アジアは地政学的にも重要な位置をしめ、特に資源国はロシアからも中国からもさらにはアメリカからも経済的結びつきが強化されている。中国は上海協力機構（SCO）を軍事や経済さらには学術交流のプロジェクトとして発展させる「一帯一路」（シルクロード）政策を進め、中央アジア諸国との関係を強化している。それに伴い、人と人の交流も急速に増加しており、地域間・民族間の健康格差は拡大する一方で、地域を超えたグローバル・ヘルスの概念で格差と共生の課題をとらえていく必要がある。

（大谷順子）

【読書案内】

大谷順子（2007）『国際保健政策からみた中国―政策実施の現場から』九州大学出版会
　驚異的な経済成長で世界の注目を集める中国を舞台に、人民の健康を守るためにさまざまな課題に取り組む国際機関職員の活動を、実体験に基づいて紹介する（中国語版『通過国際衛生政策看中国』中国社科文献出版社、2009年）。

日本国際保健医療学会編（2013）『国際保健医療学』第3版、杏林書院
　大学、国際機関、国連機関、JICAなどにおいて、国際的に第一線で活躍中の専門家による教科書。歴史、政策、疾患とその対策など総合的にまとめられ、国際保健学、公衆衛生学の専門分野を取り扱っているが、各国の例も豊富で、はじめて学ぶ方の理解を助けるための工夫もされている。

大杉卓三・大谷順子編（2010）『人間の安全保障と中央アジア』花書院
　人間の安全保障の観点より、中央アジアが直面している課題について、大学の研究者による現地調査と、UNDP（国連開発計画）、UNICEF（国連児童基金）、UNHCR（国連難民高等弁務官事務所）などの国連の諸機関や、JICA（国際協力機構）など日本の国際協力の現場で実際にプロジェクトに従事した実務経験に基づいて描く。

14

現在の日本と世界における地域創生について

1. 共生と地域創生について

「人間」という日本語は、本来、人と人との関係（社会関係としての間）と、社会的存在として生きる人と人を包摂する場（空間としての間）の両方を意味する。「共生」もまた、異質なものが同時にある場所に存在し、互いに都合のよい何らかの関係を結ぶことを意味している。そのような意味で、「共生」は、本来、「人間」の特殊な形態として理解されるべき概念である。そして、その特殊性とは、「共生」の基底にある関係が、異質なものが共存する同じ場所を前提にしているということである。

「地域創生」と同様、「共生」は、社会において使われるようになってから何十年とたたない新しい概念でもある。つまり、その二つは、歴史的に特殊な状況の中で、ある必然性をもって用いられるようになった概念である。「共生」という言葉は、ある特定の場所において異質なものが存在するという状況を前提に普及している。そしてまた、地域創生とは、現在の世界における「共生」という問題群の中で、最も差し迫った形で現前している課題である。地域創生を、以下、自然と人間の共生、人と人の関係の創生という2つの観点から考えてみたい。

2. 地域の作られ方と失われ方

筆者の生まれ育った地域は、広島市の太田川デルタの海に近い川辺にある。

14　現在の日本と世界における地域創生について

広島市の干拓図。濃い色の部分が、400年前の陸地
広島市文化財団資料より引用

　現在の広島市の概ね平和大通り以南の大部分が干拓地で、人工的に作られた土地であることはあまり知られていない。筆者の先祖は、江戸時代に、まさにその地域を干拓し、土地を造り、ムラ＝地域を創った人たちだった。一説には、筆者の姓はそこに「人が住める村を創った」ことによるという。
　このような地域の作られ方が特殊でないことは、大学を出て、ベトナムに行き、その地の文化と社会のありようを研究するようになってから、改めて気づかされた。日本では、一部の人々を除いて、現在から数世代以上祖先を遡ることは難しい。つまり、祖先がいつから故郷にいたのかを知ることは難しいのだが、ベトナムではこれが容易にできることが多い。族譜という祖先からの系譜を書いた文書があり、その祖先からの父系の系譜に属する人々がゾンホと呼ばれ、親族集団を形成し、それがムラ＝地域の社会的構成基盤となっている。
　多くの場合、地域の歴史は、人がそこに移り住んでくることから始まる。始祖が移り住み、田を作り、生活を行った場所の近くに今も墓があり、それ

が子孫に伝えられている。ベトナムにおいても、19世紀までは、最大民族であるキン族の沿岸部（デルタ）への進出が続き、そして20世紀の後半になると、少数民族の住む山地への逆進出（政策的移住）が行われ、そこにムラ＝地域ができていったのである。

　人が移住し、持続的に生存し、活動することが可能な地域を創るということは、すなわち、その土地の自然との共生を創りだすことである。

　しかし、人が古くから行ってきた、このような地域の作られ方は、「フロンティアの消失」という出来事によって、次第に難しくなっていく。この「フロンティアの消失」を世界史的な視点から見ると5つの段階によって捉えられる。第一に、人間が新たに容易に利用可能な新地（さら地）がなくなったこと。第二に、世界的な植民地体制が拡大し、先住民の地域を植民者が改変していったこと。第三に、国民国家体制が確立し、土地の境界が画定し、人が国家の管理のもと土地に縛られるようになったこと。この確定した領土の中では、マジョリティによるマイノリティの土地への進出も頻繁に行われた。第四に、先住民の権利が承認され、次第に、人がいる土地への進出が難しくなったこと。そして、第五番目にグローバルな資本主義経済体制が世界の隅々にまで浸透していることである。

　「フロンティアの消失」の典型は、アメリカ合衆国の西部開発である。北米大陸の中部には、プレーリーと呼ばれる肥沃な大平原があり、アメリカの先住民がバッファローを追いながら生活する地域であったが、白人入植者の開発により、自然は徹底的に改変され、土地は肥料や農薬などの人工物を大量に投入し、作物そのものに人工的な改変を行うことなしには、人間の活動を維持できなくなっている。

　かつて人が行っていた地域の創り方は、新しい土地に移り住み、あるいは、自然と切り結びながら、持続可能な形で暮らす地域を創りだすことであった。しかし、人と自然との関係は略奪的なものに変わり、人と人との関係は従属的なものに変わっていったのである。「共生」と「地域創生」という二つの言葉は、人と自然、人と人との間に生まれた新たな対立的な関係を調停するという時代的な要請から生まれてきたものである。

3. 国家政策としての「地域創生」

　日本において「地域創生」に近い概念が盛んに用いられるようになったのは、2005 年に「地域再生法」が施行され、さらに、2014 年 11 月に「まち・ひと・しごと創生法」が施行されるようになってからのことである。「地域再生」という概念は、「地方創生」とほぼ同義に用いられている。いわゆるバブルの時代にも、「ふるさと創生事業」という誰が見ても交付金のばらまきにしか見えない政策があったが、21 世紀に入ってからの「地方創生」の取り組みは、日本の「より深刻な状況」を背景にして行われているものである。

　先に、述べたフロンティアにおける移住と地域創生の歴史は、人口増加が要因の一つとなって起こったものである。一方、日本の「地方創生」は、これとは逆の地方における急速な人口減少＝「過疎化」を背景として行われている。日本の地方におけるこのような危機的状況の典型とされるのが、「限界集落」である。

　「限界集落」とは、過疎化・高齢化が進展していく中で、経済的・社会的な共同生活の維持が難しくなり、社会単位としての存続が危ぶまれている集落のことであり、中山間地域や山村地域、離島などの地域に集中している。限界集落のフィールドワークを行った山下裕介によれば、「限界集落」という概念が使われ始めた当初に予測されていた、急速な集落の消滅は起こっておらず、実際には、集落の自助努力でかなりの集落が生き残ってきた。ただし、その努力の中核となってきた、昭和一桁世代が平均寿命を超える 2010 年代は、集落の存在を支えてきた力が急速に失われていく可能性があるとのことである。

　世界的に見ても、人が住み、地域を形作っていた場所が失われていく、かつてはなかった現象がみられるようになっている。中国においては、土地が砂漠化し、住む場所を失った人々が別の場所に移住せざるを得なくなる環境難民と呼ばれる人々が存在するようになった。日本においても、2011 年の

東日本大震災の後、津波などの自然災害と原発の事故によって、多くの地域が失われてしまったことは記憶に新しい。そして、人口の減少と高齢化を背景に持つ、「限界集落」。これらは、いずれも、近代における人間社会の急激な変化を背景に持つものである。

人口減少と高齢化で消滅の危機にある集落

このような地域消失の危機のうち、人口の減少と高齢化という要因に関しては、日本は世界で最も早く課題に直面している、いわゆる課題先進国であるといえる。同様の課題を持つ地域を再生するための取り組みを、日本は世界に率先して行い、モデルを発信していく必要があるように思われる。

4.「土の人」と「風の人」

「土の人」と「風の人」という言葉がある。これもまた、最近、よく聞くようになった言葉であり、おそらく、「地域創生」と同じ文脈を共有して生成してきた言葉である。「土の人」は、土地に根付いて、自然と共生し、文化の継承者として、昔からの智慧を受け継ぐ人。これに対して、風の人は、外の世界からやってくる旅人であり、情報を媒介し、価値の発見者になり、時には、地域に新しい世界観をもたらす人のことである。

風の人は、世界各地の文化と地域の形成に関与した非常に古い存在（例えば、宗教者）であるが、近代以降の日本の文脈においては、例えば、宮本常一がその代表格である。宮本は、日本の地域を歩き続け、フィールドワークを基に膨大な記録をなした民俗学者として知られる。しかし、ノンフィクション作家の佐野眞一によれば、戦後、特に高度成長期にかかる頃の宮本は、「野の学者」というよりは、「済民」という目標に向かって進む比類なきアジテー

タであり、傑出したオーガナイザーだった。

　市場経済体制に組み込まれていく中で、地域が作られてから育まれてきた自然と人間（土の人）の共生と知恵は、その意味を見失い、外部の価値の中に埋没していく。高度成長の時代、日本の中心にとっての地方は、珍しいモノ、安い土地、安い労働力でしかなかった。このことは、グローバルな経済体制における、中央と周縁の関係においても同様である。

　当時、佐渡にいて活動を行っていた宮本常一は、住民に対して、「島のなかにいると島のなかしか見えなくなる、よそ者が評価する眼が必要だ」と言っていたという。時代の新しい流れの中で、地域の内発的な価値をもう一度再発見しようとする試みである。高度成長期以降、都市への人口の流出に加え、少子高齢化による人口の自然減少にさらされた地方では、地域における人間の存在が危機的な状況に陥りつつある。疲弊した自然と土の人との関係に、新たな視点を導入し、それを再活性化していくのが「風の人」の役割であり、まさに、宮本常一は、現在につながる歴史的な流れの中でこれを行おうとした先駆者だったといえる。

　「土の人」と「風の人」の協働は、国家やグローバルな社会の中に、地域が逃れがたく組み込まれている現在において、必要不可欠なものとなっている。「風の人」は、地域が置かれているより大きな自然環境、政治や経済の文脈の変化を読み取りながら、これを地域につなげていく役割を果たさなければならない。例えば、公害という地域を覆い尽くす環境の変化の後に、水俣の地で生まれた地元学という学問がある。この地元学の活動も、土と風が連携して、地域が置かれる大きな文脈の変化を読み取りつつ、土着の知を活性化する一つの典型的な取り組みである。民俗学、人類学、考現学、人文地理学、環境学などの手法を総合的に取り入れながら、単に理解を得るのではなく、実践へ向かうところに、このような「学」の新しさはあるといえる。

5. 食を通した地域創生

　筆者は、日本よりもベトナムにおいて、地域づくりに関わった経験がある。

1990年代に出生率が急速に低下したベトナムでは、21世紀になってから、社会の高齢化が問題となり始めている。

　長い間、筆者の共同研究上のカウンターパートであるタイビン医科大学は、2000年代の初頭から、ベトナムでは先駆的な活動として、老人健康ケアの実践とそれに関連する調査を行ってきた。その経験を基盤として、筆者と医科大は「家庭菜園を利用した農村部高齢者の栄養ケアの実践とモデル構築事業」を実施した。この事業の目的は、「南薬」と呼ばれる食と薬の境界にある伝統的な植物利用を活性化し、健康増進とプライマリー・ヘルスケアに活用することであり、また、地域の老人会をその活動の主体とすることによって、高齢者の相互交流・扶助のネットワークを強化することであった。

　その時には意識していなかったが、振り返ってみると筆者は、廃れかけていた「南薬」に新たな意味付けを行うという、いわば「風」の役割を担い、土着の知を再活性化しようとしていたのだと考えることもできる。その活動の結果として、植物への関心は再び高まり、人々の結びつきはより強まったことは間違いない。しかし、そのあり方は、筆者が漠然と思い描いていたものとは異なっていた。地域に寄り添ってその活動を守り育てていく存在を、「風」と「土」になぞらえて「水」と呼ぶことがある。この場合、事業が始まる前から、地域における活動をサポートしてきたタイビン医科大学が、「水の人」に相当するわけだが、彼らの果たした役割は、「風」をはるかに超えるものだった。

果菜園で活動するタイビン省の老人会のメンバー

　このプログラムが推進される過程で、家庭菜園で栽培され利用される植物を言い表すのに、「南薬」に代わって「機能性食品」という概念が用いられるようになっていった。また、植物の効能を説明

老人会の活動によって作られたモデル家庭菜園。
栄養素や効能を書いた札が立っている

する上で、リコピンなどといった、近代栄養学における微量栄養素の概念を、老人会の人々自身が用いるようになっていった。そして、それまで、あまり食べられていなかった、トマトなどの植物が栽培され、食されるようになり、植物の価値についての理解の体系そのものが刷新されていったのである。

　周縁にある地域は、中心の持つ価値体系と経済的なシステムに対して従属的な関係を持ち、トリクルダウンを期待して生き延びるしかないのであろうか。プログラムの対象となっていた地域は、輸入された農薬を大量に使用し、都市の住民のために食料を供給する、典型的な近代の農村であった。筆者が暗に期待していたのは、地域の人々が自分たちの土着の知恵を維持しつつ、健康に関する合理的な効果も得られるような結末だったが、実際には、むしろ、知識の面でも近代的なシステムの中に取り込まれ、都市と変わらない考え方が普及していった。老人たちが、農家の裏庭で行っていた農業も、自生的な植物の中から不要なものを間引くような形で成り立っていた土着の植物の栽培ではなく、個人が必要とするものを栽培する近代的な農業の小型版に変質していったのである。

　地域における自然と人の共生は、基本的に、水と、生物＝食とエネルギーを巡って創られてきた。そして、現在の世界においては、地域が自然とのかかわりの中で生み出す、水や食やエネルギーは、より大きな社会が生み出すモノとシステムの関係でその価値が決められるようになっている。食をはじ

めとする地域の産物は、現在における、自然と人間との共生、地域とより大きな社会との共生の両方を創造し直していく上で、カギとなるテーマであるといえる。

6. 資本主義市場経済に向かわない地域創生はあるか

『里山資本主義』という本がある。データや「事実」の細部に問題があるとの指摘もあるが、現在の日本の読者が読むフィクションとしては、大変良くできた本だと思う。最先端のグローバリズム、ネオリベラリズム、マネー経済を批判的にとらえながら、パラドックスの連続ともいうべき具体的に分かりやすい事例を次々と提示し、読者を説得していく。

この本において、里山資本主義は以下のように要約されている。

> 里山資本主義は、経済的な意味合いでも、「地域」が復権しようとする時代の象徴といってもいい。大都市につながれ、吸い取られる対象としての「地域」と決別し、地域内で完結できるものは完結させようという運動が、里山資本主義なのである。
> ここで注意すべきなのは、自己完結型の経済だからといって、排他的になることではない点だ。むしろ、「開かれた地域主義」こそ、里山資本主義なのである。
> そのために、里山資本主義の実践者たちは、二十世紀に築かれてきたグローバルネットワークを、それはそれとして利用してきた。自分たちにとって必要な知恵や技術を交換し、高めあうためだ。そうした「しなやかさ」が重要なのである。

この本は、地域の経済に焦点を置き、そこから外に踏み出さないように注意深く構成されているおかげで、わかりやすい物語を生みだすことに成功している。しかし、この本が残している課題を発展的に考察するならば、以下の2つのことが言えるだろう。

第一に、里山資本主義が依然として接合しているグローバルな資本主義経済と、今後どのような関係を結んでいくかという問題である。里山資本主義の実践者たちは、グローバルネットワークを利用し、自分たちにとって必要な知恵や技術を交換してきただけでなく、都市にものを売り、これを経済の維持と発展の基盤にしている。確かに、エネルギーについては、地域内で、安定的、自足的な体制をとることができるようになりつつあるかもしれないが、外に対してものを売る経済の従属性については、里山の知恵だけではいかんともしがたく、少なくとも国家レベルでの経済と社会と技術の再構築が必要である。

　第二に、環境の問題である。この本においては、自然の豊富な「里山」がテーマであるにも関わらず、自然環境や、自然と人間の関係の変化については、ほとんど考察されていない。「里山」についてのこれまでの議論が、地域における自然と人間の関係に集中してきたことに対して、この本が「資本主義」というタイトルを選んだことは、「里山」に新しい光を当てるうえで非常に大きな効果があったと思う。しかしながら、現在の世界では、山や森は、グローバル環境というより大きな新しい文脈で語られるようになっている。この本では、世界の事例を参照しているにも関わらず、グローバル環境という視点が全く欠落している。

　そして、この本が意図的に捨象していること、中心における市場経済の大量消費とグローバル環境は、それら自体が相互に密接な関係を持って、里山と接合しながら里山を覆うように厳然と存在し続けている。今後、この二つの問題は、地域の再生を根本的に考えていくうえで、避けて通れないテーマであるように思われる。

　最後に、もう一つの地域の再生について考えておきたい。筆者の故郷は広島市の沿岸部であることは先に述べたが、この地域はいわゆるゼロメートル地帯であった。筆者が子どもの頃に頻繁に見た悪夢は、周辺の山越えに核ミサイルが飛んで来て家族で逃げ惑う夢と、高潮に呑まれる夢であった。広島の海と川は概して穏やかであるが、満潮時の川面には今も圧迫感を感じる。そして、筆者は、先祖の開拓した土地を捨て、広島の山の手にできつつあっ

た新興住宅地に移住することを希望していたのだが、結局それは叶わなかった。しかし、2014年の8月、それらの山の手の新興住宅地のいくつかが、集中豪雨によって土砂災害に見舞われた。

筆者の生まれ育った地域も実際に何度か高潮や洪水に見舞われたが、それでも、当時は「よくあること」で、人々は比較的冷静に対応していた。しかし、山の手の住宅地に住んでいた人にとっては、全く、寝耳に水のことであっただろう。広島の大雨と山崩れを、温暖化の問題と直接結びつけて論じることはできない。温暖化が起こるずっと前から、大雨による山崩れはあったのだから。ただし、温暖化による気候変動により、今後、大雨による災害が増えていくことは確かなようである。沿岸部や、都市周辺の新興住宅地のような地域の問題を考えるとき、そこには、災害に対する地域のレジリエンスという、社会、経済、環境とは別のもう一つの問題系が浮かび上がってくるのである。阪神淡路大震災や東日本大震災などの大きな災害で被災した地域の復興と再生は、現在の日本に課された大きな課題である。人口構造の変化を背景とした社会・経済的な地域の再生とともに、そして、グローバル環境と表裏一体の問題として、地域創生にとって重要なもう一つの課題でもある。

（住村欣範）

【参考文献・読書案内】
山下裕介（2012）『限界集落の真実──過疎の村は消えるか？』ちくま新書
　高齢化が進み、消えゆくものとされている「限界集落」について現地調査を行い、実態と再生へのモデルを提示しようと試みたもの。インフラではなく、社会関係のデザインのし直し、とりわけ、世代間継承や家族の関係の再構築から、持続可能な地域社会を構想する。

井上恭介・NHK「里海」取材班（2015）『里海資本論　日本社会は「共生の原理」で動く』角川新書
　NHK広島取材班と地域エコノミスト・藻谷浩介氏が、「マネー資本主義」と一線を画する新たな経済のあり方やライフスタイルについて取材したドキュメンタリー。経済と技術の分析に偏るが、地方から創る本当の「豊かさ」の方向性を具体的な事例で提示している。

佐野眞一（2010）『宮本常一が見た日本』ちくま文庫
　高度成長期以前の日本の地域社会の「発見」と活性化に大きく関わった民

俗学者、宮本常一の足跡を丁寧にたどっている。歩き、見て、人と交わりながら、自らの身体に日本の地域社会を刻みつけていく宮本の姿が目に浮かぶ。近代日本における「風の人」の祖型。
吉本哲郎（2008）『地元学をはじめよう』岩波ジュニア新書
住村欣範（2011）「ベトナムにおける高齢化と栄養―タイビン省における取組から」『ベトナムにおける栄養と食の安全』大阪大学グローバルコラボレーションセンター http://www.glocol.osaka-u.ac.jp/go/booklet/05.html

15

霊長類のコンフリクトと共生

1. 動物は集団の利益のために行動するわけではない

　私は、ヒトを含む動物の社会行動について講義を行ってきた。学生にレポートを課すと「動物は種を守るために行動する」とか「動物には種族存続の本能が内在している」といった記述を頻繁に見かける。私が想像するより多くの学生が「動物は種の利益や自分が所属する集団の利益となるように行動する」と考えているようだ。しかしこの考えは群淘汰とよばれており、現代の生物学では否定されている。

　動物は、同種にとって利益が生じるように行動するわけではない。進化の単位は、集団ではなく、個体（さらに厳密には、遺伝子）である。進化という時間の流れにおいて、動物は自らの遺伝子が後の世代へもっとも伝わりやすくなるように行動してきた。ときには、自分が利益を得るために行った行動によって、自分が所属する集団や、その集団で一緒に生活する仲間に不利益が生じることもある。その具体的な例として、まず霊長類が同種に向ける攻撃行動に目を向ける。

2. オスによる子殺しと同種殺し

　霊長類が同種に向ける攻撃性のもっと顕著な例が、オスによる子殺しである。この動画は、岡山県真庭市に生息する勝山ニホンザル集団において私たちが観察した子殺しの場面である。

母ザルからはぐれて鳴いていた4ヵ月齢のオスの子ザルに向かって、1頭のオスが走り寄ってきた。このオスはその時初めて観察された、群れのメンバーではないオスであった。オスは逃げる子ザルを捕まえて、繰り返し噛みついた。子ザルは、なんとかそのオスから逃れ、翌日には母ザルと合流することができたが、

勝山ニホンザルの子殺しの場面（筆者撮影、動画：https://youtu.be/sKk21X02gPc）

出血を伴う重傷を負ったため2日後に死亡した（Yamada & Nakamichi 2006：165）。このようなオスによる子殺しは現生の霊長類54種において確認されており、オスによる繁殖戦略として進化してきたものだと考えられている。

　霊長類は、妊娠や授乳や運搬といった質の高い養育（言い換えると、母親にとってエネルギーと時間をたくさん必要とする手間のかかる養育）を長期間行うように進化してきた。つまり、子どもの生存率が高まるように大切に子を育てる[1]。子を出産して授乳が始まると、内分泌系の働きにより、母ザルは次の妊娠に向けた排卵が抑制される。次子の妊娠と出産時期を遅らせることによって、メスは現在養育している子に対してより長い期間養育を続けることができる。

　霊長類のメスのこのような長い授乳期間は、新たに集団を乗っ取ったオス

---

(1) この逆にあたるのが、例えば、マンボウである。マンボウは3億個近い卵を産卵するが子育ては行わず、ほとんどの卵が捕食される。数少ない子を大切に養育して生存率の高い次世代を作るのが霊長類の子育て戦略だとすると、大量の子を作って運良く成長できたごく少数の子に次世代を託すのがマンボウの子育て戦略である。

や新たに最上位となったオスにとっては都合が悪い。彼らにとって、メスが授乳している子は別のオスの子であり、かつ、授乳中のメスは排卵が抑制されてしばらく妊娠しないため、自らの繁殖相手とならないからである。いつ別のオスに最上位の座を奪われるかもしれないオスにとって、子が離乳して母ザルが排卵を再開するまで繁殖を待つというのは、時間的に効率が悪い。このような状況では、新たに最上位になったオスによる乳児殺しが起こりやすくなる。子が死亡して授乳が止まることで、その母ザルの排卵周期が速やかに再開し、オスはその母ザルと繁殖することができるのである。

　世界各地から集められた野生霊長類の観察データは、オスによる子殺しが繁殖戦略として進化してきたことを支持している。ほとんどすべての観察事例において、(1) 子殺しは集団の上位オスが交代したり順位に変動が生じたりした直後に起こりやすく、(2) 子殺しの対象となるのは乳児であり（オスは離乳した子ザルは殺さない。授乳を終えた子ザルは母ザルの排卵を抑制することがないためである）、(3) 犠牲者である子と攻撃オスが血縁関係にある可能性が大変低く、(4) 子の死亡によって母ザルの発情周期が再開し、(5) 70％近い事例において子殺しをしたオスが子を殺されたメスと交尾をしていた。これら5つの特徴は、子殺しをしたオスが、子殺しをすることによって、繁殖上の利益を高められることを示唆する。実際に、マウンテンゴリラ、ハヌマンラングール、サバンナヒヒ、アカホエザルといった霊長類種では、子の30％以上が同種のオスによる子殺しで死亡する。

　子殺しは確かに子殺しをしたオスの繁殖成功度を高めるのかもしれない。しかし一方で、子を殺されたメスの立場に立ってみると、子殺しは大きな損失となる。妊娠・授乳といった手間のかかる養育をおこなう霊長類のメスにとっては、子ザルが殺されてしまうと、それまでの養育にかけた時間とエネルギーがすべて無駄になる。これはメスの生涯の繁殖成功度を大きく減ずる深刻な問題である。そこでメスは、子殺しの対抗戦略を進化させてきた。それは、複数のオスを集団の中に住まわせ、それらのオスと乱交的に交尾をするという戦略である。複数のオスと交尾をすることで父性が攪乱され、生まれてきた子が誰のオスの子かわからなくなる。すると、オスたちは自分の子

かもしれない乳児を攻撃しなくなり、さらに、群れに侵入して子殺しを企てる群れ外のオスに対して、父親であるかもしれない複数のオスたちが協同して子ザルを守るようになる。

ニホンザルでは、メスによる対抗戦略が効果的に機能している。ニホンザルは、世界で最も長期間にわたって、最も多くの研究者が調査を続ける野生動物であるが、それでも子殺しの記録は極めて少ない。私たちがニホンザルで起こった子殺しの状況をまとめたところ、(1) 直前の交尾期に母ザルとの交尾がなく、子殺しオスが子ザルの父親である可能性が低い、(2) 群れオスの中で順位の大変動が起こったり、群れ外のオスが突然群れに侵入したり、子ザルが群れオスからたまたま離れてしまったりした時など、群れオスが子ザルを守れない状況で、子殺しが生起していることが明らかになった。つまり、ニホンザルにおいて子殺しが稀にしか生起しないのは、複数の群れオスと乱交的に交尾を行うことで父性を攪乱して、オスたちに子ザルを守らせるというメスの対抗戦略が成功しているからであって、これらの条件が崩れると、子殺しが生起する可能性があるようだ。

霊長類に見られる同種殺しは、子殺しに限らない。チンパンジーでは利害が対立する相手を仲間と協同して殺すことが知られている。タンザニアのゴンベストリーム国立公園においてグドールが観察したチンパンジー集団の分裂と抗争は、ゴンベ4年戦争として広く知られている（グドール 1994）。抗争は、1974年にカサケラ集団のオス6頭とメス1頭が、単独で採食していたカハマ集団のオスに対して集団暴行を加えて殺害したことに始まる。これ以降4年間にわたって個体数の多いカサケラ集団と個体数の少ないカハマ集団の争いが続いた。最終的に、カハマ集団に在籍していた6頭のオスはすべてカサケラ集団の個体によって殺害された。カハマ集団のメスや子どもも殺害された。カハマ集団は消滅し、その縄張りはカサケラ集団のものになった。殺害が、複数個体による協同した集団暴行である点は驚きである。カサケラ集団のオス4-5頭が徒党を組んで縄張りの周辺部を静かにパトロールし、単独で過ごすカハマの個体を見つけると、一斉に攻撃を加えていたようだ。さらに驚くべきことは、カサケラ集団とカハマ集団は、その直前まで同じ一つ

の集団であって、攻撃者と犠牲者は元々同じ集団で暮らしていた顔見知りであったことである。

　このようなチンパンジーが仲間を集めて行う同種個体の殺害は、適応戦略の一つである可能性が近年の包括的な解析から明らかになった（Wilson et al. 2014：414）。チンパンジーの 16 の調査地で観察された 152 事例の殺害記録（観察時間の総計は 426 年分になる）を解析した結果、資源をめぐる競争が激しくなると同種個体の殺害が生じやすくなることが統計的に示された。オスの数が増えたり、地域の個体密度が高くなったりすると、殺害が起こりやすくなることから、繁殖可能なメスをめぐるオス同士の競争、食物資源をめぐる他の集団との競争、競合する他集団との遭遇機会の上昇が、影響を与えているようだ。つまり、同種個体の殺害は、他のオスや他の集団との競合に勝って、繁殖の機会を高め、食物資源の確保をもたらすために、進化してきた可能性を示すものである。同じデータセットからは、攻撃者も犠牲者も主にオスであること、攻撃者と犠牲者の間に血縁関係がないこと、もっとも起こりやすい殺害状況は犠牲者 1 個体に対して攻撃者が 8 個体という集団暴行であること、餌付けや生息地の攪乱といった人為的影響は比較的弱いこと、オスと乳児が殺害の犠牲となりやすいことが指摘されている。チンパンジーでは、母親の発情周期を再開するために乳児を殺すだけでなく、繁殖の競合相手であるオスを直接殺害することで繁殖機会を高めているようだ。攻撃オスが母親から乳児を奪って殺害する場合でも、その母親には攻撃を加えないことから、攻撃オスが繁殖機会を目的としている可能性が、ここでも指摘されている。

3. 集団生活のメリットとデメリットが霊長類の知性を進化させた

　約 200 種の霊長類のうち 95％ が集団を形成する。なぜそもそも霊長類は集団を形成するのだろうか。その理由として、子殺しの回避、食物資源の防衛、捕食者回避、利他行動の交換、の 4 点が考えられる。複数のオスと一緒に暮らすことによって子殺しを回避するメスの繁殖戦略については、先に説

明したとおりである。利他行動の交換については、後に説明する。

　環境中にある食物資源を獲得するうえで、個体数の多い集団は有利である。単独で行動する動物や個体数の少ない集団を数の力で追い出して、資源を占有することができるからである。20種の霊長類を対象に集団間の争いを分析した研究では、集団の個体数が多いほど、同種他集団に対して攻撃を行うことが多く、その集団の縄張りが広くなるという実証的なデータが示されている。チンパンジーの同種殺しが集団暴行の結果として起こることも、多勢であることのメリットを示すものである。

　集団生活は捕食者回避にも有利である。複数の個体がまとまって一緒にいることによって、周囲を監視する「目」が増える。そのため、もし捕食者が近くにいることに気付かなくても、集団内の誰かがそれに気付いて反応すれば、集団のメンバーは捕食者の接近を二次的に知ることができる。集団で捕食者に対抗することで、捕食者を追い払うこともできるかもしれない。さらに万が一捕食者に襲われた場合でも、自らが捕食される確率は集団が大きくなればなるほど低下し、誰かが犠牲になっている間に逃走することができる。

　このように集団を形成することや集団のメンバーが増えることは、同種他集団との食物資源をめぐる争いや捕食者回避においては有利に作用する。しかし一方で、食物や配偶者をめぐる集団内部での競争が激しくなるというジレンマが生じる。霊長類の集団内には、個体間に優劣順位が存在することが多い。これらの順位関係は、資源をめぐる集団内の争いの結果を反映したものである。順位の高い個体は優先的に価値の高い資源に近づくことができる一方で、順位の低い個体は順番が後回しになるか、より価値の低い資源しか得ることができない。競争が厳しい大きな集団で低順位個体として生きるよりも、他集団や捕食者におびえながらでも小さな集団で生活した方が資源が得られる場合には、何頭かの低順位個体が連れだって、集団が2つに分裂することもある。カハマ集団のチンパンジーがカサケラ集団と袂を分かったのも、このような理由があったのかもしれない（しかしカハマ集団は、個体数が少なすぎたのだろうか、分裂後に縄張りを守り切ることが出来ず、滅ぼされてしまった）。集団内での競争によって生じる過度のストレスが個体の寿

命や繁殖に悪影響を与えることもあるようだ。これらの事実は、集団を形成する霊長類においては、同種他集団との競争だけでなく、同じ集団に属する他個体とどのように関わるのかが、個体の生存や繁殖に影響を与えることを意味する。

個体が他個体との関わりの中で発揮する知性の側面は「社会的知性」と呼ばれる。集団を形成する霊長類にとって、同じ集団で暮らす他個体との間に生じるさまざまなコンフリクトに対処することは、生涯を通しての課題となる。霊長類が他の動物と比較して高度な知性を進化させてきたのは、そのさまざまな社会的問題に対処するためであったと考えられている（社会的知性仮説）。ヒトを含む霊長類の高度な社会的知性の特徴は以下の6点にまとめられる。(1) 個体はお互いを個体識別しており、優劣順位や親和性によって相手個体を分類し認知している。(2) 長期間にわたる社会関係が形成される。(3) 他個体との争いが生起した時に、第3者が介入することがある。(4) 他個体との争いをおさめるために、第3者の支援や同盟個体のネットワークを頼ることがある。(5) 同盟個体のネットワークを構築するために毛づくろいが利用され、社会関係にひずみが生じた場合には、仲直り行動が積極的に行われる。(6) 社会的な策略が頻繁に見られる。

霊長類の社会的知性は、例えば、集団内での争い場面からみてとれる。ニホンザルでケンカが起こった時の支援要求を調べた研究から、争いに巻き込まれた被攻撃個体が助けを求める相手は、攻撃個体と血縁関係にない個体や、攻撃個体よりも順位の高い個体であることが明らかになった。この結果は、ニホンザルが集団メンバーの社会関係を優劣順位や血縁関係といった複数の基準から区別して認知しており、それらの知識を利用して支援を求め、効果的に争いをおさめようとしていることを示している。ニホンザルの別の研究では、2個体間でケンカが終わった後に、被攻撃個体の血縁者が、攻撃個体の血縁者に対して仕返しの攻撃を行ったことも報告されており、第3者を含めた複雑な社会関係を認知した上で、社会交渉が展開されていることが知られている。

霊長類の知性は、争いの場面だけではなく、親和的な社会交渉場面におい

ても発揮される。私たちは、勝山ニホンザル集団のメスの毛づくろい関係の変化を10年にわたって調べた。その結果、10年後にも生存していたメスたちは「10年前に毛づくろい交渉を行った相手」だけでなく「『10年前に毛づくろい交渉を行った相手』の血縁個体」を、毛づくろい相手として選好していた。第3者を含む親和的な社会関係を長期にわたって記憶する能力をニホンザルは持っているようだ。中国の黄山に生息するチベットモンキーのオスの間では、ブリッジング行動と呼ばれる親和的な社会交渉が行われる。ブリッジング行動とは、1頭のオスが別のオスの所へ子ザルを運んでいって、2頭のオスが同時に子ザルを持ち上げるという行動である。それぞれのオスには、頻繁に毛づくろいを行ったり、抱いたりする親しい関係の子ザルがいる。オスが他のオスに近づいて社会的なやりとりを始める際には、相手のオスが親しい関係にある子ザルを選んで運んで行く。これらの事実は、チベットモンキーのオスが、集団の他個体同士の社会関係を認知していることと（どのオスがどの子ザルと親しくしているのか）、自分が他のオスと親和的な交渉を行う際の社会的な道具として（まるで相手が喜ぶプレゼントを準備するように）、子ザルを利用していることを意味する。

　同程度の大きさの体を持つ動物と比較すると、霊長類の脳は大きい。ヒトの脳の重量は、全体重の約2％であるにもかかわらず、脳が消費するエネルギーは、摂取したエネルギーの20％にも及ぶ。この事実は、脳が体の他の組織と比べてその維持に約10倍のコストがかかることを意味する。霊長類の脳の中で顕著な発達を示しているのは、新皮質とよばれる部位である。新皮質は、知覚、認知、判断、計画といった高次の認知機能をつかさどる場所である。脳全体に占める新皮質の割合は、原始的な哺乳類とされる食虫目においては10-15％であるが、ヒト以外の霊長類においては41-76％である。

　集団の平均個体数が多い霊長類種ほど、脳全体にしめる新皮質の割合が高い。集団内の個体が多いということは、メンバー間の社会的ネットワークがより複雑になることを意味する。霊長類は、自分と他個体との2者関係だけでなく、他個体同士の社会関係も認知しながら生活している。成員数の増加によって爆発的に増える社会的情報に対応するために、霊長類は大きな新皮

質を進化させてきた。集団を形成することは、資源確保や捕食者回避において利益となるが、集団内でさまざまなコンフリクトやストレスを生じさせる。集団内で上手にたち振る舞って集団生活のコストをできるだけ小さくできた個体が、生存や繁殖を有利に進めることができる。霊長類の大きな脳、すなわち〈賢さ〉の起源は、集団生活における同種他個体との適切な関係性の構築にある。

4. 利他行動の交換：自分の力では手に入れられない利益を、仲間から手に入れる

　社会的知性の進化は、霊長類の集団生活にもう一つ新しい利点をもたらした。利他行動の交換である。利他行動とは、行動の行為者には損失が生じるが受け手には利益が生じる行動のことである。利他行動の典型的な例は、毛づくろいである（山田 2015：63）。霊長類の毛づくろいは、そもそも体に付着した外部寄生虫であるサルジラミの卵を取り除く行動である。これが2個体間でなされる場合、毛づくろいの受け手は衛生状態の向上という利益を得るが、一方の毛づくろいの行為者には何も利益が生まれない。むしろ、採食に割く時間が減少したり、毛づくろいに集中するあまり捕食者や他個体から攻撃を受けやすくなったりするなど、行為者には損失が生じているようだ。受け手にしか利益がなく、行為者には損失が生じる行動がなぜ頻繁に生じるのだろうか。もちろん、行為者が自らを犠牲にしてでも集団の利益となるように行動しているためではない。これまで説明してきたように、動物の行動は、集団の利益のためには進化しない。

　利他行動は血縁選択と互恵的交換の大きく2つの過程によって、行為者の利益となりうる。まず、血縁選択に注目する。進化という観点において、自らの遺伝子が後の世代へ伝わりやすくなるような行動は適応的となる。自分の遺伝子を次の世代につなぐには、自分が子どもを作って直接遺伝子を残すやり方に加えて、自分と遺伝子を共有する血縁個体の生存や繁殖をサポートすることで間接的に自分の遺伝子を広めていくやり方もある。後者の間接的な経路を考慮に入れるのが、血縁選択による利他行動の進化モデルである。

血縁個体に行う利他行動は、行為者の直接的な利益とはならないが、受け手である血縁個体の生存率や繁殖率に有利に作用するため、結果として遺伝子の一部を共有する行為者自身の包括的な利益として回収されていく。霊長類が行う毛づくろいの多くは、血縁個体に向けられる。例えばニホンザルの場合、毛づくろいの半数以上が母子間もしくは兄弟姉妹間といった血縁的に近い間柄に向けて行われている。

　利他行動の互恵的交換とは、血縁関係にない個体同士が利他行動を交換することによって、お互いに利益を与え合う進化モデルを示す。利他行動によって行為者に生じる負担が、のちにその受け手からなされるお返しの利他行動で補えるとするこのモデルは、動物の世界に「持ちつ持たれつの関係」が存在することを示したものといえる。利他行動の返報は、時間差をおいてもたらされる。そのため、利他行動の互恵的交換が安定的に成立するためには、（1）同じ2個体が将来にわたって持続的に交渉できること、（2）お互いを個体識別しながら過去の関係を記憶する能力を持つこと、（3）適切な返報をしない裏切り者に気づき、裏切り者との交渉を避ける能力を持つこと、などが必要となる。これらの条件を満たす動物は少なく、利他行動の互恵的交換の実証例は、高度な社会的知性を持つ霊長類に集中している。

　そもそも毛づくろいは、社会的交換を導きやすい性質を持っていた。サルジラミの卵は、サルの頭、背中、手足の外側などに数多く寄生している。サルは自分の手で自分の体を毛づくろいすることもできるが、シラミの卵は小さく、とりわけ頭、背中、手足の外側などに付着していると両手が届かないため、自分で除去するのは難しい。そこでサルたちは、他個体に毛づくろいを提供する代わりに、自分では手の届かない部位をその相手に毛づくろいしてもらうというやりとりを行うようになった。つまり、利他行動の交換を互恵的に行うというやりとりを進化させた。

　霊長類が非血縁個体の間で交換する利他行動は毛づくろいに限らない。毛づくろいを提供することによって、相手から毛づくろい以外の利益を返報として受けることもできる。例えば、毛づくろいを提供することによって、毛づくろいの行為者が食物資源に近づくことを毛づくろいの受け手が許容した

り、毛づくろいの行為者が争いに巻き込まれた時に受け手が味方となって支援したり、毛づくろいの行為者を受け手が性的に受容しやすくなることが知られている。霊長類における利他行動の交換の重要性は、自分だけの力や能力では手に入れられない価値あるもの（自分では手の届かない場所の外部寄生虫除去や、争いに巻き込まれた時の支援など）を、社会的な交渉によって、他個体から引き出すことが出来るようになった点にある。利他行動の交換を仲間と繰り返すことによって、霊長類は独力では獲得できない利益を手に入れて、自分自身の生存・繁殖をさらに有利に進めることが出来るようになった。これはおそらくヒトの社会にみられる、商取引や経済活動の起源であろう。

5. コンフリクトの中の共生

　冒頭に述べた群淘汰仮説は、食物資源をめぐる集団内競争から着想されたものであったらしい。集団中に個体数が増えすぎて、環境中の餌を食べ尽くしてしまうと、最後には集団ごと絶滅してしまう。そこで、集団が存続するためには、摂食量を控えたり、出産制限をしたりして個体数が増えすぎないように個体が進化するはずだと考えたようだ。集団全体のために摂食制限や繁殖制限をする個体で構成された集団（仮に利他的な集団とする）と摂食制限や繁殖制限などせず自分の生存や繁殖を最優先する個体で構成される集団（利己的な集団とする）があった場合、前者の集団の方が存続しやすいと思うかもしれないがそうではない。もし利他的な集団の中に、摂食や繁殖の制限をしない利己的な個体が紛れ込んだら、どうなるだろう。仲間のために遠慮する利他的な集団において、利己的な個体は急速に子孫を増やして、利他的な集団を乗っ取ってしまうだろう。利他的な集団の中に、突然変異として利己的な個体が誕生した場合では、利他的な個体はすぐに資源を奪われて、駆逐されてしまうだろう。利他的な個体のみで構成される集団は、利己的な個体の登場に対して脆弱である。

　これまで説明してきたように、野生霊長類集団を対象とした実証的研究でも、群淘汰を支持するデータは得られていない。限られた資源をめぐる争い

は、集団間、集団内でそれぞれコンフリクトを引き起こす。個体数が多く力の強い集団は、個体数が小さく力の弱い集団を押しのけて、資源を確保する。集団内で力を持つ順位の高い個体は、同じ集団で暮らす順位の低い個体よりも優先的に資源に接近できる。資源獲得や効率のよい繁殖のためには、同種殺しも起こる。種や集団の存続のために個体がすすんで犠牲になるというような物語は、動物の世界では、幻想である。

　資源をめぐる過酷なコンフリクトの中から、ヒトを含む霊長類が高度な知性と利他行動の互恵的交換を進化させてきたという点は、注目に値すると私は考える。所属する集団の中で適切な社会的立場を獲得するにはどうすればよいのか、自分では手に入れられない利益をどのようにすれば得ることができるのか、私たち霊長類は厳しい生存・繁殖競争を通して、仲間と協同するという解決策を見つけた。利他行動を交換することで、お互いの生活の質が高まると、その相手と社会的な絆が深まる。このやりとりを通して形成された社会的ネットワークは、集団内で生じる争いにおいて、強力な後ろ盾となる（ときには策略としての裏切りが起こるため、絆の確認や再評価、関係の修復も日常的に行う必要がある）。さらに、信頼できる社会的ネットワークが形成された集団は、それを持たない集団に比べて、多くの個体を引きつける力の強い集団となり、集団間の争いでも効果的に資源を確保することにつながる。霊長類において個体が自らの生存や繁殖を最大化するために行ったことは、同じ集団で生活する仲間と関係構築に励むことであった。

　私たちヒトは、知性に憧れ、それを追い求める。霊長類の知性は、集団の内外で生じるさまざまなコンフリクトに対してうまく折り合いをつけて、よい資源を安定的に獲得する能力に由来している。その証拠に、社会的な効力を持たない知性や生活を貧しくする知性は、私たちヒトの社会においてほとんど存在しないか、ほとんど興味を持たれない。共生学系でこれから新たに生まれる知性が、社会に影響力を持ち、人々の生活を豊かにするものになることを、心から願っている。

（山田一憲）

【参考文献】

グドール, J.（1994）『心の窓——チンパンジーとの30年』（高崎和美・高崎浩幸・伊谷純一郎訳）どうぶつ社

Yamada K. & Nakamichi M.（2006）"A fatal attack on an unweaned infant by a non-resident male in a free-ranging group of Japanese macaques（*Macaca fuscata*）at Katsuyama", *Primates* 47

山田一憲（2015）「霊長類における毛づくろいと利他行動」『未来共生学』2, 大阪大学未来戦略機構

Wilson M. L. et al.（2014）"Lethal aggression in *Pan* is better explained by adaptive strategies than human impacts", *Nature* 513

【読書案内】

ロバート・ボイド＆ジョーン・B. シルク（2011）『ヒトはどのように進化してきたか』（松本晶子・小田亮監訳）ミネルヴァ書房

人類進化を学ぶ上での代表的な教科書。人科では、行動学系の生物人類学研究分野が霊長類の形態や系統関係を研究し、比較行動学研究分野が霊長類の行動や社会を研究しているが、この2つの研究分野の最新の研究テーマをカバーする、視野の広い優れた構成となっている。

伊谷純一郎（1961）『ゴリラとピグミーの森』岩波新書

1950年代に野生ゴリラの観察をめざして、アフリカの大地を分け入った霊長類学者の探検記。タイトルから期待する内容とは異なり、ゴリラはほとんど登場しない。しかし、そんなことはどうでもよくなるくらい、文章が美しい。当時アフリカに生きていた植物、動物、人々と、いま直接触れている気分になってくる。すべてのフィールドワーカーが憧れ、理想とするような1冊だと思う。

オースティン・バート＆ロバート・トリバーズ（2010）『せめぎ合う遺伝子』（藤原晴彦・遠藤圭子訳）共立出版

資源をめぐる争いは、個体間だけでなく、同じ細胞の中にある遺伝子の間でも起こりうる。ゲノム内のコンフリクトは、これまでの想定以上に、個体の行動や進化に影響を与えているようだ。エピジェネティクスとともに、今後研究が大きく発展する分野だろう。遺伝子の分子メカニズムと進化の両面をここまで統合的に論じた書は他には存在しない。

第Ⅲ部

共生のアート

◼ 16 ◼

利他主義と宗教のアクションリサーチ

1. 利他主義

あらたな時代

「共生」とは、端的に言えば、共に生きること。そこには、自己と他者が存在する。協力関係が生まれることもあれば、時には争いともなる。一方で、自己を犠牲にしながら、他者のために行動することもある。

2011年3月11日、東日本を襲った巨大地震、そして続く大津波により多くの命が犠牲となった。未曾有の大災害、甚大な被害の前に、誰もが自然の猛威と人間の無力さを感じた。何かお役に立てないか、ほっとけない、いても立ってもいられないと救援活動に動き出した人たちがいた。

続く福島第一原発事故。当たり前としていたものが消え去った。安全神話が崩れた。そして、目に見えない放射線を恐れる私たちは目に見えない祈り、共感、心のつながりの重要性にも気がついた。被災地で祈る姿を多くの人が見たであろう。多くの人が黙とうを捧げた。犠牲者の冥福と被災者の安穏、そして被災地の復興を祈った。7割が無宗教を自認する日本人の多くが祈ったのだ。祈りは宗教の根源的要素である。そして、その祈りは人びとの幸せへの希求の表れでもある。人びとのために、他者のために何かをする社会貢献、それは、幸せへの希求とともに実質的な行動としての実践だ。

社会貢献という言葉は、世の中のいたるところで使われるようになった。誰もが世の中の一員として、社会に何らかの貢献をすることが求められる。利潤を追求する株式会社とて同じ社会の一員であり、会社は社会の公器と

言った創業者もいる。ましてや、人の救いに関わってきた宗教が社会の苦から超然としたところにだけ存することはあるまい。では、実態はどうなのか。本章では、共生のアート（技法）として、利他主義と宗教のアクションリサーチを取り上げて、共生を実現するための手立てを考えよう。

利他性と共感縁

非常事態には、人々が共通の問題解決のために立ち上がり、新たな連帯がうまれることを災害社会学は指摘している。非常事態には、自己中心的な心が弱まり、利他性が表にでてくる。

利他性、利他主義とはあまり聞きなれない言葉かもしれない。「利他」とは一言でいえば、他者の利益になることだ。電車で人に席をゆずる、人が物を落とした時に拾うなど他者のために動いたことがない人は少ないだろう。東日本大震災で多くの人が義捐金や物資を送った。被災地に救援に駆けつけた。

電通総研が東日本大震災後の2011年4月に「震災一ヶ月後の生活者意識」調査を実施した。その調査報告のキャッチフレーズが「震災で目覚めた『利他的遺伝子』」であった。利他的遺伝子が目覚めたというのは、あくまでも比喩だが、未曾有の大災害が私たちの中に眠っていた共感する心を目覚めさせたのであれば、希望が持てそうだ。

利益と効率のみを追求し、人を物のように使える・使えないで切り捨て、自己責任論のもと個人に過剰な負担がかかる社会。勝ち組・負け組の分断社会。地縁・社縁・血縁が失われてゆく無縁社会。つながりがそぎ落とされてきた社会にあって、苦難にある人へ寄せる思い、共感によって人々につながりが生まれた。あらゆる縁が弱まった社会に「共感縁」が生まれたのではないか。

利他主義とは

利他主義とは、英語ではaltruismと言う。19世紀のフランスの社会学者、オギュースト・コントが、egoism（利己主義）に対置させてaltruismという語を定義した。ここでは利他主義を利他的行為として、「社会通念に照らし

て、困っている状況にあると判断される他者を援助する行為で、自分の利益をおもな目的としない」と定義しておこう。それほど深刻ではない状況であっても、相手のことを思いやり、手を差し伸べる行為も利他的行為とする。上記の定義では、「自分の利益をおもな目的としない」と補足的な説明をつけているが、これには理由がある。それは、多くの人が考える疑問と関係している。他者を援助する行為であっても、実は他者のためではなく、自己満足のため、自尊心のため、自分だけが幸せであるという罪悪感から逃れるため、あるいは、周りから賞賛を得たいためなど表面には出てこない功利的な動機が潜んでいるのではないか、という疑問である。しかし、これでは内的な要因を含まない純粋な利他主義が存在するのか否かという終わりなき議論になってしまう。そこで、内的な要因は定義から除外し、現実生活に存在する行いに対して定義を与え、研究の対象として取り上げているのだ。

　利他主義に関係する人間の心と行いについては、人類の歴史において古くから論じられてきた。そこには大きく分けて三つの見解が存在する。人間性悪説、人間性善説、そのどちらでもないとする三つである。人間性悪説はマキャベリやホッブズなどの社会思想の出発点となっている。人間は生まれながらにして自己中心的で、ルールがなければ自己の利益のために悪さをするという考え方である。反対に孟子に代表される人間性善説は、人間は本来的には善なるものであるという考え方だ。そして、第三の考え方は、環境によって人間は善人にもなれば、悪人にもなるというものである。

　20世紀末からの研究は、利他主義は社会生活によって学ぶことができるという第三の考え方をベースにした結果を数多く提示している。ならば、利他性を育む環境を作り、利他的な共生社会の構築につなげることも可能ではないか。

2. 宗教的利他主義

宗教の社会貢献

　歴史をひも解けば、日本における宗教者による弱者への慈善活動は長い歴

史を持つ。身寄りのない貧窮の病人や孤老を収容する救護施設として聖徳太子や光明皇后が設けた悲田院や施薬院が慈悲にもとづく仏教実践として知られている。奈良時代の行基の公共事業も有名である。中世では、永観をはじめとする平安末期の浄土教の聖たちの慈善活動があった。カトリックの救貧活動もよく知られている。そこには宗教的理念にもとづいた利他主義「宗教的利他主義」が存在する。

「利他」という漢字は、元来、他者を利益すること、他人を救うことを意味する仏教用語からきているが、利他主義自体は仏教の専売特許ではなく、諸宗教で説かれる。利他主義に関連して、チャリティという言葉があるが、それはキリスト教に源流がある。チャリティ（charity）は日本語に訳せば「慈善」となるが、その語源であるラテン語のカリタス（caritas）はギリシャ語のアガペー（agape）の訳であり、キリスト教においては神の愛と隣人愛だ。特に、貧者への施しはイエスの説いた隣人愛の端的な実践であり、強盗に襲われて道端で弱っていた旅人に手をさしのべた「よいサマリア人」がモデルとされる（新約聖書「ルカの福音書」10 章 25〜37 節）。すなわち、慈善は、宗教的背景のもと、他者へあわれみを持ち、困窮者や不幸な人を救う善意の行い、善行を意味する。

キリスト教のみならず、ユダヤ教、イスラーム、仏教など多くの宗教において、慈善は尊い行い、あるいは信仰者としての義務として説かれている。慈善は、自己の財産を分け与える喜捨とも関連している。そこには相互扶助、利他主義の思想がある。一方、神社神道は、個人的な救済を説くことに主眼が置かれていないということもあって、宗教的利他主義・社会貢献との関連での研究は少なかったが、近年の研究は、近代以降の神社・神職の社会事業や社会福祉事業、終戦直後の保育園の設立や、教誨師、保護司、民生委員をはじめとした社会福祉の担い手として、神職は社会に関わってきたことを明らかにしている。

宗教は人をより利他的にするのであろうか。欧米の各種の研究において、宗教的コミットメントが利他主義と正の相関をもつという結果が提示されている。また、近年では、日本人を対象とした調査でも宗教的コミットメント

16　利他主義と宗教のアクションリサーチ

東日本大震災の被災地の仮設住宅にお米を届ける僧侶とボランティア

と利他主義の相関が指摘されている。

東日本大震災における宗教

　2011年3月11日、東日本大震災の当日に対策本部を立ち上げた教団も多い。そして、迅速に現地へ先遣隊を送った。被災地の宗教施設は大地震の直後から緊急避難所になった。仮設住宅に被災者が移るまで三ヶ月以上も避難所として活動を続けた宗教施設も多数ある。宗教施設はボランティア活動の拠点にもなった。

　被災地での宗教者による活動は、炊き出し、給水、物資仕分け・配送、泥上げ、重機を使っての瓦礫・廃材撤去、読経・慰霊、心のケア、寄り添い支援など多岐にわたる。

　地震後、固定電話も携帯電話も通じず、その後の余震が続く中でも携帯電話がつながらないことがあったが、スマートフォンで利用できるスカイプなどのインターネット電話、ツイッターやフェイスブックなどネット上で被災地の情報発信や情報交換がなされた。筆者は、宗教社会学の研究仲間に声をかけ、宗教者の救援活動・支援活動の情報サイト「宗教者災害救援ネットワー

215

ク」(http://ja-jp.facebook.com/FBNERJ)を震災の2日後に立ち上げた。また、被災地の宗教施設を地図上に表し、避難者の数、被災状況、活動状況を明示したサイト「宗教者災害救援マップ」(http://sites.google.com/site/fbnerjmap/)を1週間後に構築した。さらに、宗教者・宗教団体による被災者支援のより有効なあり方を目指し、宗教や宗派の別を超えて情報交換を行い、宗教者と宗教研究者が協力する「宗教者災害支援連絡会」を発起人の一人として設立し、現在も世話人の一人として、継続的に被災地の現場に関わっている。

3. アクションリサーチ

技法（アート）としてのアクションリサーチ

　筆者は、利他主義、宗教の社会貢献に関する研究を20年ほど続けてきた。それは単に、利他主義、宗教の社会貢献を研究対象としているのではない。アクションリサーチ（action research）という研究手法に基づいて、社会のあり方を問うている。筆者が代表で取り組んでいる「宗教施設を地域資源とした地域防災のアクションリサーチ」（科学研究費補助金・基盤研究A）もそのようなものである。この研究手法では、価値観が強く打ち出される。ここが、客観性に重点を置く従来の研究とは大きく異なる点である。研究の対象を選定する場合にも少なからず自らの価値体系に影響を受けているために、完全なる客観性の確保は難しい。そこで自分の価値体系（ポジショナリティ、立ち位置）を自覚した上で、それにとらわれず研究を進めることが重要であるとするマックス・ウェーバーの価値自由がひとつの研究スタンスとしてあるが、アクションリサーチは、そのようなスタンスをも超えてゆく。自らの立ち位置を自覚しながら、価値判断を伴う実践への参画がアクションリサーチだからだ。

　アクションリサーチでは、研究者が、よりよき社会の構築につながる可能性のある実践研究を自覚的に行う。場合によっては現場を混乱させ、被害を生み出す危険性もあることを自覚しながら現場の実践に参画し、たえず自分の関わりを顧みる再帰的な取り組みである。

アクションリサーチは、フィールドワークで観察する研究者と、その対象者とのかかわりが一方向ではない。観察をする研究者も対象者から観察され、双方向のうちに、新たな関係性が構築される場合がある。フィールドに向かう時、研究者は、冷たい観察者となることはできない。

アクションリサーチは、ディタッチメントという従来の研究姿勢を自覚的に超え、現場に共にある実践研究であり、今、そのような研究姿勢が必要とされている。もちろん、そのアクションリサーチ自体も研究方法として問われなければならない。ここでも再帰的な取り組みが求められるのである。

フィールドワークの先

アクションリサーチはフィールドワークを必要不可欠とする。そして、その根本的アプローチは、グランド・セオリー（総合理論・誇大理論）からグラウンディッド・セオリー（データ密着型理論：理論の発見あるいは生成）へという流れとも関連する。研究者みずからがフィールドに身を置き、体験・観察するなかで、直感や感性を磨く。当事者の視点に立つことを心掛け、共感的・内在的理解をし、そして、そこからさらに社会的働きかけに向かう。これがフィールドワークをもととしたアクションリサーチである。ここでは、「観察力」、対象に思いをめぐらす「想像力」、社会現象について記述する「表現力」・「発信力」、人と社会を巻き込んで動かす「行動力」が求められるのだ。

アクションリサーチには、計画・実践の先に、評価・修正・適用の段階がある。他の環境・社会事象への適用へと進むのである。調査の知見を今後に生かす、他の地域に生かすということである。しかし、対象の分析から他への適用は、調査対象者にとっては心理的抵抗を生み出すことがある。インフォーマントから一度了解を得た内容でも、そこに解釈・分析が入ることでインフォーマントの心理的ブレーキがかかる場合がある。当然といえば、当然のことである。アクションリサーチにおいて社会的力につながる一般化・分析は、現場の一人ひとりにとっては無意味で、自分たちの現状がよくなることにつながるのかどうか、という点が当事者にとっては重要なのである。

インフォーマントは、直接的には強く言わない。しかし、その思いをくみ取ることが大切だ。被災地での聞き取りは、分析よりも、個人の体験を記録することが重要であると考える研究者もいる。インフォーマントに対して誠実に関わり、対応することが必要である。

4. 利他的な共生社会の構築へ

阪神・淡路大震災から東日本大震災へ

1995年、阪神・淡路大震災が起き、ボランティア元年と言われた。支え合う社会に変わるように思えた。バブル経済が崩壊し、経済が低迷する中での阪神・淡路大震災、そしてオウム真理教の地下鉄サリン事件が続き、大きな節目の時代だった。その前から、価値観の多様化にともなう倫理観の変化によって人心が荒廃しているという見方がある一方で、時代に対応して人々の問題意識の高まりもあった。多くの書店で、「社会福祉コーナー」「ボランティアコーナー」「自然環境コーナー」などが設置され、NHKが『週間ボランティア』番組の放送を開始したのも1994年、この頃だ。しかし、その後の十数年、日本社会は、支え合う社会ではなく、格差社会、無縁社会となってしまった。

1960年代、70年代の高度経済成長は、都市人口の過密化、住宅難、交通地獄、公害問題など深刻な問題を生みだした。1970年代すでに、高度経済成長の価値に対する国民の疑問が表面化している。しかし、そのまま社会は走り続けた。原子力発電はそのような時代に誕生した。

人間は自然を完全にコントロールできる、効率性が何よりも優先される、すべてはお金に換算できる、市場に委ねれば社会はうまく機能する、といった近代社会の考え方が、社会にあまりにも深く浸透していたために、阪神・淡路大震災の時に変わると思ったのもつかの間、社会は変わらなかった。そのような考え方で走り続けなければ、ふと立ちどまった時に生きる意味の貧困に気づいてしまうからだ。その考えは、危険を知りながらも、安全神話を受容した私たち原発依存社会の根底にもあったものだ。

21世紀の現代社会には、犯罪、貧困、環境問題、自然災害、テロリズムなど多くの問題が山積している。貧富の格差は拡大し、勝ち組・負け組に分断された社会へと向かっている。交通手段と情報網の発達と雇用形態の多様化、グローバリゼーションにより移動性の高い社会になり、共同体は崩壊の危機に瀕している。

　今、このような多くの難問を抱えている現代社会に対して、従来のような行政主導のシステムに頼るのではない、利他性に富む市民社会が必要とされている。

　一方、現代社会では共同体が崩壊の危機にあり、さまざまな既成組織、団体は「他者への思いやり」が大切と説くことはできても、その心を育む場、「思いやり」から生まれる「社会活動」を展開する人と人とのつながりを作りだせない。

　自己責任論、新自由主義の流れにあって、「思いやり」や「支え合って生きる」などと口にするのは恥ずかしいという社会風潮があった。社会的に大切な価値観であるからこそ小学校の教育でも教えられる「思いやり」が、ひとたび教室を離れると偽善的とレッテルを貼られた時代。「思いやり」や「利他主義」など「甘っちょろい」と筆者は言われたこともある。

　そして、東日本大震災、福島第一原子力発電所事故。未曾有の大災害・事故により、「支えあい」「思いやり」が大事だと捉え直す人は増えている。

価値観の衝突

　近年、日本にあってもグローバル化や異文化理解などの言葉が巷間に流布するようになった。日本社会で生活する外国人の割合は諸外国に比べてまだ少ないが、それでもさまざまな国籍を持った人たちが日本社会に存在する。

　日本で生活する外国人は、自分たちの信仰の場をつくりだす。日本全国に60ほどのモスクが存在し、約十万人のムスリム（イスラム教徒）が日本で生活している。その彼らは、東日本大震災の被災地に駆けつけた。カレーライスの炊き出しを何度も行った。海外からも仏教系NGO、キリスト教系NGOなどさまざまな団体が被災地に赴き支援活動をした。筆者は、ニューヨーク

に本部をもつユダヤ系団体からの依頼をうけて、被災地の仏教者とユダヤ系団体の支援マッチングをした。そのユダヤ系団体は、日本にもコミュニティを持ち、シナゴーグを建て、信仰生活をしている。

　グローバル化の問題、異質な他者との共生の問題は、欧米だけのものではない。日本にも浸透している現代的な問題である。そこには、生活習慣の違い、価値観の衝突もある。異質な他者との共生の関係をどのように構築するのか。

　イギリスで研究をしていた時、恵まれない人たちの支援活動をしている人から次のような言葉を聞いた。

　　活動の中で、個性のぶつかり合いがある。しかし、それは不寛容だということではない。共同作業をすることによって価値観の衝突が起きてくるが、それも一つの学びとして自分自身が変わっていく。
　　他者に対して思いやりある、そういった人と交流することは抽象的な倫理を学ぶより大切だ。

　思いやりや社会的責任を説く、お説教をしたり、道徳教育で教えたりするというのは、一定の効果はあろうが、実際に思いやりの行動の実践者、ロールモデル、その人をお手本とする、そういったコンタクトが思いやりの発達には不可欠だ。

　そして、価値観の衝突を乗り越えるような、他者との共同作業の場が必要である。社会的バックグラウンドの違う人、あるいは肌の色も違う人種を超えたさまざまな人たちが共同で何かをおこなう。そのような場では価値観の衝突が当然生まれてくる。それが利他性の発達に重要なのである。仲良しグループの表面的なきずなよりも、ゆるやかなつながりの中で、さまざまな価値観、考え方をもった人が共生していく、それがグローバル化する現代社会に必要とされている生き方であろう。移動性の高い現代社会、地域コミュニティが崩壊してしまった都市では、このような場をつくりだす取り組みが大切である。それぞれの文化をいかしながら、新たな市民性、人と人とのつな

がり、共生のあり方、利他主義を模索するのが現代社会の課題だ。

今、求められているもの

　高度情報化社会に生きる私たちは、世界中の出来事をさまざまなメディアで見聞する。そして、多様な価値観、考え方が出会うグローバルな社会にあって、一人ひとりの個人は、生きる意味の不在と自己の存在の不安定さに不安を覚える。しかし、政治や経済の巨大なシステムの中で、世界の未来を危惧し、社会に対する問題意識を持ったとしても、自分個人では何もできないという無力感を噛みしめざるを得ない。無力感は、それでも自分は大丈夫という全能感と無関心にいつしか変貌する。しかし、それでは現代社会が抱える数々の深刻な問題を解決することはできない。現代社会が抱えるさまざまな問題を一人ひとりが自分の問題として認識し、身近なできることから始めていくことが大切である。

　今、求められているのは、だれもが、同時代的にさらには世代を超えて、人間としての尊厳をもって生きられる利他的な共生社会の構築である。自らとともに他者を、自然を、生きとし生けるものをいつくしむ生き方が求められている。それには、人間観、世界観、人生観に影響を与え、日常的な実践に生かされる知恵が必要である。知識だけではなく、生き方の姿勢の変化こそが重要なのだ。

　世界の諸宗教が、利他主義、他者への思いやりと実践に関する教えを持っている。宗教の違いが対立を生むこともあるが、一方で、畏敬の念、神仏のご加護で生かされているという感謝の念が、人を謙虚にし、自分の命と同様に他者の命も尊重させる可能性がある。利他主義と宗教のアクションリサーチの意義もそこにあろう。

　人をモノとみなし、切り捨てる社会。利益と効率のみを追求し、人と人とのつながりを軽視する社会。次世代へ橋渡しをする役目を担う大人の立場と責任として、今こそ、社会のあり方が問い直されなければならない。

　さまざまな縁が弱まり、放り出された個人は、生きる意味の不在と自己の存在の不安定さに不安を覚える。そして、生きる意味を探す。しかし、生き

る意味は、一人でいては見つからない。生きる意味は、人とのつながり、社会とのつながりがあってはじめて浮かび上がってくるものだ。時には、自らの至らなさに涙しながら、それでも人と、社会に関わっていく、その中に、何かをつかむ。そうした人が社会を変える。

　誰もが利他的な心を持っているはずだ。いつもではなくとも、ある時に、そういった心に気がつく。一人ひとりが、その心を大切にし、その輪が広がれば、利他的な共生社会も実現不可能ではない、そう思う。理想論であろうか。できようができまいが、協力して、その理想に向かって進む。そのような生き方が今必要とされているのではないか。

〈附記〉
本稿は、稲場圭信（2012）「東日本大震災における宗教者と宗教研究者」『宗教研究』373号、pp. 29-52、および稲場圭信（2015）「宗教的利他主義」『未来共生学』vol. 2, pp. 13-29をもとに加筆・修正した。

（稲場圭信）

【読書案内】

稲場圭信（2011）『利他主義と宗教』弘文堂
　　東日本大震災における宗教団体の動き、救援の拠点となった宗教施設、宗教者・学者の連携などを綴った第一章に加え、宗教的利他主義の構造、ソーシャル・キャピタルとしての宗教、宗教の社会貢献活動の文化・歴史的背景と法制度、宗教NGOなどを扱い、現代社会における宗教のあり方を問う。

矢守克也（2010）『アクションリサーチ―実践する人間科学』新曜社
　　震災体験の語り継ぎに関するアクションリサーチなどの実践研究をもとに、アクションリサーチの理論と実践を詳細に解説している。

大谷栄一・藤本頼生編（2012）『地域社会をつくる宗教』明石書店
　　叢書「宗教とソーシャル・キャピタル」のシリーズの1冊。日本各地の多種多様な取り組みをふまえつつ、宗教が地域社会で人々の協調的な活動を促し、コミュニティ機能を創造する役割を果たしえるのか、その可能性と課題を導き出す。

17

被災地における共生のグループ・ダイナミックス

　災害が発生すると、被災地には多くの災害ボランティアが駆けつける。また、さまざまな分野の研究者も被災地へと向かう。本章では、災害ボランティアや研究者といった被災地外部の人々と被災地の人々との共生に焦点を当てる。災害ボランティアは、被災者の傍らにあって、あくまでも被災者を活動の中心に据え、臨機応変に、被災者や被災地の支援を行う。筆者は、災害ボランティアの核心について、「ただ傍にいること」が最も肝要であるとしてきた。「ただ傍にいること」とは、何らかの救援活動を展開できる災害ボランティアであっても、まずは無条件に被災者の傍らにあって、被災者の声（それはため息だけかもしれない）を聴くことから具体的な活動へと移っていくことを示している。実は、研究者も同様である。時折り、「研究のための研究」を実施するために被災地にやってくる研究者を見かけることもあるが、それは言語道断であり、ここで論じるに値しない。ここでは、被災地の人々の傍らにいることから活動しようとする災害ボランティアや研究者と、被災地の人々とが共生する際のダイナミックスについて、グループ・ダイナミックスの考え方を紹介する。

1. グループ・ダイナミックスの考え方

　グループ・ダイナミックスは、研究者自身が、さまざまなコミュニティや組織といった現場に入り込み、現場の当事者と一緒に現場の改善を行っていく実践的な学問である。グループ・ダイナミックスに依拠する研究者は、さまざまな現場に入り込み、現場の当事者と一緒に事態の改善を目指して実践

223

的な研究を推進する。実践を支えているのは、グループ・ダイナミックスの、人や社会に関する、一見、常識とは異なる考え方である。

　その最たるものは、「人の内面に心が内蔵されている」という常識的な考え方を捨てることである。グループ・ダイナミックスでは、いかに人の内面からほとばしり出ていると思われる事柄であっても、それは決してその人が単独になしたことではなく、眼前の、あるいは、過去の、さらにあるいは、未来の人々、さらには、モノや環境との関係によって紡ぎ出されていると考える。実は、人の内面に心がないということは、それほど奇妙なことでもない。実際、被災地を歩いていると、一人一人の内面に心を想定しない方が、現場にうまく対応できることがしばしばある。

　グループ・ダイナミックスは、現場に向かう姿勢においても、常識とは一見異なる独特の考え方をもっている。グループ・ダイナミックスでは、現場に入る時に予め研究計画を準備しない。その代わり、何であっても現場で必要とされる事柄を遂行する。そのことが、研究に繋がるのかどうかといった問いは、さしあたって、封じておく。

　さらに、グループ・ダイナミックスの研究成果と現場との関わりも、常識とは一見異なる独特の考え方に基づいている。通常であれば、研究によって、現場が目に見えて便利になったり、それまで不可能であったことができるようになったりして、研究の成果が実感できることが現場との関わりにおいて重要であろう。しかし、グループ・ダイナミックスの成果は、一見、わかりにくい。実は、グループ・ダイナミックスの研究成果は、現場での言葉遣いの変化として現れてくる。無論、グループ・ダイナミックスの研究成果だけが言葉の変化をもたらすのではないことは言うまでもないが、グループ・ダイナミックスは、言葉の変化に着目し、言葉の変化を通して、いわば世界の意味が変化していくことをもって、その研究成果と考える。現場に入り込み、記録したり見いだしたりしたことをひとまとまりの文章としてまとめたものは、エスノグラフィーと呼ばれ、現場での言葉遣いの変化に寄与することがある。

　ところで、グループ・ダイナミックスにおける、「グループ」と「ダイナ

ミックス」について簡単に説明しておこう。グループとは、通常、共通の目標に向かって協力関係にある 2 名以上の人々とされる。しかし、グループ・ダイナミックスでは、共通とは、目標とは、協力とは、関係とは、といったこと自体には関心を寄せるが、共通の目標や協力関係の存在をグループの前提とはしない。また、2 名以上というとき、暗黙に生存しているヒトの数が指し示されているが、グループ・ダイナミックスでは、死者も含むし、未来に生まれてくる子どもたちをも含む。また、ヒトに限定することはなく、ペットなども含まれる。さらには、モノや物理的環境、制度的環境も含む。例えば、現代社会は、自然と人間を二項として捉え、人間を偏重する世界観に満ちている。しかし、自然と人間との関係は、本来、もっと多様であってもよいはずである。ただし、グループ・ダイナミックスにおいて、モノと人との同権を前提とした理論的検討は、始まったばかりである。

一方、ダイナミックスは、時間に沿った変化を扱うことを指すが、グループ・ダイナミックスでは、時間も物理的時間に限定しない。心理的時間も含むし、設定した目標へと向かう時間（手段的時間）と、時を過ごすこと自体に充足感を得る時間（充足的時間）を分けて考察することもある。

このように、グループ・ダイナミックスは、極めて広い視野のもとに成立している学問分野である。従って、被災地における共生のグループ・ダイナミックスにおいては、さしあたって、災害ボランティアや研究者と被災地の人々との共生に焦点を当てているが、例えば、災害の犠牲者となった死者をも含めることもあれば、ニーズ受付票なるモノが共生の主役となることもあり得るわけである。

グループ・ダイナミックスの営みは、協働的実践とアクションリサーチに分けて考えるとわかりやすい。協働的実践は、当事者と非当事者が一緒になってより良い事態を目指して行う実践である。その際、当該の実践が研究へと結びつくかどうかは、さしあたって、関心の外にある。一方、アクションリサーチは、当事者と非当事者が一緒になってより良い事態を目指して行う研究である。アクションリサーチは、協働的実践に包含される。したがって、全てのアクションリサーチは、協働的実践でもある。ただし、全ての協働的

実践がアクションリサーチではない。言い換えれば、恊働的実践は、アクションリサーチの必要条件であるが、十分条件ではない。被災地の文脈でいえば、恊働的実践を行っているときは、研究者であろうとなかろうと、災害ボランティアである。そして、災害ボランティアの中で、たまたま研究者であったという人が、アクションリサーチを実施する（かもしれない）。

2. グループ・ダイナミックスの位置づけ

　ここで、グループ・ダイナミックスを諸科学の中に位置づけておこう。共生学が新しい学問分野を形成しようとしている現在、まずもって、諸科学を見渡し、グループ・ダイナミックスを位置づけておくことは、共生学という沃野をどこから耕そうとしているかに自覚的であることを促すからである。
　まず、科学という営みを分類してみよう。第一の基準は、普遍的な法則を前提とするのか、解釈の多様性によって世界の多義性を前提とするのかという基準である。前者の科学を法則（nomothetic）科学、後者の科学を物語（narrative）科学と呼んでみたい。第二の基準は、対象とする世界に関する認識を得ることを最終目的とするのか、対象とする世界の変革を志向するかという基準である。前者を志向する科学を認識（epistemic）科学、後者を志向する科学を設計（design）科学と名付ける。その結果、科学という営みは、表1のように4つに分類される。各セルに既存の学問分野を例示した。無論、各学問分野には、さまざまな考えや流派があるのが通常であるから、1つの学問分野を1つのセルにおさめるのは無理がある。ただここでは、それぞれ

表1　科学の分類

	認識科学	計画科学
法則科学	物理学	工学
物語科学	文学	グループ・ダイナミックス

※各セルには、典型的な学問分野を記した。無論、各分野の内部には多様な考え方がある。

	認識科学	計画科学
法則科学	物理学	工学
物語科学	文学	グループ・ダイナミックス

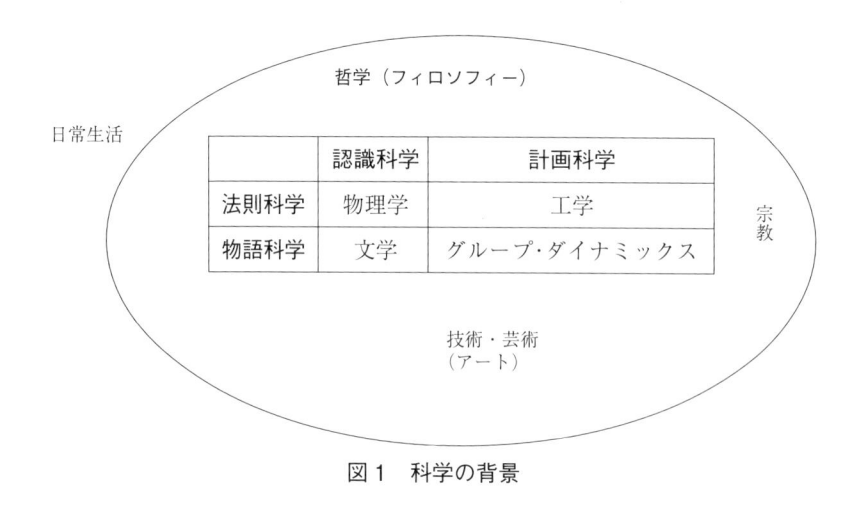

(哲学（フィロソフィー）／日常生活／宗教／技術・芸術（アート）)

図 1　科学の背景

の学問分野が、究極的に目指していると思われるセルを示したものだと理解していただきたい。

この分類に従えば、多くの社会科学は、普遍的な法則を前提とするよりも解釈の多様性をもとに言説の豊かさを高めるので、物語科学である。また同時に、社会科学は、世界に対する認識を得ようとするに留まることが多く、認識科学である。被災地における共生のグループ・ダイナミックスは、災害に関する普遍的な法則を求めるのではなく、特定の文脈や事例の中で多様な解釈を行っていくから、物語科学である。また、グループ・ダイナミックスは、解釈によって事態を理解することに留まるのではなく、その解釈を用いて、救援、復興、防災の現状（の一部）を改善することを志向するから、設計科学である。

ここで、科学の分類を示した表 1 を「図」とみれば、その背後には「地」が控えている（図 1）。本書の構成が示すように、共生学のフィロソフィーとサイエンスとアートを分けて考えるのであれば、表 1 で示されたサイエンスを取り囲むように、フィロソフィーとアートが示されている。もちろん、議論はここで終わることはない。こうした共生学をも図として含む「地」となる領域がある（図 1）。そこには、何気ない日常や私的な喜怒哀楽など実

に多様な事柄が拡がっている。当然ながら、共生学について議論するよりも、喜怒哀楽に富んだ会話を楽しみたいと考える生活もある。ここで強調したいことは、サイエンスはもとより、フィロソフィーもアートも、世界の一部に過ぎないという当たり前のことである。

　被災地で、物語設計科学としてのグループ・ダイナミックスに依拠する場合、災害救援や復興の場面に変革をもたらすことのできるような、実践的で多様な解釈を求めていくことになる。そのためには、個々の学問分野の中で知を創造し、特定の科学者コミュニティの中で成果を評価したり発表したりしてきた従来の専門的な学問とは異なる姿勢が有効である。具体的には、個別の学問分野を超えた社会的文脈の中で知を創造し、研究者だけではなく、市民やNPOも参加し、社会に説明責任を果たす意味でも学術雑誌に限らず幅広い媒体に成果を発表していくような姿勢である。

3. アートとしてのグループ・ダイナミックス―被災地に入るアート（技術）

　共生学でいうアートとは、ここでは、現場に入る技術であり、被災地で、災害ボランティアとして、また、研究者として受け入れられ、被災地の人々と協働的実践を行えるようになるために必要な技術という意味である。現場に入る技術は、世阿弥の「風姿花伝」のごとく、秘匿されてこそ花となり、物まねを通じてのみ習得されるようにも思える。実際、研究者が被災地に入っていくプロセスを事細かに書いたり、逆に抽象的に理論化して説明したりしても、結局、やれ「被災者の立場から考えよう」とか「被災地で"壁のハエ"であってはいけない」という具合に、凡庸で陳腐に見えてしまうのは否めない。そこには、どうも言語化できない＝えも言われぬ事柄の存在が察知される。もちろん、言語化に向けて弛まぬ努力を続けるのが研究者の使命ではあるが、現場に入ってきた経験からすれば、筆者自身も「秘すれば花なり」として、現場に入る技術については、黙しておきたいという面がないわけではない。

　それでも、現場に入るとはどういうことかと問うてみよう。その場合、現

場に入る際の失敗から考えるとわかりやすい。現場に巧く入れないということは、その場で、暗黙かつ自明となっている諸前提を理解していないということである。日常で使われている言葉で表現すれば、いわゆる「空気が読めない」失敗であり、災害ボランティアや研究者が「浮いている」状態であると言ってもよい。

　実は、グループ・ダイナミックスは、「空気」を説明する。少し回り道になるが、もう一度、グループ・ダイナミックスの基本となる考え方を思い起こしてみよう。すなわち、グループ・ダイナミックスでは、人の内面に心が内蔵されているという常識的な考え方を捨てるということであった。では、心はどこに存在するのだろうか？　それは、その時―その場で、眼前の、あるいは、過去の、さらにあるいは、未来の他の人々との間に存在する。無論、存在すると言っても、写真に写るような状態で存在するのではなく、まさに、空気のように存在するのである。

　被災地には、災害ボランティアや研究者がやってくる前から、さまざまな空気が存在する。精確には、さまざまな規範が生生流転している。現場にやってきた災害ボランティアや研究者も、もちろん、さまざまな規範に包まれている。そして、両者はほぼ確実に一致しない。そんな場面で、災害ボランティアや研究者が、いつも職場などにいる時の姿勢で、何か発言するとすれば、「空気が読めない」といわれ、「浮いて」しまうわけである。

　では、どうすればよいだろうか？　規範（空気）がやっかいなのは、その規範に包まれている人々は、その規範を明示的に語ることは困難（原理的には不可能）であるということである。もちろん、被災地の規範だけでなく、災害ボランティアや研究者が包まれている規範も明示できない点では同様である。結局、時間をかけて、両者の規範をすり合わせていくしかない。結局、その場でできることを行うことから始め、そして、折りを見て、自らの規範に沿った言動を加えて行くといったプロセスである。グループ・ダイナミックスにおいて、まずは協働的実践から始めるというのは、このような考え方があるからである。また、災害ボランティアが、まず、「ただ傍にいる」ことから始めるというのも同じ考え方を背景にもっている。

4. 事例：ニーズということ

　グループ・ダイナミックスでは、人の内面に心が内蔵されているとは考えない。実は、一見奇妙なこの考え方も、被災地では、極めて有効に使うことができる。本節では、その一例として、被災者のニーズを採り上げてみよう。
　災害が発生すると、被災地では、通常、社会福祉協議会などによって、災害ボランティアセンターが開設される。災害ボランティアセンターでは、被災地のニーズを把握し、駆けつけた災害ボランティアを受け付け、ニーズとのマッチングを図ることが想定されている。具体的には、被災家屋の片付けや避難所での物資配布の手伝いといったニーズにボランティアを効率的にコーディネートしていく。そして一定期間が経過すると、災害ボランティアセンターも閉鎖される。現在では、災害ボランティアセンターに関するマニュアルも整備され、迅速な開設と効率的な運営が志向されている。ここでは、災害ボラティアセンターの是非について問うのではなく、そこで暗黙のうちに前提されている被災者のニーズについて考えておこう。
　被災者のニーズは、一見、被災者の側（被災者の内部）にあるように思える。もしそうであれば、被災者のニーズを把握するには、被災者に尋ねればよい。実際、災害ボランティアセンターでは「ローラー作戦」と称して、被災地域の住民に次々とニーズを尋ねて廻ることがある。その際、ニーズを後で整理するための「ニーズ受付票」が準備されていたりする。もちろん、ニーズを尋ねるといっても、まさか初対面の被災者に対し、「あなたのニーズは何ですか？」などと問うわけではないし、受付票を埋めることが目的ではないことは繰り返し確認されて作戦が展開される。
　ただ、実際に、被災者に会ってみると、わかりやすいニーズとそうでないニーズに戸惑うことになる。例えば、全壊した自宅の前に呆然と立っている被災者に会ったとしよう。もちろん、住宅復旧というあまりに明らかなニーズが把握される。と同時に、言葉にはならない悲しさや悔しさの中で戸惑うばかりの被災者の姿が残る。被災者にとってみれば、ここで何がニーズかな

どと問われても応えようがない。

実は、被災者に尋ねなくてもわかるニーズや、被災者に尋ねてみればわかる程度のニーズであれば、対応は簡単である。そうではなく、このように探しても見つからないニーズをどう捉えればよいのかということこそが課題である。

災害ボランティアは被災者のニーズを探り当て活動を始める（2004年中越地震で被災した新潟県小千谷市塩谷集落にて）

ここで、グループ・ダイナミックスの大前提を思い出そう。グループ・ダイナミックスでは、「人＝心を内蔵した肉体」とは捉えないで、心は、眼前の、過去の、あるいは、未来の他者との関係で紡ぎ出されると考えるのであった。被災者のニーズについて考える場合にも、ニーズが被災者の内部にあるというそもそもの前提を疑ってかかることになる。

このことは何も不思議ではない。被災者になった途端、被災者の内部にニーズなるものがくっきりとした輪郭をもって現れてくるのではないし、被災者には朧気に見えつつもそれが何であるのかわからずにいることこそがニーズであったりする。

では、ニーズはどこにあるのだろうか？　ニーズも人と人との間に存在する。具体的には、被災者と災害ボランティア・研究者とが一緒になってニーズを作り上げていくのである。作り上げるという表現が不自然であれば、被災者と災害ボランティア・研究者が一緒になって発見していくのだと考えてもよい。

ところで、災害ボランティアや協働的実践を行っている研究者は、被災者の「ただ傍にいる」のであった。災害ボランティアは、文字通り、被災者の

第Ⅲ部　共生のアート

災害ボランティアセンターでは被災者のさまざまなニーズが話される
（2011年東日本大震災で被災した岩手県九戸郡野田村にて）

傍にいるだけであって、被災者に積極的に働きかけるわけではない。しかし、その間に何も起きていないわけではない。事実、ただ傍にいる時間がある程度積み重なってくると、被災者から小さなつぶやきが聞こえることがある。被災者にとってみれば、次々と展開する毎日に翻弄される中で、「ただ傍にいて」くれる災害ボランティアの存在は現状を見つめる契機となりうる。そのことによって、おもむろに語り出せることがある。被災者のつぶやきは、被災者が内蔵していたニーズをようやく口にしたというよりも、ただ傍にいる災害ボランティアとともに時を過ごした先に探り当てた事柄である。そして、こうしてニーズが探り当てられたとき、それはもはや被災者だけのニーズでもないし、災害ボランティアや研究者だけのニーズでもない。だから一緒にニーズを満たすべく活動が始まるのである。ここに被災地における共生のグループ・ダイナミックスの一例を見ておきたい。

5. 被災地における共生のグループ・ダイナミックスに向けて

最後に、被災地における共生のグループ・ダイナミックスの最前線を見て

おきたい。被災地におけるグループ・ダイナミックスの成果は、被災地での言葉遣いの変化、すなわち、意味世界の変化であった。しかし、被災地では、どうしても言語では表せないと感じる場面に遭遇することがある。例えば、悲しみにくれる被災者にとって、言語が何ら役に立たない場面があることは容易に想像できよう。実際、被災地でのインタビューを受け、自らの悲しい体験を言語化しようと格闘されていた女性がいる。約10ヶ月に及んだ原稿の修正と清書の繰り返し。そして、最終的な原稿の破棄。彼女にとって、言語化とはどういう意味をもっていたのだろうか。もちろん、この過程そのものを記述（言語化）する研究を行うこともできるかもしれない。しかし、そのことは、彼女にとって何の意味があろう。むしろ、言語化せずにそのままでいること、その現実に寄り添うことの方が、よほど大切なように思われる。過剰な言語化は避けたい。

　では、グループ・ダイナミックスは、ここで行き止まりだろうか？　言語では表せないと感じる場面であっても、そこに日常言語とは性質を異にする言語（ここでは、詩的言語と言っておこう）が見て取れる場合があり、これは、一つの回路となりうるのではなかろうか。日常言語が織りなす言説空間では、求められれば、それを発する側が、いくらでも行間を説明する言説を加えていくことができる（demonstrable）。一方、詩的言語とは、それを発する側が行間を埋めることができない（indemonstrable）、あるいは、行間を埋めることを拒否する言語である。ここには、当事者の沈黙も含まれる。

　被災地における共生のグループ・ダイナミックスにおいては、被災者の言葉について、それが詩的言語である場合のあることを積極的に認め、詩的言語のままに向き合うことの意義は大きい。例えば、被災した集落の復興に苦労された方が、別の被災地に向けて「急がないで下さい」という言葉を伝えたことがある。何を急がないのか、なぜ急がないのか、さまざまに説明できそうである。しかし、そうした説明は求められもせず、そのまま受け止められていた。これは、ここでいう詩的言語の1つである。詩的言語においては、日常言語と違って、具体―抽象という対比そのものが必ずしも意味を持たない。そこで、詩的言語は詩的言語のままに他の実践の現場へと伝えられる。

無論、伝えられた詩的言語は、受け手に多様な解釈を許すことになる。詩的言語を詩的言語として提示して、その際に生じるさまざまな解釈（もちろん、多くの誤解）が発信されることも一つの実践である。協働的実践を行った結果、詩的言語が発信されたのだとしたら、そして、それが現場の改善につながるとしたら、それでも構わないわけである。

　幸い、最近では、他の分野でも詩的言語への注目が見られる。例えば、臨床場面において、患者がふと漏らした言葉の持つ力によって、病いのより深い社会的・文化的背景が明らかになるとして、「社会的詩学」が提唱されている。また、精神科看護の場から、患者の言語表出を、単なる意味ではない詩的な言語あるいは美的な構成過程としてとらえ接近する可能性が論じられたりしているのも同じ流れである。詩的言語を受けとめ、（患者の）経験世界に触れるためには、内部者でも外部者でもありうるような動的で対話的なスタンスが必要とされ、専門用語と患者の声とのあいだを常に架橋していけるような姿勢と、病者の困難な日常の断片を見出し引き出すことのできる詩的な言葉への感受性が必要とされているが、それはそのまま、災害ボランティアや研究者と被災者との間の関係にも適用できよう。

　被災地における共生のグループ・ダイナミックスでは、詩的言語としての被災者の声が、詩的言語のまま伝播するという可能性をどこまで考慮するか、詩的言語で張られる言説空間の存在をどのように取り扱うか、ということが最前線（の一つ）である。それは、ニュートンのリンゴの比喩を前に、それは甘いのかといった場違いとも思える問いに向き合うことかも知れない。しかし、日常の生活に焦点を当てる研究であればこそ、リンゴの甘さをも議論するような文体を模索していくことが求められている。それは、科学において詩的言語をどう扱うかという問いではない。日常言語と詩的言語の併存する世界をどのように生きるかという問いである。

（渥美公秀）

【読書案内】

渥美公秀（2014）『災害ボランティア―新しい時代のグループ・ダイナミックス』弘文堂
　東日本大震災直後から、著者が、研究者、災害 NPO のメンバー、災害ボランティアとして行った協働的実践とアクションリサーチを紹介し、グループ・ダイナミックスの視点から理論的・実践的考察を行っている。本章から学びを進めていく読者に最適。

松澤和正（2008）『臨床で書く―精神科看護のエスノグラフィー』医学書院
　精神科看護の現場に見られる出来事を社会的詩学の立場から分析しているだけでなく、臨床という現場で研究すること、書くということについて、洞察に満ちた考察を展開している。

杉万俊夫（2014）『グループ・ダイナミックス入門』世界思想社
　グループ・ダイナミックスに関する最良の書。具体的な事例を踏まえつつ、理論の最深部までわかりやすく解説され、読者の思考を刺激する。読み返すほどに理解が深まり、かつ、広がり、読者が直面しているさまざまな問題について、考える糸口が見つかる。

18

多文化・異文化との共生
─『共通認識』を育み、心の壁を取り払え─

1. ディスコースからみた「心理」と「社会」

　本章では「こころをひらく」大切さを訴えたい。
　「語り合う」ことと「語らない」こと。文化的に他者に歩み寄ることと、他者に自文化への同化を期待すること。多文化や異文化との共生を「我がもの」とできなかった旧日本人世代の自省を籠めて、若い世代に考えて欲しい。
　さて、現代の心理学で主流の「認知主義」に批判的な一群の学者は、抽象的な「認知プロセス」を人間の中に見つけ出そうとする認知科学とは一線を画し、社会構築主義（social constructionism）の立場から社会の成員が合意に達して社会的行動を成しとげる過程、つまりはコミュニケーションに注目している。人体のどこを探しても「認知器官」は見当たらない。脳内でのプロセスであろう、と想像はできるにせよ、実際にこの「認知プロセス」というものを実見できた研究者もいない。そうならば、ある人間の（社会）心理を知るためには、その人が対人・対社会の関係性を構成・決定するプロセスであるディスコースを学ぶことが必要になる（近藤 2000）。
　社会構築主義者が考えるように、言語を媒介に個人と個人の間に「社会」が構築されるのだとすれば、ある社会的現実が構築（construct）される要素を抽出・同定するテクニックが必要となる。その要素とは「社会的活動としての言語活動」(Potter 1996)つまりディスコースであり、その中でも議論、説得そしてレトリックといった要素である（Billig 1996）。たとえばビリッグは、認知科学者によって認知そのものであると考えられている人間の「思

考」とは論理の組み立てプロセスであり、ある状況に於けるディスコース的あるいはレトリック的な構築物であると断じている。われわれが何かを「考える」という過程について思い巡らせて欲しい。思考とは論理的に補強された知的な造作である。あるテーマについて主張するためには、常にその逆テーマについて気を配らねばならない。西欧の思索の伝統に沿い、人間の思考とは弁証法的にテーマと逆テーマを止揚する営みだとビリッグは考える。実際にテーマと逆テーマとが複数の人間によって議論されている場合だけではない。一人の人間があるトピックについて真剣に考えるときも、そこにはテーマと逆テーマの弁証法的展開がある。

集団においてある合意にいたるプロセスも、個人が沈思黙考するプロセスも同様に「議論・論争（argument）」の枠組みで捉えられる。この見方は認知科学が「認知」として人間の内側に想定したプロセスを、ディスコースとして「人と人の間」に想定し直すパラダイム変換を伴っている。

2. 差別と排除のディスコース

多文化・異文化共生社会の実現のためには、現代の差別構造、具体的には異文化・異質者への差別もしくは排除を正当化するディスコースに対する理解が必要になる。社会構築が「議論・論争」を通してされるのだとすれば、その素材としての『共通認識』を確認するのが最初のステップである。

それは「差別者が拠って立つ共通認識」を取り出し、彼らの社会的現実の陥穽に陥らないための準備である。差別者・偏見者のディスコースに着目した研究としては、保守政治家による演説の分析（vanDijk 1993）、女性アナウンサーを排除する男性職員の語りを検討したもの（Gill 1993）、卒業後のキャリアに関する男女学生へのインタビュー分析（Wetherell, Stiven and Potter 1987）などいくつかの研究が行われてきた。それらの分析を総括していくと、現代の差別者の論法には、人権意識の高まりを意識して差別・偏見を否定しつつも、「反差別で始まる発話が差別的な終わりかたをする」という特色がある（Augoustinos and Every 2007）。隠微なやりかたで「社会通念に

合致」した、オブラートにくるませた差別的言辞を『共通認識』の枠組みに潜り込ませるのが、現代差別者のレトリックである。代表的研究の一つが、ニュージーランドの白人が先住民マオリについてどのように「語り」を行っているかを分析した、ウェセレルとポッターの『Mapping the Language of Racism（邦訳なし）』（1992）だろう。

　ニュージーランドは世界で最初に婦人参政権が認められ（1893年）、宗主国の連合王国に先んじて老齢年金制度が導入される（1898年）など、社会改革のモデル国家として世界のトップを走っていた。1930年代には普遍的所得保障に加え、医療保険サービスの無料化など画期的な福祉国家モデルを作り上げた。食料輸出先である英国との安定的関係がそれらの施策の経済的基盤だったが、英国のEC（現EU）加盟によって貿易収支が急激に悪化、70年代以降は政治的にも迷走が続く。とくに人口の約一割を占めるマオリ系住民に混乱のしわ寄せが及ぶことになった。ウェセレルとポッターが調査を行った1980年代中盤（1984-85）と後半（1989-90）はニュージーランドが高福祉社会から市場経済重視へと転換し、福祉関連支出削減が社会的アジェンダとなっている時期であった。なお以前は植民者である白人市民が政治的にも経済的にも優勢であったものの、90年代に入ると、マオリ族割り当て議席をベースとするNZF（ニュージーランドファースト党）が力をつけ、少数与党による政治的な混迷が続いている。そのような背景を理解した上で、ウェセレルとポッターがまとめた1980年代のニュージーランド白人によるマオリ系市民に対する「差別・偏見」を理解する必要がある。

　典型的な「差別発言」とは「私たちはマオリの住民とも上手くやっていけるわ、あの人達が私たちの福祉を食い物にしないっていうことが条件だけど」といったディスコースで表明され、現代の差別者たちの拠って立つ『共通認識』とは、おおむね以下の10個ほどに整理される（Wetherell and Potter 1992：p. 177。筆者仮訳）。

　　（ア）資源は生産性や費用対効果を考えて使うべき
　　（イ）誰もが強制からは自由である

（ウ）皆が平等に扱われなければならない
（エ）時間（時代）を巻き戻すことは出来ない
（オ）過去の過ちについて現在の世代が非難されるのは不当である
（カ）不正は糺されねばならない
（キ）頑張ればみんな成功するはずだ
（ク）多数意見は少数意見よりも尊重されて然るべき
（ケ）われわれは20世紀の現実に生きている
（コ）何事も現実的に考えるべきだ

いずれも一般的な『共通認識』としては妥当なもので、それらに問題点は認められない。しかし一つ一つが社会的に共有されている『共通認識』であるが故に、人種間や社会階層間の平等という、現代社会を貫く大前提・大原則に反する意見を表明するときは、その根拠となり得るレトリック的要素群と言うことになる。

つまり差別の現代的形態（この場合は80年代のニュージーランドの政治経済状況のコンテクストの中で、という制限がつけられるが）は、現代人がおおむね共有している上記の「常識」に拠りながら、自らの差別的・もしくは偏見ある見方を否定しつつ、私見ではなく社会全体から評価した場合、「差別偏見ある見方」が妥当である、ということを相手方に納得させるようなレトリック構成がされていた。マオリ系と白人系のニュージーランド人が相互歩み寄りのためにどのような努力をしているかについては後ほど点検するとして、一旦私たちの視座を日本に引き戻そう。

3．靖国問題のディスコース

頭の体操として、常に日本の保守政治家と中国や韓国等の近隣諸国の言い分とがぶつかり合う歴史認識と靖国参拝を考えてみよう。首相や閣僚の靖国参拝のたびに出される国外の非難は、必ずしも的を射ていない。参拝目的は信仰心とか慰霊とはレベルを異にする国内向けのパフォーマンスであり、議

論は永遠にすれ違いそうだ。

　その一方、靖国を巡るネガティブな意見として、靖国神社はヒトラーの墓と同じ、といった雑駁な議論もある。これは戦争責任について日本社会での『共通認識』を踏まえていないために、真剣に検討するに値しない。しかし、そのインパクトによって、パワフルであることもまた確かである。根拠になっているのは1978年のA級戦犯合祀である。

　合祀以降、靖国神社に注がれるまなざしが厳しくなったのは事実であり、「A級戦犯が祀られる靖国神社は問題施設」「参拝は軍国主義を美化」というディスコースは国内にも浸透している。いくつかの資料によれば、昭和天皇自身も合祀を理由として靖国参拝を中止したと思われる。このような背景を考え合わせながら、保守派がいかなる『共通認識』に基づいて、靖国参拝を正当化しているかをチェックしてみよう。この点検のねらいは、今使われているような「理由づけ」の欠落点を明らかにすることで、他者との融和に向けたディスコースを求める手がかりを探すことにある。

　まず「靖国神社に参拝する保守系政治家が繰り返す『共通認識』」について整理をしてみたい。この部分は小泉首相の公式参拝についての保阪（2010）による批判に加え、2013年の安倍首相による公式参拝の際のインタビューも加味して整理をした。

① 国の指導者が戦没者に哀悼の意を表するのは当然
② 追悼施設は日本だけにあるものではない
③ 戦争を美化するものでなく平和を祈念している
④ 戦没者一般を哀悼しており戦犯を慰藉しているわけではない
⑤ 日本人の死生観では死者は等しくホトケとなる
⑥ 戦没者慰霊は内政問題で外交問題化は遺憾
⑦ 靖国神社は一般的な意味での宗教施設ではない
⑧ 参拝は個人の（信教の）自由

　保守政治家が内心で何を考えながら、何に対して祈っているかは、ここで

は考慮に入れない。大事なのは「彼らが何を根拠にして自らの行為を正当化しているのか」「そういった根拠もしくは『共通認識』は果たして国際的もしくは国内的に共有され、説得力を持っているのか」という判断基準から、彼らの言い分を吟味してみるべきだろう。

　筆者の立場から点検する限りは、それぞれがそれなりに納得させられるテーマであり認識群である。ただしその中で国外でも通用する認識は①と②であろう。③は他者からは検証不可能であり、⑥は議論をシャットアウトするための論法である。そのため、他者の主張に真摯に向き合おうとする姿勢に欠ける。また靖国神社が宗教施設であるのかないのかについて、⑦と⑧は矛盾するので同時に表明はされない。国家神道的な立場から⑦を前提としている反動分子が一定数はいるだろうとは想定できる。

　こうして保守政治家の言い分を整理してみると、相手に判る言葉、相手とシェアしうる認識で自らの行動を説明しない神経に驚かされる。保守主義とは独りよがり・内向きである必要はなく、外部との良好な関係も十分に保っていくバランス感覚が必要だろう。こういった「国内で通用する」「自分たちの間でわかり合える」認識やテーマを振りかざして参拝を強行することで、中国や韓国は「日本の政治指導者が靖国神社を参拝すること」を問題視し非難している。その反面、外交問題化した参拝の理由づけを①から⑧の枠に押しとどめることによって、保守政治家は中国・韓国を挑発し、同時に国内の危機感を煽って引き締めをはかる。

　命題①や②で述べられているように、戦没者慰霊が国際的な「常識」であるにしても、戦争犯罪者とされた人々を一般の戦没者と一緒に顕彰し、満遍なく「哀悼のまこと」を捧げるのが「非常識」だというのが中韓の言い分である。結果的には日本人が軍国主義を美化、歴史を修正しているなど、大多数の日本人にとっては身に覚えのない攻撃の口実を与えている。

　そして④においても、戦犯について語ることを忌避し、⑤では日本国内に限定された『共通認識』が開陳されている。ここでは重大なポイントが意図的に語られない。現在の社会秩序を形成する上で「語られない」あるいは「語れない」背景があることも疑ってみた方が良い。

4. 語られないA級戦犯

　最初に断っておくが、筆者はいわゆる「新自由主義史観」には与しない。その一方で年齢相応に保守的な傾向のある人間である。極東軍事法廷（いわゆる東京裁判）が公正な手続きで行われ、戦後世界に正義が実現されたとは考えていない。敗戦国だから仕方がないと諦観しつつも、戦犯の人たちも結構大変じゃなかったのか、と気の毒に思うこともある。

　小浜（2016）が「大日本帝国の意思の発動として行われたあの戦争は、すべてのフェイズにおいて、『不明』『失敗』『過失』的な意味での悪であったと断定できる。厖大な犠牲者を出しただけで、だれにとっても何も良いことはなかった」（p. 234）と言い切るのには同意見だし、小浜の表現を借りれば、超大国米国に対して対等の喧嘩を売るという決断をした時点で、日本の指導者には先が見えていなかった、とも思う。戦場としたアジア近隣の国々に対して人的・物的に大きな損害も与えた。自国民を塗炭の苦しみに陥れ、近隣諸国や交戦国に多大な損害を与え、国内外の有為な若者たちを死に追いやって、しかも大敗北を喫した責任は、帝国を構成していた各人がそれぞれの権能や職責に応じて取らなければいけないだろう。A級戦犯として裁かれた人々には国家の指導者としての責任があった。ただ権能や職責に応じた責任があるとすれば、東京裁判の顛末には別の意味づけが見えてくる。

⑨　A級戦犯は昭和天皇の身代わり

　1998年に公開されて議論を呼んだ映画『プライド・運命の瞬間』では、東條英機が天皇のために「すすんで罪を被った」姿を描写している。ソビエト連邦と米国が東西呼応して挟撃し、ヒトラーは自殺し、結果的に分割占領されたナチドイツとは異なり、戦後の日本は北方の一部を除く全土が西側諸国の管理下にあった。戦後の共産勢力との勢力争いへの橋頭堡として、米国は日本を赤化させるわけにはいかなかった。天皇を頂点とする統治機構を残

しつつ、戦後日本を間接統治しようとしていた。身を挺して天皇を守ろうとしたA級戦犯たちと米国の間には奇妙な共犯関係があった。

戦後保守勢力にとって処刑されたA級戦犯の最大の貢献は、天皇の名誉と生命を守るための究極の自己犠牲にある。しかしその貢献は、戦争責任問題に直結するために、オープンに語られねばならず、顕彰されてはいけない。天皇は一部の「軍国主義者」によって引きずられたのであり、2・26事件と終戦を巡る「ご聖断」以外に、天皇は立憲君主としての則（のり）を超えずに行動したという合意のもとに日本の戦後は出発した。戦争責任は「陸軍悪玉論」に収束させられ、戦犯の扱いについてもおおむねその方向にあった。東京裁判で処刑された7人は、陸軍軍人6人と1人の外交官である。

このあたりの機微については、絞首刑ではなく、無期や有期の禁固刑を宣告された「A級戦犯有罪者」のその後を点検してみれば、もうすこし視野が広がる。近衛内閣・東條内閣の蔵相を務め無期禁固の判決を受けた賀屋興宣は1955年に仮釈放、1958年に赦免され、自由民主党から五期連続当選を果たして池田内閣の法務大臣となっている。1972年に政界引退、1977年に亡くなった。戦争の責任を自覚しつつ叙位叙勲は辞退したが、その一方で日本遺族会の重鎮としてA級戦犯刑死者の合祀などを強力に推進した。

重光葵は東條内閣・小磯内閣の外相。7年の禁固刑だったが4年7ヶ月に減刑されて仮釈放、恩赦を受けて公民権を回復し、鳩山内閣の外務大臣として国連加盟に身を尽くした。1956年国連本部で加盟受諾演説を終え、帰国後わずか一ヶ月で狭心症発作を起こして帰らぬ人となる。勲一等旭日桐花大綬章。彼が有罪となった経緯にはさまざまな事情があり、連合国側でも重光に好意的な論評が多かったそうだが、一旦は公式に「戦犯有罪」とされた重光がニューヨークでは拍手で迎えられている。

死刑に処せられ遺灰を東京湾に投棄された7人と、社会復帰した「元戦犯」との扱いや名誉栄典を考えれば、「死んだ者貧乏」という言葉を思い出してしまう。身代わりとして昭和天皇の艱難に殉じ、生命をもってその名誉を守った「A級戦犯刑死者」こそが、実は靖国神社に祀られ、尊崇を受ける資格がある。保守層からそう見えておかしくない。筆者はそう考えている。

5. 語らないことのちから

　ポツダム宣言には「日本國國民ヲ欺瞞シ之ヲシテ世界征服ノ擧ニ出ヅルノ過誤ヲ犯サシメタル者ノ權力及勢力ハ永久ニ除去セラレザルベカラズ」の一文があり、日本がこの認識と共に本宣言を無条件で受け入れた。当時の世界情勢を考えると、日本が「世界征服ノ擧」に出ていたというのは無理があるが、これを受け入れて天皇を含む日本人全体が「無分別ナル打算ニ依リ日本帝國ヲ滅亡ノ淵ニ陷レタル我儘ナル軍國主義的助言者」にだまされた被害者だったとする『共通認識』が出来上がっていった。開戦の詔勅を渙発した主体は天皇だったが、勝者の裁きの場に引きずり出されることもなく、臣下に文字通りの詰め腹を切らせて事態を収めた。

　保守言説で東京裁判批判が行われるとき、東京裁判が勝者の復讐であり、第二次世界大戦以前には存在しなかった「平和に対する罪」という事後法で敗者を裁く行為自体が法治主義の原則を犯している点が指摘される（中西2003）。その一方で、ここまで述べたような「天皇に責任が及ぼさなかったのが東京裁判である」という評価については語られない。天皇が起訴されなかった「からくり」が明らかになれば、保守政治・戦後日本の大前提が崩れてしまう危険があるからだ。この歪みを直視しながら、首相や保守政治家の靖国参拝や歴史認識が論じられるべきだろう。

　先に挙げた①から⑧の共通認識は繰り返し語られる。国際問題化した靖国問題は、戦時中の日本の植民地支配や侵略に対する歴史認識問題といった「相手の受け取り方」に根ざしており、①から⑧（特に③から⑧）の枠組みは『認識』を共有する努力というよりは、自らの言い分をおしつけようとするだけで、相手からは論点のすり替え、とみられかねない。⑨については、国内では保守・リベラルを問わぬ共通理解である。しかし特に保守派であればこそ、それについて語ることを拒絶する。それは自らの行動（参拝）や歴史認識の根拠として⑨に言及することが不利益であり、他者・他国との間で『共通認識』として広めない、という努力の一環でもある。

語らないこと自体にメッセージがある。

一方「語らないこと」は社会的現実の複雑さを忘却させることでもある。1980年代以降には、戦犯裁判の経緯や、靖国神社を巡る複雑な政治的背景、戦後天皇制や戦後保守政治の成り立ちなどの細部が捨象され、単純化された議論が続けられてきた。B級やC級に比べればA級の方が悪辣といった思い込みがそれに輪をかける。単純化された結論を根拠として、靖国はヒトラーの墓と同義、といった極端な論理で中国や韓国は戦犯合祀と保守政治家の参拝を非難する。そろそろ日本にとっても、問題の背景をキチンと、いろいろなジレンマに目配りしながら説明する責任があるのではないか。

保守層にとっても東京裁判にはマイナス面だけでなく、プラス面もあった。そのことを冷静に比較考量し、東京裁判批判が内包するジレンマを理解してこそ、歴史への認識などについて中国や韓国と向き合える。今のままでは議論はすれ違うばかりである。どこかの段階で「⑨A級戦犯は昭和天皇の身代わり」について『共通認識』を持たない限り、靖国や歴史認識について、日本が近隣諸国と歩み寄ることは難しい。

6. ニュージーランドの試み

英国の歴史学者ホブズバウムが提起した「創られた伝統」という概念は、近世以降にグループを特色づけ、構成員の帰属意識と一体感を涵養するために、グループ（具体的には国民国家）の歴史的な継続性を担保するような「伝統」が作為的に創造されてきたことを指す。例えばスコットランドキルトやハイランドゲームス（部族対抗運動会、と考えるとイメージが湧くだろうか）、千年の歴史を誇示するかのような王室行事などが例としてあげられている。グループの継続性を明示的にあらわすためにシンボルを発見・再定義し、示唆される「継続性」に基づいてアイデンティティを築く。社会構築の論議に立ち戻ると、その営みは「何かのイベントを根拠として『理解を共有』していく行為」ということになる。維新以来の国事殉難者・戦没者を慰霊顕彰するために東京招魂社（後の靖国神社）が建てられたのが1867年。立派な「創

られた伝統」である。

　日本での他の例としては大正天皇の結婚と皇室御婚礼の発布を機に普及した「神前結婚式」が挙げられる。神主が主宰する結婚式が一般に普及したのは意外に新しく、高度成長期にはいってからである。神の前での結婚の契約というキリスト教的な形式を採り入れ、花嫁衣装や髪型、「固めの盃」としての三献の儀といった習俗や儀式がアレンジされ、特に新婦のいでたちなどについて文化的な継続性が明示化された。儀式を行う空間を欠く現代の都市生活者にとって、神社での挙式は「日本的に幸せを創造」するには願ってもないセッティングであった。またホテルや会館を神聖空間に見立てて神職が出張し、着飾った新婦の移動距離を極力抑えるなど、儀式をパッケージ化して普及していった（石井 2005）。

　先に80年代のニュージーランドでの「差別者のディスコース」を点検し、多数派である白人と少数者であるマオリ先住民との間の緊張と、現代の隠微な差別構造を明らかにした。しかし同時に、対立するグループの融合を象徴するような「白人からの歩み寄り」による新たな伝統もニュージーランドでは創造されつつある。例えばマオリの戦闘舞踏ハカ（Haka）の普及やマオリのシンボルとされたシルバーフェーン（羊歯模様）のさまざまな局面での採用などである。

　ニュージーランド代表ラグビーチームのオールブラックスの試合では、試合前に対戦相手に対して「カ・マテ」というハカが披露されるのがおなじみだ。諸説あるが、ラグビーとハカの結びつきは、マオリ族と白人の混成だった「ニュージーランドネイティブス」チームが、1888年に宗主国英国での試合で披露したのが最初とされる。その時にはマオリの衣装を着けていたらしいが、1905年にナショナルチーム（All Blacks）によって英国での試合前に披露されたときには、ラグビージャージのままでの舞踏だったようだ。それ以来、国際試合をオールブラックスが席巻するに伴い、ハカはニュージーランドラグビーの一大特色とされていく（Gardiner and Gardiner 2010）。2004年に「カパ・オ・パンゴ」という、相手の喉を掻き切る戦闘的なジェスチャーを込めたハカが演じられるようになって議論を呼んだこともある。またラグ

左が現行のニュージーランド国旗、右はその
候補のシルバーフェーン（羊歯模様）

ビーだけでなく同国のバスケットボールチーム（チーム名が Tall Blacks というのがユーモアたっぷりだが）も試合前にハカを演じるようになったという。あまりに多くの機会に演じられるためにハカの神聖性が失われ、戦闘準備のためのパフォーマンスという側面も損なわれて、ひたすら商業化していくことに対して懸念を示すむきもある。その一方で、すべての歌詞が土着言語であることなど、ニュージーランドにおけるハカの隆盛はマジョリティの白人側からマオリの文化遺産への「歩み寄り」をみせる象徴的な事例となっており、旧白人植民地で、植民者と先住民とが協働しながら、新たなアイデンティティを構築しようとする動きとして興味深い。ニュージーランドにおけるその他の例を挙げると、同国では新しい国旗を制定する動きのなかで、その候補としてマオリ文化に由来するシルバーフェーンデザインが有力視されている（国旗制定の国民投票は 2016 年 3 月 16 日。本稿執筆時点では終わっていない）。

　ニュージーランドでは多文化・異文化と共生するためには、白人由来のスポーツの中にマオリ族の文化を採り入れる、つまり白人がマオリに同化する方向性がみられた。社会的・経済的・政治的に白人住民が圧倒的な力を持っていたとしても、文化面では少数者に「歩み寄る」姿勢を見せながら、相互理解と一体化、融合を図っていく。

　一方、日本では少し様子が違う。

　国際化が進みつつある伝統スポーツの一つとして大相撲が挙げられる。いまや外国人力士が番付上位を占めている。競技の実力はルールに則ってフェアに評価するが、トーナメント参加の条件としては日常的な和装であり、髷

を結うことであり、ちゃんこを食べることであり、日本語によるインタビュー応答であり、大関・横綱昇進時の小難しい口上であり、その上、親方として相撲界に残るためには日本国籍を要求する。日本人への同化が当然視されている。今や外国人横綱も多数輩出するようになった。同時に外国人力士には徹底した「日本人化」が期待されている。日本の相撲愛好家や、たぶん日本人一般にとっての「異文化との共生」とは、外国人力士の日本文化・習慣への同化を前提としていることが伺える。日本では、日本人でもなかなか到達できない境地に至る力士は、日本人以上に日本人らしくあらねばならない。

正直に言おう。

日本発の国際競技である柔道は、筆者にとっていつも気になるスポーツである。国際大会がカラー道着で戦われたとき心底がっかりした。不作法者によって「私たちの伝統」が汚されたように感じた。こういう風に「歩み寄ること」の難しさは身に沁みて自覚しているが、だからこそニュージーランドに学ぶべきところはあるのではないか。

さまざまな問題を抱えながら、違う価値基準に基づいて異なった文化圏・歴史圏にある他者と真剣に向き合うときには、自らの『共通認識』を一度客体化し、正直にぶつけ合うことが必要になる。語りにくいこともオープンに語り合い、同化だけによらない共生を実現できる多文化共生が求められる。柔軟な感性と批判的な思考力を持った若い世代に期待してバトンを渡したい。

(近藤佐知彦)

【参考文献】

Augoustinos and Every (2007)'The Language of "Race" and Prejudice: A Discourse of Denial, Reason, and Liberal-Practical Politics' *Journal of Language and Social Psychology* 26: 123-141

Billig, M. (1996) *Arguing and Thinking: A Rhetorical Approach to Social Psychology* (European Monographs in Social Psychology). Cambridge University Press

Gardiner, S. and Gardiner, W. (2010) *Haka: A Living Tradition* 2nd Edition. Hatchette

Gill, R. (1993)*Justifying injustice: broadcasters accounts of inequality in radio*. In

Discourse analytic research, Burman, E. & Parker, I, (eds.) 75-93. Routledge
Potter, J. (2006) *Representing Reality : discourse, rhetoric and social construction.* SAGE
Wetherell, M. and Potter, J. (1992) *Mapping the Language of Racism : Discourse and the Legitimation of Exploitation.* Columbia University Press
Wetherell, M., Stiven, H. and Potter, J. (1987)'Unequal egalitarianism : A preliminary study of discourses concerning gender and employment opportunities.' *British Journal of Social Psychology,* 26, 59-71
Van Dijk, T. (1993)'Principles of critical discourse analysis'. *Discourse and Society.* 4 (2): 249-283
石井研士（2005）『結婚式―幸せを創る儀式』NHKブックス
小浜逸郎（2014）『なぜ人を殺してはいけないのか』PHP文庫
近藤佐知彦（2010）「天皇制のレトリック―《崩御》の仕組み」『マスコミュニケーション研究』57号
保阪正康（2013）『昭和史の大河を往く1 『靖国』という悩み』中公文庫
ホブズバウム、レンジャー編（1992）『創られた伝統』（文化人類学叢書）紀伊國屋書店＊
中西輝政（2003）『国民の文明史』扶桑社

【読書案内】
（上記＊印は下記のそれぞれの理解の参考になる）
日暮吉延（2008）『東京裁判』講談社現代新書
　　近年の研究成果を採り入れた東京裁判研究。ハンディでなおかつある程度対外的な裁判の意味づけにまで踏みこんだ概括的解説書。
野中広務・辛淑玉（2009）『差別と日本人』角川oneテーマ21新書
　　日本的差別の被害者のなかでも例外的な「強さ」をもつ二人の対談集。被差別者が抱く実感・違和感が対談らしく直裁な表現で語られ、「歩み寄り」のためのヒントが見られる。
野田佳彦（2005）「『戦犯』に対する認識と内閣総理大臣の靖国神社参拝に関する質問主意書」衆議院HPより
　　後に総理となる民主党野田佳彦議員による質問主意書と政府回答。中道右派（松下政経塾出身）の意見と政府の公式見解を窺うには格好の資料。
　http://www.shugiin.go.jp/internet/itdb_shitsumon.nsf/html/shitsumon/a163021.htm

19

共生のための
コミュニケーション・ツールとしての音楽

　ゆたかな共生社会を実現するためには、各自が持つさまざまな人的・社会的資本を、多様な発想や手段のもとで柔軟に組み合わせ、活用することが重要となる。本章では、単なる娯楽と見なされることの多い「音楽」が、人々の心をつなぐコミュニケーション・ツールとして実践的な役割を果たしうることを、複数の具体的なコンテクストの記述を通じて説明する。

1. 人のこころを開く音楽のちから

　東北の震災復興支援活動を行う関西の女性グループの招きで、友人の音楽家と演奏会を行ったときのことである。ヨーロッパや南米の笛音楽に続き、「平和に生きる権利」というスペイン語の歌を、ギターの弾き語りで演奏した。ベトナム戦争に抗議して、チリの歌い手ビクトル・ハラが1971年に発表した曲である。

　歌詞の最後の方に「ラララー」と歌うところがあるので、参加者にも歌ってもらうことにした。すると、その場にいた十代半ばの若者が、他の20名ほどの参加者たちとともに、大声で歌い始め、横に座っていた母親は、その様子を見て涙を流してしまった。若者は自閉症で、実に7年間もの間、一言も口をきいたことがなかったのだそうだ。「この子が、大勢の人と一緒に、しかも大声で歌うなんて！」それは心からあふれた喜びの涙だった。

　ホー・チミン、ナパーム弾、ジェノサイドなど、半世紀前の過酷な戦争に関連する生々しい言葉が並んだ歌詞は、現代の日本とは全く関係のない内容である。とすれば、若者が歌詞の表面的な意味に共鳴して、つまり、「論理」

的に「理解」して歌ったという部分は少ないと思われる。にもかかわらず、この歌が彼の意識を大きく突き動かし、一時的にせよ、閉ざされていたその心を開いたことは間違いがない。

このように、音楽には、理屈を超えて人の情動に強く働きかけ、その心をオープンにしたり、人と人のこころをつなぐ不思議な力がある。

現代社会において、音楽はさまざまな生活の場面で用いられている。音楽の鑑賞を目的とした演奏会はもちろんのこと、治療を目的とする音楽療法、販売促進のために店内に流される背景音楽、映画やテレビの番組の中で用いられる主題歌など、挙げればきりがない。

そして学術的な世界でも、哲学、音楽学、心理学、音響学、行動学、教育学、脳神経科学など、幅広い分野で、音楽が伝える内実、伝達が起こる「場」や状況、あるいは、それが人間や社会に及ぼす影響など、音楽が持つコミュニケーション上の特性を解明しようとする努力が重ねられてきた。

一方、より実践的な視点から、音楽が人間に与える影響に関する注目も高まっている。医療の分野では、さまざまな疾病に対して、音楽の聴取や音楽への参加が及ぼす治療的効果に関する研究が蓄積され、成果が治療に応用されてきた。また、映画における音楽の機能や、商業施設で背景音楽が果たす役割に関する研究も進められてきた。

本章では、こうした研究や実践の動向に鑑み、これまでほとんど扱われてこなかった複数の社会的文脈に則して、音楽の活用が、コミュニケーションの上で果たしうる実践的な役割を、プロセスの記述を通じて説明する。具体的には、ラテンアメリカ音楽演奏家である筆者が、「歌い手」として参加した三つの文脈、すなわち学術的な現地調査、国際協力、そして宗教儀礼の事例を取り挙げる。

2. 音楽は現地調査のパスポート——実践的参与観察

最初に、学術的な現地調査のコンテクストで、現地音楽の実践がコミュニケーションの促進につながった事例を紹介する。

第Ⅲ部　共生のアート

Ａさん（右から二人目）の自宅にて

　大学院生のとき、チリに留学した筆者は、同国中央部の農村地帯で古くから受け継がれてきた「カント・ア・ロ・ディビーノ」（以下、「カント」と略）という、十行詩形式の歌詞を特徴とするカトリック系の宗教民謡について研究した。このとき、現地調査を行う過程で経験的に用いたのが、みずから「歌い手」として活動することで、現地の人たちとの間に自然で深いコミュニケーションを築く方法である。これを「実践的参与観察」と呼んでおく。

　ある日、カントを実践する年配男性の歌い手Ａさんのお宅を訪問したときのことだ。Ａさんは首都圏の南方に位置する農村の出身で、村の歌い手たちの中で最も尊敬を集める人物だった。

　地元ならではの特殊な調弦が施されたクラシック・タイプの六弦ギターを使い、カントのメロディーをいくつか演奏し、歌ってくれたＡさんは、「こんどはあんたが弾いてみなさい」と、そのギターを筆者に手渡した。

　中学生の時からギターの弾き語りに親しんでいた筆者は、Ａさんの手ほどきを受けながら、数分で彼の出身地アクレオに伝わるメロディー（アクレオ節）の奏法の基礎を覚え、歌えるようになった。Ａさんは、「やるじゃないか！」と目を輝かせた。

　こうしてＡさんから「研究者（の卵）」というよりも、「カントの弟子」として認識された筆者は、以後、ほぼ毎週土曜日、Ａさんの自宅を訪れることになった。以来、アクレオやその他の村々に伝わるカントのメロディーや変調弦ギターの奏法を練習し、十行詩を暗記することが、筆者の日課となった。

　二カ月後、筆者はＡさんに誘われ、サンティアゴ市内の大聖堂で開かれ

た「カルメンの聖母」の夜会に、「歌い手」として参加することになった。さまざまな地区から訪れた数十名の歌い手たちは、五つの部屋に分かれて陣取り、多様な宗教的テーマの十行詩を、それぞれの地区に伝わるメロディーに合わせて歌っていった。最初に、Aさんと同じ部屋に入った筆者は、「キリストの受難」をテーマとする十行詩を歌った。

その回の歌が終わると、部屋にいたある年輩の歌い手が席を立ち、満面の笑みとともに筆者のところにやって来て、親しげに話しかけてくれた。こうしてその晩、筆者は異なる地区・村落に住む計3名の歌い手から声をかけられ、それぞれの自宅に招待された。彼らはみな、自分たちが深い愛着を持っている民謡を、外国人の若者が歌う姿を見て、大きな喜びと誇りを感じたという感想を伝えてくれた。

サンティアゴ市の南に位置するピルケ村の教会で歌う

以後、筆者は、さまざまな地区で開催されるカントが歌われる聖人儀礼に、「歌い手」として参加することができるようになった。二年弱の留学期間で、筆者が参加した儀礼の数は、のべ十数回に上る。

歌い手たちの自宅を訪れたり、儀礼に参加した際には、彼らや家族の方たちと食事をご一緒し、さまざまな話題に関するお話を、「歌い手仲間」として、ごく自然に、リラックスした雰囲気の中で聴くことができた。

各地に伝わるカントの奥義、カント民謡の現状やその保存に馳せる想いなど、研究テーマに直接関連する話題はもちろんのこと、農民の生活や労働のシステム、若者の都市移住の経緯、農地改革の実態など、彼らの語りはさまざまな話題に及び、研究者が書いた論文を通じて筆者が事前に抱いていた考えやイメージは、しばしば覆された。彼らの語りは、その時代を実際に生きた人たちならではの、具体性と真実性に裏打ちされた説得力を備えていた。

そして、彼らの話は、しばしば調査者と調査対象（現地住民）の関係という、筆者にとっても耳が痛いテーマにも及んだ。論文や著書を読んだり、実際に知り合っていた著名なチリ人の民俗学者や音楽学者なども実名で話題に上ったのだが、農民たちは、しばしば彼らのある態度を批判した。それは、自分が「研究の対象」に設定した文化の実践者を「外から分析する」ことに終始し、「分かち合おうとしない」態度だった。

　「調査者」と「調査対象」という一方的な関係が固定され、調査が展開されるプロセスの中でもその関係が維持され、双方向的なコミュニケーションに発展・解消されない場合、現地の人たちは心を閉ざし、無知を装ったり、意図的に事実とは異なる情報を研究者に伝えることも少なくない。

　こうした状況を打破するにはどうしたらいいのだろうか？　その方法の一つが、現地の人々が大切にしているものを「共有すること」であり、「現地の音楽の実践」はその一例である。これは、「外から観察する」という分析的思考・行動をいったん停止して、現地の人たちとともに「分かち合うこと」、「同じ釜の飯を食うこと」を意味する。

　こうして、「研究者」の仮面を外し、一人の人間として現地の人たちのふところへ飛び込んで行くと、彼らは心を開いてくれ、彼らにとって真正で、大切な情報を分かち合ってくれる。

　学術的な現地調査のコンテクストにおいて、現地の人々との間に、暖かく人間味に満ちたコミュニケーションを実現する上で、彼らが愛着を感じる地元の文化的営為（音楽など）にみずから参加すること、すなわち「実践的参与観察」は、有効な方法の一つである。

3.　音楽で壁を溶かす―国際協力の現場で

　次に、「音楽」とは直接関係のない社会的コンテクスト、すなわち国際協力の分野における事例を見てみよう。

　開発や援助といった活動が、その地域に住む人々の生活向上に実質的に寄与するためには、現地に暮らす人びとの思いを尊重し、彼らとともに行われ

ることが重要であり、そのためには、開発に携わる専門家と現地住民との間に、率直なコミュニケーションが確立されることが不可欠である。

　ある時筆者は、農村環境の保全を目的として、チリのある零細農民の村落で行われていた開発プロジェクトに、短期専門家として参加する機会を得た。プロジェクトに対する現地住民の消極的な態度を問題視していたチリ人専門家たちは、住民の「積極的な参加」を実現するための具体策を提示してほしい、という要請を筆者に伝えた。

クエカを弾き語りする筆者

筆者の伴奏でクエカを踊る年配住民の男女

　短期専門家に許された短い時間（三週間）でこの任務を果たすために、筆者が採用したのが、「現地音楽の活用」という方法だった。近隣の都市で購入したギターを片手に現地入りし、農民たちと初めて顔を会わせた住民会議の場で、チリの伝統的な国民舞踊でクエカというカップル・ダンスの曲を弾き語りしてみた。すると、ラジオやテレビなどのメディアを通じて流布される流行音楽の影響で伝統歌謡がすたれ、村に歌い手がいなくなったため、長年の間踊っていなかったという年配の住民男女二組が、筆者の弾き語りに合わせて楽しそうに踊り始め、他の住民たちも満面の笑みを浮かべ、手拍子で囃し立ててくれた。

　ギターを持参して行った翌日からの戸別調査は、極めてスムーズに進んだ。

住民の依頼で、チリの民謡を歌うと、すぐに彼らの表情はゆるみ、なごやかな雰囲気が生まれた。そして、一緒に食事を取っていると、こちらが質問するわけでもないのに、彼らはプロジェクトに対するさまざまな思いを、自発的に口にした。それは、日本の援助機関に対する感謝から、チリ人専門家に関する不満、プロジェクトの問題点の指摘や改善のための具体的な助言、独自なアイデアに至るまで多岐にわたり、いずれも彼らの生活習慣や経済・社会的条件に深く根差し、説得力と示唆に富む意見の数々だった。

象徴的だったのは、ある青年が教えてくれた耕作法のアイデアだった。

その村では古くから、畜力を使って地面を深く掘り起こす、「バルベーチョ」という耕作法が実践されてきた。専門家たちは、丘陵の多い村の土地でこの耕作法が実施されることで、滋養分が下方に流れて土地が痩せ、農作物の収穫量が年々減少している、と分析していた。そして、この分析に基づいてプロジェクトが推奨したのが、表土を最低限の面積だけ掘り返すことで、地味の保持を可能にする「不耕起栽培」という方法で、具体的な技術としては、軽油で可動する大型のトラクターと不耕起式の播種機の使用を提案していた。

それに対し、農業中学校出身のこの若者は、「不耕起栽培」の意義を理解しつつも、機械を使う代わりに、伝統的に多くの家庭で使われてきた家畜(畜力)と鋤とを活用することを思いついた。そして、自宅の1ヘクタールの土地で、「不耕起」栽培による小麦の播種をすでに実践していた。

住民の既存の知識や資本を活用でき、他の同様な零細農村にも移転できるという意味で、これが「住民参加」や「持続的な開発」といった観点から興味深い技術だということは明らかだった。ところが、専門家たちの誰一人としてこの事例を知るものはいなかった。

三週間にわたり、計30ほどの家庭を訪問した筆者は、住民の参加が思わしくない状況の根底には、現地住民とプロジェクト専門家たちの間のコミュニケーション不足の問題が存在すること、そしてその主要な原因が、チリ人専門家たちの「現地住民に対する態度」にあることを確信した。

専門家たちはみな、大学や大学院で農学や経済学を修め、中には米国やフ

ランスで修士号や博士号を取得したものもおり、難解な学術理論を操る「専門家」という高いプライド、つまり「自分の方が上だ」という意識を抱いていた。そのため、自分たちが考案する技術が「最良」であり、農民たちはこの技術を「模倣」しさえすればいい、という発想が濃厚で、住民の提案に耳を傾けるとか、彼らの独自なアイデアを取り入れるという類のことに、決して積極的ではなかった。

　一方、住民たちは、専門家の多くが、自分たちが理想とする理論を一方的に推奨する「権威主義的な人々」であると感じていた。そして、彼らに「ひけ目」や「恐れ」、あるいは「不信感」を抱いているので、批判的な意見や改善の提案、あるいは独自のアイデアを彼らに伝えることに抵抗を感じていた。

　では、なぜ住民たちは筆者に対して、さまざまな意見を赤裸々に語ってくれたのだろうか？　彼らによれば、筆者は「専門家」というよりも「チリ音楽好きの親しみやすい外国人」と映った。そして、地元の伝統舞踊という、彼らの「誇り」や「愛着」を反映するものを自ら実演することで、「共有したい」という思いが自然に伝わった。その結果、両者の間には水平的な関係が生まれ、プロジェクトに関する本音やアイデアを、彼らは抵抗を感じることなく筆者に告げてくれたのだと考えられる。

　活動終了後、筆者は「住民参加」に関するプロジェクトの問題点と具体的な改善策を、根拠を挙げつつ、体系的かつ説得力のある方法で専門家たちに説明し、課せられていた使命を十二分に果たすことができた。「現地音楽の実演」という方法は、外部の専門家と現地住民の間に存在する「壁を溶かす」ことにより、住民の思いを活かし、彼らのプロジェクトへの参加を促進するのに役立ったのである。

　このように、音楽は、実践的な社会貢献のコンテクストでも、関係する人々の間のコミュニケーションを円滑にすることで、実質的な貢献を果たしうるツールだといえる。

4. 歌で現世と来世を結ぶ―「小さな天使」の儀礼

　生きた個人や集団の間のコミュニケーションを促進するだけではない。音楽は、来世との交信を実現することで、現世に生きる人々にポジティブな影響を与えることもできる。

　古くから世界各地で行われてきた宗教儀礼の場では、神格に地上の人々の想いを伝えたり、逆に神格のメッセージを人々に運ぶ目的で、しばしば音楽が活用されてきた。単に読み上げるのではなく、各地で伝わる特定のリズムとメロディーに乗せて歌うことで、彼岸の存在に、メッセージに込めた思いがより強く、確実に届くと考えられているからだ。その意味で、儀礼は、音楽が制度化された機能を果たすコンテクストだといえる。

　以下、今日チリで行われている「ベロリオ・デ・アンヘリート」（以下「ベロリオ」と略）という幼児の葬礼において、歌が果たす実践的な役割を、筆者が参加した事例に基づいて説明する。

　「アンヘリート」とは「小さな天使」の意味で、生まれてから7歳くらいまでの間になくなった幼児を指す。キリスト教的な意味での罪を犯さず、「純粋無垢」な状態で亡くなっているため、その魂は間違いなく天国に赴き、第二の母マリアに仕えながら、地上に残された家族の安寧を保証してくれる霊的存在、いわば家族レベルの守護聖人のような存在となると考えられている。もともとヨーロッパの地中海地域に根付いていたこの信仰は、コロンブスによる新大陸到達以降、先住民族にキリスト教を布教する過程でラテンアメリカ各地にも伝わった。

　医療技術の進歩に伴う幼児死亡率の減少により、頻度は減ったものの、チリ中央部では現在でも、幼児が亡くなった時に、ベロリオの儀礼が家族の自宅で執り行われている。

　就職後、在外研究員としてチリに滞在した際、筆者はベロリオに、「歌い手」として参加する機会を二度得た。留学時代に知り合っていたカントの「歌い手仲間」から、依頼を受けたからである。

ベロリオでは、当日の夕方から、聖書にちなんださまざまなテーマの十行詩が一晩をかけて歌われたのち、辺りが白み始める翌日の早朝に、「アンヘリートのお別れ」というテーマの詩が歌われる。「へのお別れ」ではなく、「のお別れ」という表現になっているのには、重要な意味がある。

　筆者が、実際に二度参加したベロリオで歌った「お別れ」の詩は、筆者の友人の即興詩人Cさんが制作してくれたものだったが、その二番目の十行詩（原詩はスペイン語）の日本語訳を引用しよう。

　　母さん、わたしのために泣かないで
　　悲しんだまま行きたくないから
　　幸せに天に飛ぶことは
　　とっても尊いことだから
　　　あなたのためにお願いするから
　　口づけでお別れしてね
　　どうか信じていてほしい
　　わたしなりにお祈りするために
　　みんなのためになり代わる
　　この愛されるアンヘリート

　亡くなった幼児が一人称で、つまり自分の言葉として、お別れを告げている。天国で家族の幸せを祈ること、悲しまないでほしいこと、喜びとともに送り出して欲しいことなどの詩句が並ぶ。

　このように歌い手たちは幼児に代わって、母親、父親、祖父母、兄弟、あるいは代父母（洗礼上の両親）たちに、幼児の「悟りきった」思いを、歌の形を借りて伝えていく。その言葉を聴きながら、一同は、「愛する子供の死」という現実が突きつける深い悲しみに「浸りきる」ことにより、逆に、その現実の意味を、積極的にとらえる（家族の安寧のために天へ向かう）ための契機を得る。「カタルシス（浄化）」的作用である。筆者がそのことを実感したのは、「歌い手」としてみずから儀礼に参加したときだった。

一回目の儀礼では、亡くなった幼児の父親は、サンティアゴ市内を走るバスの運転手だった。彼のくぼんだ両目は、前日から涙に暮れていたことを示していた。

　しばしの休憩時間に、父親は、万が一子供に不幸が起こった場合には、「アンヘリート儀礼」で弔ってやりたいと考えていたこと、われわれ二人が歌うことで、子供の魂を天国に送り届けるという義務を果たすことができ、安堵していることなどを話してくれた。

　その後、Ｃさんと筆者の二人が「お別れの詩」を歌い終わると、父親はわれわれを家の近くまで送るから、と告げた。苦悩にうちひしがれる父親の世話になるのは気がひけたが、申し出を断るのも偲びなく、小型バスで大通りまで送ってもらうことにした。

　ところが、道中の彼は、陽気といえるほど元気な様子で話しかけてきた。われわれに心の底から感謝していて、どうしてもお礼がしたいという彼は、喫煙するＣさんのために、道中でわざわざ車を止め、キオスクでマルボロを一箱買ってプレゼントしてあげた。その表情は明るく、穏やかなものに変わっていた。

　二回目のベロリオは、首都圏の南方に位置する農村の集落で行われた。さまざまな宗教的内容の十行詩が歌われたのち、乳児の遺体が収められた小さな白い棺を、墓地に向けて送り出す早朝となった。筆者を含む四名の歌い手が、「お別れ」の詩を歌い始めると、母親は柱に寄りかかりながら、張り裂けんばかりの声で号泣し、他の家族や隣人たちの顔にも悲痛な表情が走った。

　この時は、筆者以外の三名の歌い手がいずれも即興詩人だったため、亡くなった赤ん坊の名前、亡くなった日付、病気の名称、入院していた病院の名称など、具体的な言葉がちりばめられて行くことで、列席者にとっての歌のリアルさを残酷なまでに高め、彼らの心を強く揺さぶった。歌い手のうち二名は、感極まって半分泣きながら歌い続けた。筆者も、家族の胸中を思って深い悲しみに襲われ、泣き崩れそうになったが、何とか最後まで歌い切った。

　ところが、歌が終わると、列席者の様子に明らかな変化がみられた。アンヘリートの祖父は、まだ涙で濡れた眼のまま、安らかな微笑を湛え、一晩中

歌い続けたわれわれ一人一人に、心からの感謝の言葉を伝えてくれた。それは、サンティアゴ市でのベロリオの後に、アンヘリートの父親が見せたのと同じ表情だった。そして、遠隔地から参加した歌い手たちに、帰り際、麦わらで編んだ大袋一杯のジャガイモをプレゼントしてくれた。

　歌い手が、亡くなった幼児や乳児の役を演じ、その言葉を詩の形にしてしっかり届けることで、過酷な現実に悲嘆する家族が、その悲しみと向き合い、より積極的な視点から現実をとらえる心境に、穏やかにいざなう…。亡くなった者との対話を実現することで、現世に残された家族の悲しみを優しく昇華する、制度化された癒しの手段として、歌がその機能を十分に発揮したのである。

　以上見てきたように、音楽は、さまざまな社会的コンテクストにおいて、人々の間の率直なコミュニケーションを促進することにより、実践的な効果を生み出す。それは音楽が、人々の心にダイレクトに訴えかけて共感を呼びさまし、彼らの思いを優しく、自然に表出させることのできるツールだからである。

（千葉　泉）

【読書案内】
齋藤寛（2011）『心を動かす音の心理学―行動を支配する音楽の力』株式会社ヤマハミュージックメディア
　　人類の進化の過程で音楽が残った理由、音楽が人間の脳に作用するメカニズム、音楽を用いたストレスの解消や労働効率の向上など、音楽が人間の心理と行動に与えるさまざまな影響やその方法について、平易な言葉で解説した入門書。
ドロシィ・ミール、レイモンド・マクドナルド、デーヴィッド・J・ハーグリーヴズ編（2011）『音楽的コミュニケーション―心理・教育・文化・脳と臨床からのアプローチ』（星野悦子監訳）誠信書房
　　コミュニケーション・ツールとしての音楽をテーマとした論文集。プロの音楽家から子供まで、幅広い音楽実践者を対象とし、音楽が発生する「文脈」や関係者間の相互作用も射程に置き、多様な学術的視点や方法に基づいて検討している。

第Ⅲ部　共生のアート

P・N・ジュスリン、J・A・スロボダ編（2008）『音楽と感情の心理学』（大串・星野・山田監訳）誠信書房
　音楽が人間の感情に及ぼす影響に関する論文集。さまざまな学術分野で蓄積されてきた知見を紹介するとともに、音楽の伝達プロセスを構成する作曲家・演奏家・聴取者それぞれの立場に焦点を置いた幅広い分析が盛り込まれている。

■ **20** ■

発展途上国の教育開発、国際協力、住民自立

1. 初中等教育の完全普及をめざす国際社会

　教育を国民に提供することは、国家にとって最重要の課題である。発展途上国（以下、途上国）では、先進国以上に国家財政の大きな割合を教育に振り向けてきた。植民地支配から独立を果たした多くの国々にとって、学校教育の普及は最優先の国家目標となったが、1970年代の石油危機および一次産品の国際価格の下落を受け、途上国の経済は疲弊し、就学率は低迷することになる。

　このような教育の発展が停滞した時代を経て、1990年にタイで開催されたのが「万人のための教育（Education for All：EFA）世界会議」である。この会議ではEFAと共に、「基礎的学習ニーズ（basic learning needs）」という考え方が提唱された。しかし、国際的な支援にもかかわらず、多くの途上国でEFAは実現することなく、「世界教育フォーラム」（2000年、セネガル・ダカール開催）へと引き継がれることになる。同フォーラムで採択された「ダカール行動枠組み」では、2015年までに初等教育の完全普及（普遍化）を図ることが目標とされたが、いまだ達成されていない。

　この教育目標を国際社会共通の開発目標として位置づけたのが、「ミレニアム開発目標（Millennium Development Goals）」、いわゆるMDGs（エムディージーズ）である。MDGsは2001年初頭に発表され、2015年までに実現すべく8つの目標が設定されており、ゴール2が「初等教育の完全普及の達成」である。現在、ポストMDGsとして、2015年9月の国連総会において「持

続可能な開発目標（Sustainable Development Goals： SDGs）」が2030年を目標達成年として掲げられている。

　このSDGsには17の目標が設定されているが、教育分野の開発目標としては、ダカールに続く「世界教育フォーラム」(2015年5月、韓国・インチョン開催)で採択された「インチョン宣言」の内容が反映され、ゴール4として含まれている。同宣言の中心的概念は、その副題にある「包摂的かつ公正な質の高い教育および万人のための生涯学習に向けて」であるが、2030年までに少なくとも9年間の初中等教育を無償義務化することが合意された。目標達成年を暫時先延ばししてきたのがこれまでの経験であるが、今回は初等教育のみならず中等教育の普遍化までが教育開発の目標になった。

　途上国の教育開発課題は、国や地域によってさまざまである。就学率だけを比較しても、世界の中で格差があることは明らかである（表1）。学校に通っていない学齢期の子どもの存在が、問題としては一番見えやすい。不就学児童は、5800万人（2012年）と推定されている。経済的な事情だけではなく、紛争の影響を受け、就学を断念せざるを得ない子どもが増えている。地域的には、半数以上はサブサハラ・アフリカ（以下、アフリカ）の子どもたちである。1990年代までは、親の教育に対する無理解が子どもを学校へ行かせない要因の一つとして言われてきたが、今では貧困層の中でも教育意欲は非常に高い。教育を受けることが、開発の前提になったと言ってもいいだろう。問題は、仮に何とか家計をやりくりして教育費用を捻出し就学できたとしても、受けることのできる教育の質が低いことである。

　本章では、まず教育分野の国際協力の実情とその難しさや限界について、国際協力の実務に関わった経験を踏まえ紹介する。次に、そのような外部者による支援とは別に、国際協力の被支援者と目されている人びとによる、主体的な教育活動の事例を見ていく。そして、現実の人びとや子どもに寄り添い考えることの意味とグローバル社会における共生のあり方を検討してみたい。

表 1　地域別の初等教育・中等教育就学率　（2012 年、単位％）

地域	初等教育**純**就学率			中等教育**総**就学率		
	男	女	計	男	女	計
東アジア／大洋州	96	96	96	84	85	84
南／西アジア	94	94	94	66	62	64
アラブ諸国	91	87	89	76	72	74
中央アジア	95	94	95	100	97	99
サブサハラ・アフリカ	82	76	79	45	38	41
ラテンアメリカ／カリブ海	93	94	94	85	91	88
中央／東ヨーロッパ	96	96	96	94	92	93
北アメリカ／西ヨーロッパ	96	96	96	101	100	101
全世界	92	90	91	74	72	73

（注）純就学率は学齢期児童だけを対象にするが、総就学率は全児童を含めて計算する。したがって、学齢期以外の就学者が多い場合、総就学率は 100％ を超えることがある。
（出典）UNESCO, 2015, *EFA Global Monitoring Report*

2．国際教育協力の光と影

　国際協力という途上国に対する外部からの支援がなければ、多くの国は今以上に貧困が蔓延し、教育の普及が遅れていたのだろうか。実務に携わっていた頃は、国際協力には無駄になる部分はあるにしても、全体としては役に立っていると考えていた。その背景には、少なくとも相手国政府や受益者（一部かもしれないが）は喜んでくれ、一定の評価を得てきたという思いがある。問題は誰のために役立っているのかである。本当に支援を必要としている人びとに届いているのであろうか。喜ばれる援助が本当に役立っているとは限らない。
　国際教育協力（教育分野の国際協力）は、簡単なようで難しい。道路や橋梁を建設するような高度な技術力を必要としない。1980 年代まで行われて

いたような大学や職業訓練校の施設を無償で建設し、その運営について技術協力を行う古典的なプロジェクトであれば、まだ支援者側に優位性もあったかもしれない。ところが、近年の国際協力の中心である初中等教育のような場合、援助する側に圧倒的な比較優位のある知識や技術がない。さらに、支援をしなければならない学校の数が数百から数千の単位である。どうすればいいのだろうか。

　こういう場合、カスケード方式が取られることが多い。段階的に必要な情報等を上から流していき、末端まで浸透させるのである。学校の場合、教員研修を通して、知識や経験を共有、伝達する。それにより、教育の質を高めようとするわけである。理論的にはうまくいきそうであるが、現実は厳しい。まず、研修自体は知人に会う機会ともなり、参加することは楽しく、参加者も喜ぶが、よくもめる点は「手当」の少ないことである。宿泊料や食事代などとして参加者が受け取る日当である。研修内容に対して不満を申し立てる参加者はあまりいない。本当に知識が不足しているかどうかの問題は別にして、仮に新たな知識を得たとしても、それを活用して学校改善のための行動を起こそうとする教員は多くない。これは彼らが不真面目なのではなく、現状に大きな不都合や問題を感じることなく、生活は多忙であり、ゆとりの時間はないことが一因である。

　初等学校を建設する支援は「人気」がある。比較的簡単で、支援者と被支援者の双方の満足度が高い。ただしこれは、隣近所の学校に悪影響を与え、援助を受けて支援される学校だけが相対的に立派になり、生徒が他校から転入し、そこだけが栄えるという可能性がある。いわゆる周囲から孤立したプロジェクトである。地域全体として、役に立っているかどうかは、微妙なところである。また、初等学校に対する支援が「便利」なのは、どのような場所にも基本的なニーズがあり、建物が目に見えることである。住民のニーズとの整合性を心配する必要がなく、子どもや地域の人びとは間違いなく喜んでくれ、笑顔で支援者を迎えてくれる。

　しかし、ここに時として落とし穴がある。支援を受け、新しい校舎の提供を受けるのは、地域全体を広く見渡せば、ごく一部の住民だけである。近隣

の学校にしてみれば、自分たちの学校が相対的に低位に置かれたような複雑な気持にもなる。支援を受ける人びとは謙虚で、文句を自ら発することはない。仮にまったく必要としない施設や機材であっても、丁寧な感謝の意が表されることが多い。だからこそ、支援者側が一定の見識を持たなければならない。国際協力という美名のもと、悪気はなくとも、支援する側の論理でいろんなことをやってしまうものである。

3. 住民主体による学校運営の事例

　支援する立場からすると、すでに順調に運営されている学校の場合、協力する妥当性を見つけにくい。援助の基本論理は、前節のとおり、必要な資金、物、技術、知識を持たない組織や人びとに対して、それらを提供することである。支援を必要とする人の中には資金だけが不足し、知識や能力の高い人は少なくない。もっと言えば、必要な知識や技術は、支援者より被支援者が持っていることもある。

　本当に必要なモノやサービスは、当事者（支援者から見れば被支援者）の努力により、困難な状況にあっても、何とか工夫して確保しようとするものである。学校は多くの保護者や子どもにとってなくてはならない場所であるし、学習の場であるだけでなく、厳しい社会環境の中では、子どもを保護する機能もある。そのような具体例について、トルコとケニアの2つの学校を紹介しよう。

シリア難民がつくる自立的な学校（トルコ）

　シリアは2011年に紛争状態になり、400万人（2015年）が国外に難民として避難している。トルコはそのうち200万人を受け入れているが、90％のシリア人は難民キャンプ外にいわゆる都市難民として暮らしている。キャンプには学校があることが多く、外部からの支援も入りやすいが、街中に住むシリア人は孤立して生活している。トルコの学校へ通う権利はあっても教授言語の違いから、実質的に入学することは難しい。トルコ行政がキャン

第Ⅲ部　共生のアート

シリア難民により自立的に運営されている学校（トルコ）

外に住む難民のために学校を開設しているケースもあるが、どこにでもあるわけではない。このような状況において、トルコ国内には500校程度のシリア難民自身が自主的に運営する学校がある。

紛争勃発後、早い段階からシリア人学校を経営するM理事長との出会いは、これまでアフリカなどで出会った被支援者とはかなり違っていた。週末に喫茶店で会うと、スマートフォンを使って学校の様子を動画で見せてくれた。彼ら自身が支援者の写真を撮影し、自校のFacebookページにアップして謝意を表することをごく普通に行っていた。学校を運営する資金は、そのようなソーシャルメディアを通じてつながった支援者より得ている部分が大きいという。ここで重要なことは、主体的に動いているのは、被支援者だということである。そもそも「被支援者」という、支援者側の論理で相手をみること自体がかなり失礼なことなのだろう。

M理事長が経営する学校は、3校までに増え、教職員数172人、生徒数3750人（2013年末現在）になっている。話を聞くうちに、彼は日本の教育に関心があるという。その時は、日本人に対する外交辞令なのだと感じていた。日本の子どもたちの行儀のよさは、イスラム圏で定評があるようで、映像をあれこれと見せてくれる。例えば、靴をきっちりと靴箱に入れたり、並べたりするものである。モスクでは大人でもそんなことはできないという。

来日したいという意向が相手から示されることは、国際協力の世界ではよくあることである。この場合、旅費などすべてを支援者が負担することが大前提である。今回のM理事長の場合、そのような費用負担の話がまったくなく、ビザを取るための書類を作成してほしいとのことであった。最後まで

268

半信半疑であったが、こちらが心配することもなく、予定どおりに進んで行った。

　関西空港に実際に到着した時は、感慨深いものがあった。さらに、日本滞在中、事あるごとに感謝され、そのようなことはこれまでの国際協力の経験の中でほとんどなかったことである。しかし、しばらく付き合う中で気づかされたことは、彼らにとって必要なのは、資金や物ではなく、人間的なつながりだということである。国際協力といえば、資金や知識、技術ばかりに目が向けられるが、その背後では常に人と人のつながりが存在するのである。前面で起こっている国際協力に気を取られていると、そのような関係性が見えなくなってしまう。

　国際協力において、資金や知識を介して、表面的な人のつながりは増えている。しかし、それをきっかけとして、人間的なつながりにまで発展しているかといえば、まったく自信がない。もとより、経済的後ろ盾の違う者の間で、対等な関係性を築くことは難しい。共生社会とは、人間同士のつながりが豊かになることが基礎にあるのだろう。将来の国際協力は、支援者・被支援者の関係性を越えて、人びとが互いに個人的につながり合うことかもしれない。そうなると、従来の国際協力はどのように変容していくのだろうか。

スラムに暮らす人びとがつくる学校（ケニア）
　ナイロビ市内の住民（約 330 万人）の 6 割がいわゆるスラムで暮らしているといわれている。市内には 10 程度のスラムが存在するが、キベラ・スラムはアフリカの中でも最大の人口規模である。その居住者は 50 万から 80 万人と推定されている。キベラ内部には公立校はなく、子どもが通学できる主要な初等学校はスラムに隣接する 11 校だけであるが、無認可の私立校はたくさん存在する。このような学校においても、正規の学校と同じカリキュラムに沿い同じ教科書を使用している。キベラ（エステートと呼ばれる区画整理された地域も含む）にはこのような形態の学校が 335 校あり（就学前 144 校、初等 147 校、中等 31 校、職業 13 校）、5 万 4840 人（2014 年）が就学している（Map Kibera Trust）。すなわち、貧困層の教育機会をこれらの無

認可校が提供し、公教育を支えているのである。

　無認可校の一つであるG校では、設立当初の2009年、ストリートチルドレンなど厳しい状況にある子ども30人を受け入れた。その2年後には、生徒数は182人（就学前クラスの3歳から2年生まで）に増えている。2015年現在、初等クラスに7年生まで222人（男110人、女112人）、就学前クラスには125人（男65人、女60人）がいる。教員13人（男4人、女9人）に加え、ソーシャルワーカーや看護師なども雇用しており、全員がキベラの住民である。

　このような規模に生徒数が増えたのは、サッカーの練習中に偶然に出会ったアメリカ人の若者2人が4万ドル相当を寄付し、校舎建設を支援したためである。NGOなどによる組織的な支援があったわけではない。学校運営の収入は、保護者が払う授業料（500シリング（約5ドル）／学期・人）であるが、全額を納付するのは3割程度と低く、2割程度は全く支払っていないという。支出は教員等の人件費（6000シリング／人）が7割、給食費（1日2回）が3割である。それでも学校から未払いの生徒を追い返すわけではなく、個々の家庭の事情により柔軟に対応している。いわば、最貧困層を比較的恵まれた貧困層が支援する仕組みが自然と出来ているのである。

　G校が持続的に発展しているのは、C経営者の人間性とリーダーシップによるところが大きい。全教員が彼を尊敬、信頼しており、保護者がG校を選んで子どもを送る理由は、教育の質が高いという認識に加え、子どもと保護者に敬意を払ってくれるからだという。その根底には、同じような境遇にあったC経営者をはじめとする教職員の経験に基づく、相手の苦境に対する理解と共感がある。また、学校の構成員に連帯感があることを関係者が理解し、誇りにも思い、そのことは教員自身が働くことの動機づけでもある。

　このG校がある地区は、キベラの中でも人通りが多く、比較的治安のよい場所である。同校が特別に恵まれた学校でないことは、地域住民に聞けばわかる。それでも、元気に笑顔で学校に通い、丁寧にあいさつしてくれる子どもが多い。一方で、スラムの子どもを支援する団体にとっては、支援がなければ明日の生活もままならない状態にある子どもの存在が必要である。そ

20　発展途上国の教育開発、国際協力、住民自立

ナイロビのスラム内にある無認可の学校（ケニア）

うでなければ活動資金も集まらない。それも事実であるが、これほどの数の無認可校があるのは、外部からの支援に依存することなく、自主的に子どものために教育機会を作ろうとするC経営者のような人物が少なくないことの証しでもある。

4．人びとの生活に寄り添うこと

　本章では、国際協力の可能性を中心に記すべきだったかもしれない。ただ、国などが組織的に関与することによって、簡単なことを複雑にしている面も国際協力にはある。その協力の方法や形態にも流行がある。悪意はないにしても、結果として住民の自立を妨げてきたような国際協力もあるだろう。やらない方が良かった協力も多いかもしれない。

　国際協力が本来のアートになるには、どうすればいいのだろうか。人間と文化への関心、学校に関わる教員や子どもの現実など、生活者の視点を持つことが大切であり、そのためには住民の生活にどれだけ寄り添えるかが重要になる。人びとと同じ時間と空間を共有することで協力の質も高まるはずで

あるが、それだけの時間は外部から訪れる被支援者にないことが多い。

共生学には、何か決まった内容の学問があるわけではない。これはこの分野がまだ創成期にあるという理由からだけではなく、その学際性や人間理解という研究の特徴にも由来している。一つの問いを立て、そこへアプローチしても、人により得られる結果が異なっていても不思議ではない。いわば、実に人間らしい、人間的な学問である。グローバル共生学として教育を捉える意味は、人びとの生活と教育を遊離させることなく、現実の人間の行動や心理を多様な側面から科学的に分析することだろう。そのためにはフィールドワークを通し、人びとの暮らしに寄り添い、生活する人びとへの十分な理解が必要である。

国際協力には30年以上にわたり関わってきたが、「共生」という考え方にはこれまであまり馴染みがなかった。国際協力の世界では、支援者と被支援者の関係性は、はっきりしている。支援者は、潤沢な資金、知識、技術を持ち、それが不足する被支援者に提供するのが従来の論理であり、今も大きくは変わらない。特にキリスト教の精神を基盤に持つ欧米の人びとは、日本よりも慈善的な感覚で援助を行う傾向にある。したがって、日本の援助のように自助努力に対する支援、すなわち自立的な活動を側面支援しようとする考え方は、国際的には理解されにくい。日本でいう「共生」という言葉に対応する英語がないことにも関係するだろう。

先に述べたトルコやケニアでの事例は、特別なことではない。学校を自律的かつ自立的に運営している当事者の姿をみて、個人としてその学校を支援する人びとがいる。トルコの例は、まさにソーシャル・ネットワーキング・サービスが当事者同士を結び付け、それがきっかけとなり支援が始まり、さらに実際の対面にもつながっている。その逆に、ケニアの例は、個人的な出会いが最初にあり、電子メールなどのやり取りにより、その関係性を発展、維持させている。このように、インターネットやソーシャルメディアの発展は、国際協力の世界にも大きな影響を与えているが、その背景には困難な状況にあるにもかかわらず利他的な行動をする人びとに対する外部者としての敬意があり、相互の学び合いがあると思う。これは、個人同士がつながり合

うからこそ維持できる関係性である。

　グローバル社会において、共生することは不可避なことでもある。これまでの国際協力は、国家や法人が組織的に行う活動が中心であったが、これからは自らの意志でパートナーを見つけ、個人や小グループでの活動が重要な役割を果たすことになるのかもしれない。このようなグローバルな協力は、これまでのような一部の専門的な機関だけではなく、多様な組織と個人がかかわることになり、誰にとってもより身近な活動になるのだろう。

(澤村信英)

【読書案内】

内海成治編（2016）『新版　国際協力論を学ぶ人のために』世界思想社
　国際協力をめぐる環境は、国際的な社会経済情勢とも関連し、大きく変化している。旧版（2005年刊）は、好評を得て版を重ねてきた。第一線の研究者、実践者により、近年の調査研究成果を踏まえ執筆され、国際協力の現状と課題を広く学ぶことができる。

北村友人（2015）『国際教育開発の研究射程―「持続可能な社会」のための比較教育学の最前線』東信堂
　比較的に「若い」学問領域である国際教育開発について、どのような研究課題や問題関心があるかを提示している。特に現在の開発目標の潮流である持続可能な社会の構築へ向けて、教育にどのような貢献ができるかを考察している。

澤村信英編（2014）『アフリカの生活世界と学校教育』明石書店
　人びとの教育に対する意識、行動、価値観などを、個々人の文脈性に寄り添う中で、少しでも正確に理解することをめざしている。それぞれの研究の領域や視点に執筆者の個性や人間性が表れており、研究者の立ち位置や対象と調査手法の多様性を楽しめる。

21

ケアのコミュニティをつくる

1. ケアのコミュニティ

　人は、自らがよしとする生を生きることができる、簡単にいえば、自ら進んでやりたいと思うこと(目標)があり、かつそれができる状況にあるとき、もっとも生き生きとする。人は、どのような状態にあっても（高齢、障害など）、それを求める自由があるはずである。ひとりひとりがやりたいことを認めあい、ときに互いに紡ぎだし、実現するという目標と、この目標を可能にしていく資源（「引出し」）、これらの要素からなる全体を「ケアのコミュニティ」と呼ぶことにしたい（図参照）。目標を可能とする資源には、ひとりひとりの健康、学び、移動の機会、さらにはこれらを背後から支える各種の公的サービス(介護保険など)、人びとがつくるさまざまなネットワーク、励ましや助け合いといった相互行為がふくまれる。この資源あるいは「引出し」は共同性のなかで創造されていくものだが、これが大きければ大きいほど、「ケアのコミュニティ」の可能性は広がる。

　ここでいう目標についてであるが、従来はひとりひとりの健康や学びそれ自体を目標として位置づけ、これを数値化して評価することが多かった。そうではなくて、目標に位置づけられるべきなのは、ひとりひとりが「引出し」に入っているものをつかって「何をやるのか」という点である、と考えたい。「引出し」という表現を使ったのは、当事者がみずからの意思で資源をえらぶという主体性(ないしはエージェンシー)を担保しておきたいからである。つまり、人が生きるということをどう理解するかについての視点の転換を提

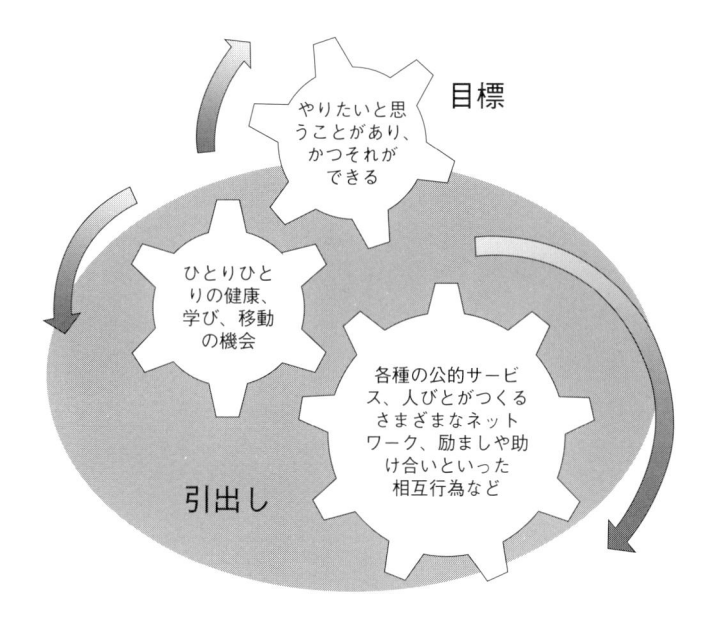

```
          目標
   やりたいと思
   うことがあり、
   かつそれが
   できる

  ひとりひと
  りの健康、
  学び、移動
  の機会

        各種の公的サービ
        ス、人びとがつくる
        さまざまなネット
        ワーク、励ましや助
        け合いといった
        相互行為など

  引出し
```

ケアのコミュニティ

案したい。「ケアのコミュニティ」を考える際に参照したのが、経済学者アマルティア・センの「ケイパビリティ」（しばしば潜在能力と翻訳される）や、それをベースに考案された世界保健機関（WHO）の「国際生活機能分類（ICF）」であるが、ここではくわしい説明を省く。「ケイパビリティ」についてはセン（2011）などを、「国際生活機能分類（ICF）」については大川（2013）などを参照されたい。

　筆者がこの「ケアのコミュニティ」を考えるさいの手がかりとしているのが、現代日本の片隅で徐々に生起しはじめている「共生ケア」の試みである。現代日本の片隅というのは、東北の被災地（前述の大川弥生氏が調査している岩手県大船渡市の「居場所ハウス」など）や西日本の中山間地（高知県の「あったかふれあいセンター」や熊本県の「地域の縁側」など）である。

　さて、「ケアのコミュニティ」をここで議論したい理由はさしあたり3つあるのだが、そのうちのひとつが、超高齢化社会の人間観の一端を考えてみたいと思ったことである。哲学者の鷲田清一は、超高齢社会をむかえ、われ

われの老いに対する考え方や取り組み方も変化せざるをえないのに、老いが問題としてしかとらえられてこなかったし、老いの文化もまだ空白のままだという。これに対し、壮年（労働年齢）をモデルとした社会構成から軸を移した別の社会が構想されねばならないと論じる（鷲田 2014：iv）。そのさいの基本的な人間観は、強い人間にたいする弱い人間である。鷲田は「『弱さ』に従う自由」という章のなかで、この弱い人間について以下のように書いている。家族や地域がもっていた「協同」が中央集権的なシステムに吸い上げられるプロセスこそ、「福祉政策というより大きな『協同』の衣をまとうことでその実『弱い者』をさらに弱体化していくプロセスであった」（鷲田 2014：112）。こうした状況にあって、これからは、「介護する者—介護される者、保護する者—保護される者」という一方向的な（中央集権的な）関係ではなく、弱さという特徴をもった人間が支えあうという視点が必要となってくるのである。

　二つめの理由は、生きるということ、もっというならば生き方にたいする視点を、健康とのつながりでいま一度検討してみたいということである。これは、先に述べた、人が生きるということをどう理解するかについての視点の転換に関係する。「国際生活機能分類（ICF）」は、人が「生きる」ということの構造を記述するためのいわば言語であるが、その特徴は、「身体機能が衰えたから外に出られない」といったような従来の考え方とは逆の理解、つまり「外に出ることによって身体機能が維持・回復できるのだ」という理解の仕方をするということである（大川 2013）。「治療モデル」から「生活モデル」への転換である。「共生ケア」の試みは、このことを考えるうえでのひとつの手がかりとなる。

　三つめの理由は、「ケアのコミュニティ」ないしは「共生ケア」のような視点が、高齢化がすすむ他の東アジア諸国でも必要になってきているということである。この三つめの理由について、本章でくわしくあつかうことはしないが、制度面で見逃すことができない重要なポイントなので、ここでは要点のみを確認しておく。つまり、長期的には専門職の数が限定され、対象別縦割り型の大規模施設の整備がもともと困難なタイなどの東アジア新興国

と、対象別縦割り型の大規模施設福祉の限界に直面しつつある日本や韓国（とりわけ人口減少が顕著な地域）が、同様に「在宅」および「コミュニティ」中心という方向にむかい、そこで「共生ケア」が注目されてくるのだということができる。後者についてみると、人口減少と高齢化の先進地域である中山間・離島地域などにおいては、介護、子育て、自立支援など多様なニーズがありながらも、利用者が少ないために事業者が参入しない、あるいは事業者が撤退するケースがみられ、サービスの確保が困難であり、よって縦割りを廃したワンストップの拠点整備を急ぐ必要があるのである。

たとえば、2014年9月に決定された、政府の「まち・ひと・しごと創生本部」基本方針のなかに次のような言及がある。「中山間地域等において、地域の絆の中で高齢者をはじめ全ての人々が心豊かに生活できるよう、小さな拠点における制度縦割りを排除した『多世代交流・多機能型』の生活サービス支援を推進する」。従来、高齢者は介護保険サービス事業所、障害者は障害福祉サービス事業所、子供は保育所という縦割り体制のもとにあったが、民家などを利用しながらこれらを小さな拠点に集約しようというものである。まずは、人口減少で施設福祉の維持が困難な中山間地・離島あるいは東北の被災地で、こうした動きが広がっている。福祉国家の縮減過程では、必然的にこのようなことが起こらざるをえず、こうした拠点整備にあわせて、厚生労働省はケアにかかわる資格（介護福祉士や保育士など）の一本化を検討し始めている。20世紀型の専門化・細分化とは逆の動きである。

2. 弱さという特徴をもった人間が支えあうということ

鷲田は、1950年代に自身の母の実家のある岐阜に行ったときに、祖父から「たあけえ」（たわけ）とこづかれながらも、夜ごと布団のなかで昔話を聞いた記憶を、民俗学者・宮本常一の『家郷の訓』にある「年寄りと孫」の話と重ねあわせてたどっている。そして、こうした年寄りと孫の関係や年寄りの居場所・孫の居場所はいまやなくなってきているといい、ここを起点に「老いの空白」の記述をはじめている。筆者は復古主義をとなえる意図はな

いが、多世代の共生は現代において意味のあることだと考えている。以下、そうした多世代交流の場としての共生ケア拠点に着目してみたい。

日本では1980年代末以降、在宅でもない、大規模施設でもない、その中間形態として、あるいはもうひとつの選択肢として宅老所やグループホームが導入された。そのおもな対象は認知症高齢者であった。こうした人びとにとって、在宅における訪問介護サービスはケアおよび機能回復の面で十分ではなく、他方、大規模施設では管理的側面がつよく個別のニーズに応えることがむずかしいという点がこうした動きの背景にあった。宅老所やグループホームの実践を土台に、2005年の介護保険法の改正によって導入されたのが小規模多機能型居宅介護サービスであり、それは「通い」「泊まり」「訪問」の3サービスを一か所で提供するものであった。さらに、見逃してはいけないのは、宅老所の運動に端を発する共生を中心に据えたケアの存在である。共生を中心に据えたケアとは、高齢者、障害者、子どもにたいして、縦割りではない包括的なケアを提供するとともに、相互交流をとおしてまったくあらたな精神的・身体的効果をえることを意味する。よって、本章でいう共生ケア拠点は、「通い」「泊まり」「訪問」の3サービスを中心に、子どもから高齢者まで年齢や障害の有無にかかわらず、日常生活圏内の1か所で福祉サービスを提供することができる小規模施設を意味する。つまり、3サービスと、高齢者・障害者・子どもをふくんだケアといったぐあいに、二重の意味で「多機能」であることがその特徴である。

さらに、共生ケア拠点に地域交流サロンなどを付設することで一般住民も参画することが可能となる。この共生ケア拠点を、多様な人びとをつなぐ結節点とし、元気な高齢者のみならず、要支援の高齢者も、地域において役割を見出し、残った能力を最大限活かしながら生き生きと生活していくことを可能にするのが「ケアのコミュニティ」である。要するに、「ケアのコミュニティ」とは、共生ケア拠点を中核としながらさまざまな（多機能な）ケアが生起する場であるということができる。このさまざまなケアは、政府のいう「多世代交流・多機能型サービス」と内容的に一致するものである。

大切なことは、これがかならずしも財政の効率化のために考えられた仕組

みではないということである。それは、多様な生と生が出会い、交錯する小さな圏からはじまった活動、つまり小規模多機能あるいは共生ケアのさきがけとなった富山型デイサービスが、制度を少しずつ書き換えていった結果であった。子どもと話したり、踊ったり、あるいは子どもに教えたりすることは、どんなリハビリにも勝るという。考えてみると、あらゆるリハビリテーションの要素がそこに含まれているといってもよい。つまり、こうした高齢者、子ども、障害者を包摂するインクルーシブな空間の形式は、インクルーシブなリハビリテーションを生み出す契機となりうるといってもよい。

　そこで具体例として、高知県の「あったかふれあいセンター」をみてみよう。これは、もともと政府の緊急雇用対策事業の一環として成立した、すなわち、2008年度補正予算による「ふるさと雇用再生特別基金事業」の一環としてはじまった「ふるさと雇用再生あったかふれあいセンター事業」を嚆矢とする。同事業の目的は、地域の創意工夫に基づいた事業を実施し、離職者や雇い止めされた労働者に対する継続的な雇用機会を創出することであった。具体的には、県から市町村へ補助金が交付され、これを財源に社会福祉法人やNPO法人などの指定事業者に運営を委託するかたちをとった。離職者に対しては、事業終了後も地域で継続的に雇用されるように、資格取得やキャリアアップのための研修を実施することになっていた。そこでは、コーディネーター、生活支援員、離職者、ボランティアなどの職員配置がとられていた。この試みは、派遣切りや雇い止めによる離職者対策、介護人材育成、母子自立支援と抱き合わせで実施されたのが特徴である。

　「あったかふれあいセンター」では、高齢者や生活保護を受けている大人が母子家庭の子どものチューターとなって勉強を教えるといったことがおこりうるのであって、高齢者や生活保護を受けている大人を、ケアを必要としている人という、ひとつのアイデンティティに閉じ込めることがないように注意が払われる。まさに「あったかふれあいセンター」とは、弱さをもった人びとをたえず寛容さをもって包摂していく「プロセス」であり、これが共生ケアの出発点なのである。さらに、ケアする人がケアされる（とみなした）人を身につけた技術を媒介に一方的に統制するのではなく、当事者が自発的

にのびのびと作り出す活動を支援する、あるいはそれが起こる条件を整備することが目指される。目標をあらかじめ定めて、利用可能な資源を統制していく目的論的手法とはまったく趣を異にするのである。ハイエクは、農夫や庭師が植物を栽培するばあい、彼は決定要因の一部しか知らず、それを管理することができない、庭師ができるのは条件を整備することだけだといった。庭師は植物が育つ「プロセス」自体に喜びを見いだすのだ（水野・森村・浅野 2012：10）。そもそも、ケアする人自身が雇い止めを経験した、いわば弱さをもった人たちであることが多いのである。

3. 生きるということにたいする視点をかえる

　日本最後の清流といわれる四万十川の上流、愛媛県との県境にちかい西土佐大宮地区にあるNPO法人「いちいの郷」の「あったかふれあいセンター」は、グループホーム「紡ぎの家いちい」に併設されている。認知症高齢者が利用する「紡ぎの家いちい」と元気な高齢者が「集い」の場として利用する「あったかふれあいセンター」が一続きになっていて、地域につながっているという空間構成は、いかにも共生ケア的である。

　「いちいの郷」の「あったかふれあいセンター」の1日は、まず9時半から送迎が始まり、午前はおしゃべり、血圧測定、体操、昼食をはさんで13時から日替わりの企画が組まれ、15時半に帰宅送迎となる。企画については、歌声喫茶、民謡で介護予防、俳句教室、書道教室、さらにはバスでお出かけなどがあり、なかには「いちいの郷」での活動が生活の中心になっている高齢者もいる。

　「あったかふれあいセンター」の中核的機能は「集う」ということだが、そこに組み込まれている要素として重要と思われるのが「外に出ること」や、「他者とのコミュニケーション」である。「集う」ということがもたらす「働き」という観点からすれば、「外に出ること」であるとか「他者とのコミュニケーション」によって、身体機能が維持・回復される、という考え方がそこにあるといえる。つまり、「身体機能が衰えたから外に出られない」といっ

たような従来の考え方とは逆の理解、つまり「外に出ることによって身体機能が維持・回復できるのだ」という理解がそこにあるのである。

さらに、冒頭でのべたように、やりたいことがあり、それができる状態にあるとき、人はもっとも生き生きとする。この「やりたいこと」であるが、どんな些細なことでもよい。「バスでお出かけ」では、高齢者の何気ないひとことから、愛媛県がわの町の喫茶店でおいしいコーヒーと

四万十市西土佐地域の景観

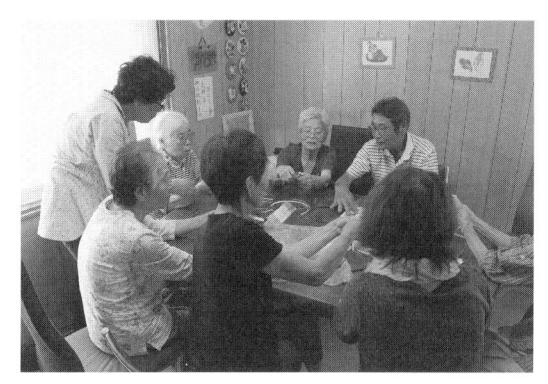

四万十市西土佐大宮地区にある「いちいの郷」の「あったかふれあいセンター」

ケーキを食べるという企画が実現した。こうした小さなことの積み重ねをつうじて、「集う」こと、そして「外に出ること」や「他者とのコミュニケーション」が持続するのだと考えるべきである。高齢者の心持ちにそっていうならば、内に沈着するのではなく、外にむかって広がっていく感覚をたえず引き出す仕掛けをいかにつくっていくかが重要だろう。図式的には、「やりたいことがある」→「集う」→「身体機能の維持・回復」という好循環をいかに持続するかが肝要である。

高知県の取り組みのもうひとつの特徴は、ケアの拠点となる「あったかふれあいセンター」に、生活支援や産業振興など地域運営の拠点となる「集落

活動センター」を連動させることをつうじて、福祉と就労を一体のものとしてとらえた点にある。すなわち、高齢化がすすむ中山間地の問題を考えるには、そこで暮らす人びとの生活全般を見渡す視点、具体的にいうと福祉と就労という視点が重要なのである。こうした意味での「生活モデル」は、現在の福祉政策に欠けている視点である。

そこで、「大宮産業」およびその主導で立ち上がった「大宮集落活動センター　みやの里」についてみておこう。「大宮産業」は、2005年のJA高知はた大宮出張所の廃止にともなうスーパーと給油所の引き揚げをうけて、翌2006年に発足した。大宮地区の108戸（約8割の住民）が700万円を出資してできた株式会社であり、スーパーや給油所の経営のほかに、地元「大宮米」の流通・販売もおこなっている。いまや中山間地の限界集落は、現代の「蓮台野」（柳田國男『遠野物語』）とも形容されるが、じつは高齢者によるたいへん興味深い取り組みがそこで行われているのである。

そこで当然のことながら、高齢者が、地域全体の発展にどうかかわるのかという論点が浮上してくる。これについては、高齢者の「やりたいこと」と地域の「やりたいこと」を連動させることがひとつのアイデアとなる。具体的には、高齢者の就労支援（就労型福祉）と地域をささえる産業の支援を一体化させることであり、農産物等の生産・販売、特産品づくり・販売がその対象となろう。高齢者あるいは障害者がみずから進んでやりたいと思うことのひとつに「働く」こと（あるいは他者の役に立ちたいという思い）が位置づけられることが多いように思われる。自分が「働く」ことが地域の発展にもなるという思いが、結果的に「身体機能の維持・回復」につながるという循環を生みだすことになるといえるかもしれない。

このようにみてくると、その昔「鬼の国」と恐れられた（宮本　2008：47）、土佐の辺境の谷間のこの地区は、弱さという特徴をもった人間の「老いの空白」を埋め戻そうとするかのようなこころみがおこなわれている、最先端の実験場であるようにも思えてくる。

（河森正人）

【参考文献】
アマルティア・セン（2011）『正義のアイデア』（池本幸生訳）明石書店
大川弥生（2013）『「動かない」と人は病む──生活不活発病とは何か』講談社
水野大二郎、森村佳浩、浅野翔（2012）「インクルージブデザインによるソーシャル・インタラクションの設計可能性についての素描」『21世紀社会デザイン研究学会学会誌』
宮本常一（2008）『宮本常一（ちくま日本文学）』筑摩書房
鷲田清一（2014）『老いの空白』岩波書店

【読書案内】

大橋謙策編（2014）『ケアとコミュニティ』講座ケア『新たな人間──社会像に向けて』第2巻、ミネルヴァ書房
　ソーシャルインクルージョンをより一歩すすめた人間の関係性が豊かにある地域を「ケアリングコミュニティ」ととらえ、そのような「ケアリングコミュニティ」づくりの重要性を指摘した。惣万佳代子の「障害、高齢、児童の共生デイサービス──富山県『このゆびとーまれ』の実践」をふくむ。

田辺繁治（2008）『ケアのコミュニティ』岩波書店
　社会を、静態的なシステムから動態的プロセスへと読み替えしたうえで、自己と他者とのあいだで生きられる場（農村、都市、地域、工場、組合、学校、病院など）で繰り広げられる権力関係をめぐる実践それ自体をコミュニティととらえ（生社会コミュニティ）、ここに、社会システムが更新されていく動態的プロセスの根源を見いだす。

鷲田清一（2014）『老いの空白』岩波書店
　超高齢社会をむかえ、われわれの老いに対する考え方や取り組み方も変化せざるをえないのに、老いが問題としてしかとらえられてこなかったし、老いの文化もまだ空白のままだという。これに対し、壮年（労働年齢）をモデルとした社会構成から軸を移した別の社会が構想されねばならないと論じる。

あとがき

　課題先進国としての日本では、これまで公害、自然災害、高齢化などの諸課題について、産・官・学それぞれの立場からさまざまな取り組みが発信されてきた。われわれが立ち上げようとする「共生学」も、こうした諸課題をまえに、大学という立場からどのような提案ができるかを模索した結果でてきたものであるといえる。その提案の特徴は、人と人との共生、人と自然との共生の再定式化である。

　まず、人と人との共生について。1980年代以降、世界規模での新自由主義的潮流のなかで、個の自立、自己決定、自己責任が称揚されてきた。ひとことでいえば「強い個人」を前提とした社会や政治や法の枠組みづくりを各国がめざしてきた。他方、21世紀にはいって雇用不安、自殺、ひきこもり、シングルマザーなどの課題（「あたらしい貧困」と呼ばれることがある）が深刻さの度合いを増している。つまり、格差の拡大や人口の高齢化によって、「強い個人」を前提とした枠組みを成り立たせる基盤が掘り崩されつつあるといえるのではないだろうか。他方日本では、家族や共同体の紐帯をしがらみとして意識的に断とうとしてきたがゆえに、「弱い個人」はさまざまなリスクをひとりで背負わざるをえなくなっている。こうしたしがらみを断ち切ったあとに、どのようなセーフティネットの仕組みを構想するかを議論してこなかった日本の不備を指摘する論者もいる。ある哲学者は、今後、（自立した）勤労層を軸にしたモデルとは別のモデルを構想する必要があるといったが、そのさいに忘れてはならないのは、今後どのようなセーフティネットの仕組みを構想するかという点である。これを、あらたな共生のありかたの模索と言いかえてもよい。これが、われわれの共生学の課題のひとつになることはいうまでもない。

　つぎに、人と自然との共生について。西洋的な世界観においては、他の創造物と明らかに区別される人間を「考える我」として実体化し、他方でこの

我は、他を客観的な法則によって理解することが可能である、とされる。こうして自然（しぜん）は理解可能となり、さらにテクノロジーとむすびつくことで自然は操作可能な対象にまで貶められる。しかし逆に、そのことによって人間の存在が危うくなるというパラドックス（ひらたくいえば自然からの警告やしっぺ返し）を、われわれはしばしば体験している。こうした近代合理主義の限界を乗り越えるものとして、自然（じねん）の考え方が対置されることがある。人間をふくむ万物が、おのず(自)からそのようにあって(然)、ひとしくいのちをもち、そのことを契機に我と万物が根源的に一体のものであるとする、西洋的な世界観とはまったく異質な考え方である。われわれが構想する共生学のなかで、人と自然との共生が重要な柱の一つであるが、こうした（日本的な）フィロソフィーをアートのレベルに落とし込んで実践していくことが重要な課題となっていくことであろう。

　共生学のスタート地点となる本書をつくりあげる過程でおおくの方がたのお世話になった。とくに、執筆者が多数であるがゆえにどうしても遅れがちであった編集のプロセスをあたたかく見守ってくださった、大阪大学出版会の落合祥堯氏に感謝申し上げたい。

2016年3月

河森正人

執筆者紹介 (執筆順)

檜垣　立哉（ひがき　たつや）
人間科学研究科共生学系未来共生学講座（共生の人間学）・教授
人間学、現代フランス哲学、日本哲学、生命哲学

藤川　信夫（ふじかわ　のぶお）
人間科学研究科教育学系臨床教育学講座（教育人間学）・教授＊
教育の哲学と思想史、教育・福祉のドラマトゥルギー

志水　宏吉（しみず　こうきち）
人間科学研究科共生学系未来共生学講座（共生社会論）・教授
教育社会学、教育文化・学校文化の比較研究、格差社会における教育の公正

山本ベバリー・アン（やまもと　べばりー・あん）
人間科学研究科共生学系未来共生学講座（共生教育論）・教授
高等教育の国際化研究、比較・国際教育学、思春期の健康教育に関する研究

藤目　ゆき（ふじめ　ゆき）
人間科学研究科共生学系グローバル共生学講座（多文化共生学）・教授
日本近現代史、アジア女性史、ジェンダー論

中村　安秀（なかむら　やすひで）
人間科学研究科共生学系グローバル共生学講座（国際協力学）・教授
国際保健学、途上国の母子保健、在住外国人に関する研究

宮原　曉（みやはら　ぎょう）
大阪大学グローバルイニシアティブ・センター・教授＊
中国系の人口移動と文化変容に関する研究、法と法文化に関する研究

栗本　英世（くりもと　えいせい）
人間科学研究科共生学系グローバル共生学講座（コンフリクトと共生）・教授
アフリカ民族誌学、紛争の人類学的研究

ドン・バイサウス
人間科学研究科未来共創センター・准教授＊
社会学、社会心理学、社会的相互作用、会話分析、エスノメソドロジー、談話心理学

権藤　恭之（ごんどう　やすゆき）
人間科学研究科行動学系人間行動学講座（臨床死生学・老年行動学）・准教授＊
高齢期の認知機能の特徴、超高齢期における心理的発達、長寿要因の研究

白川　千尋（しらかわ　ちひろ）
人間科学研究科社会学・人間学系基礎人間科学講座（人類学）・准教授＊
呪術と科学の関係に関する人類学的研究、国際協力活動の人類学的研究、アジア・オセアニア研究

島薗　洋介（しまぞの　ようすけ）
大阪大学グローバルイニシアティブ・センター・講師＊
医療人類学（臓器移植と生殖医療）、東南アジア地域研究（フィリピン民俗宗教、文化と身体性）

大谷　順子（おおたに　じゅんこ）
人間科学研究科共生学系グローバル共生学講座（地域創生論）・教授
中国・中央アジア諸国地域の社会開発、国際保健・人口学、老年学、災害社会学、研究方法論

住村　欣範（すみむら　よしのり）
大阪大学グローバルイニシアティブ・センター・准教授＊
ローカルナレッジ、国際協力、文理協働に関する研究、および、ベトナム地域研究

山田　一憲（やまだ　かずのり）
人間科学研究科比較行動実験施設・講師＊
利害の対立と葛藤解決がもたらす霊長類の社会進化に関する研究

稲場　圭信（いなば　けいしん）
人間科学研究科共生学系未来共生学講座（共生社会論）・教授
利他主義・市民社会論、ソーシャル・キャピタルとしての宗教に関する研究

渥美　公秀（あつみ　ともひで）

人間科学研究科共生学系未来共生学講座（共生行動論）・教授
災害ボランティア行動のグループ・ダイナミックス研究

近藤佐知彦（こんどう　さちひこ）

国際教育交流センター・教授＊
グローバル人材育成教育、談話分析、イデオロギー分析、社会心理学

千葉　泉（ちば　いずみ）

人間科学研究科共生学系未来共生学講座（共生社会論）・教授
ラテンアメリカ文化の実践的応用、音楽を通じた自己表現、「自分らしさ」に根ざした共生に関する研究

澤村　信英（さわむら　のぶひで）

人間科学研究科共生学系グローバル共生学講座（国際協力学）・教授
比較国際教育学、国際教育開発論、アフリカにおける教育開発・国際協力に関する研究

河森　正人（かわもり　まさと）

人間科学研究科共生学系グローバル共生学講座（地域創生論）・教授
地方創生、コミュニティ・イニシアチブ形成に関する国際比較、東アジアの高齢者福祉

（＊は共生学系兼任）

大阪大学新世紀レクチャー

共生学が創る世界

2016 年 3 月 31 日　初版第 1 刷発行　　［検印廃止］

編　者　河森正人　栗本英世　志水宏吉

発行所　大阪大学出版会
　　　　代 表 者　三成賢次

〒565-0871　吹田市山田丘 2-7
　　　　　　　大阪大学ウエストフロント
TEL 06-6877-1614（直通）
FAX 06-6877-1617
URL : http://www.osaka-up.or.jp

印刷・製本　亜細亜印刷株式会社

ⓒMasato KAWAMORI, Eisei KURIMOTO, Kōkichi SHIMIZU, et al. 2016
Printed in Japan
ISBN 978-4-87259-542-0 C3030

Ⓡ〈日本複製権センター委託出版物〉
本書を無断で複写複製（コピー）することは、著作権法上の例外を除き、禁じられています。本書をコピーされる場合は、事前に日本複製権センター（JRRC）の許諾を受けてください。